INDEPENDENCIA EMOCIONAL

Borja Quicios Abergel

LIBSA

Este libro está dedicado a mi familia y,
en especial, a Valentina y Goran.

© 2025, Editorial LIBSA
C/ Puerto de Navacerrada, 88
28935 Móstoles (Madrid)
Tel.: (34) 91 657 25 80
e-mail: libsa@libsa.es
www.libsa.es

Textos: Borja Quicios Abergel
Ilustración: Archivo LIBSA, Shutterstock images
Edición: María Mañeru
Maquetación: Javier García Pastor
Diseño de cubierta: Lucía Fernández Diez

ISBN: 978-84-662-4438-1

DL: M 6169-2025

CONTENIDO

PRÓLOGO

Reflexionemos sobre la independencia emocional en el mundo moderno.

¿**S**abes? A veces, cuando hablamos de independencia emocional, parece que estamos frente a dos polos opuestos: ser completamente autosuficientes o depender completamente de los demás. Pero ¿y si no se trata de elegir un lado? ¿Y si, en realidad, se trata de encontrar un equilibrio que nos permita ser fuertes por dentro y abiertos hacia afuera?

Hoy, la **independencia emocional** se ha convertido en un valor casi sagrado. Nos han enseñado que ser capaces de afrontar las dificultades solos es lo que nos define como seres fuertes, como personas que tenemos control sobre nuestras vidas. Pero en un mundo que halaga el individualismo, nos surge una pregunta que no siempre nos atrevemos a hacer: ¿estaríamos realmente mejor si dejamos de depender de los demás en todo? El **equilibrio** es complicado, ¿verdad? La independencia emocional tiene, sin duda, muchas ventajas: podemos tomar nuestras decisiones sin dejar que las opiniones ajenas nos desvíen, mantenemos la calma cuando las cosas se complican, y no necesitamos la validación constante de otros. Ahora bien, ¿realmente seremos más felices si rechazamos ese vínculo que nos une con los demás?

Piensa, por un momento, en figuras históricas como **Sócrates.** Él entendió que la independencia emocional no es algo que debamos lograr en solitario. Aunque fue un firme defensor de la autosuficiencia intelectual, no vivió aislado en sus reflexiones. Al contrario, se sumergió en debates, escuchó otras perspectivas, y reconoció que el crecimiento personal viene también de la **interacción** con los demás. Esta lección de equilibrio es clave. Ser independiente no significa rechazar la influencia de los demás, sino tener la fortaleza para tomar nuestras propias decisiones sin perder de vista las lecciones que otros tienen para ofrecernos.

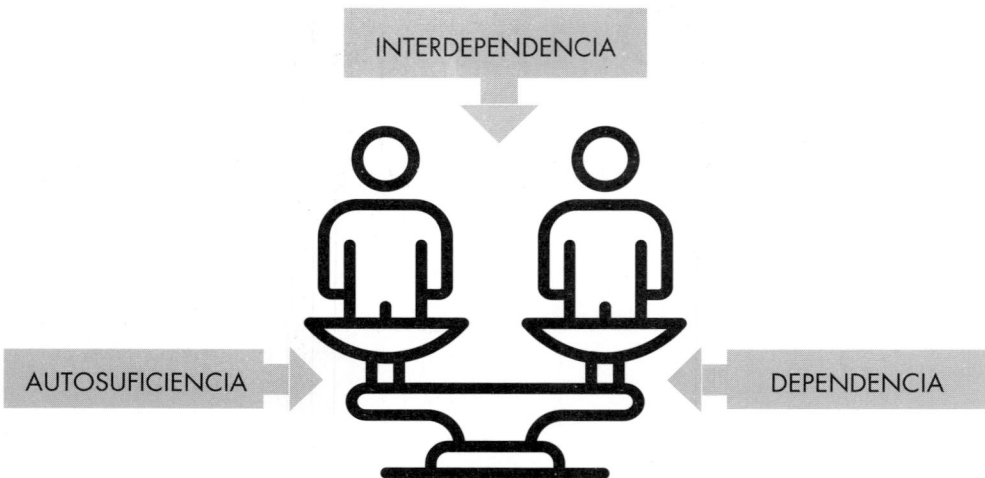

Y, en este sentido, las personas, por naturaleza, viven en una especie de conflicto constante. Esto pasa porque todos tenemos nuestras propias metas y deseos, pero muchas veces chocan con los de los demás. Imagínate: si tú quieres toda la comida para ti y yo también, inevitablemente vamos a enfrentarnos. Este tipo de tensión no significa necesariamente algo malo. Aunque pueda parecer un problema, también es una oportunidad para aprender a convivir, a negociar y a crecer juntos, incluso cuando nuestros intereses no siempre coinciden. Así, lo que parece un choque puede convertirse en un **aprendizaje mutuo** que nos haga más fuertes.

No obstante, hoy vivimos en una época en la que el **individualismo** parece ser el único camino hacia el éxito. Desde la infancia, nos enseñan a ser autosuficientes, a «no depender de nadie». Y esto se extiende a nuestra vida emocional: ¿mostrar vulnerabilidad? Imposible, porque en un mundo donde la **autosuficiencia** es el objetivo, necesitamos parecer invulnerables. El problema es que, cuando nos obsesionamos con no depender de nadie, corremos el riesgo de desconectarnos de lo que nos hace humanos: nuestras relaciones.

Ahora bien, ¿cómo podemos mantener nuestra independencia emocional sin caer en la trampa del aislamiento? La respuesta está en la **interdependencia.** Es posible ser emocionalmente autosuficientes sin rechazar la ayuda o el apoyo de los demás. La verdadera fuerza está en saber cuándo necesitamos conectar, cuándo necesitamos ser vulnerables, y cuándo es el momento adecuado para caminar solos. En el pasado, figuras como Eleanor Roosevelt nos dieron ejemplos de lo que significa tener independencia emocional mientras mantenemos una profunda conexión con otros. Ella nunca se apartó de las personas, pero siempre mantuvo su integridad.

El reto es encontrar ese **punto medio.** Ser autosuficientes, pero a la vez estar abiertos a lo que otros tienen para ofrecernos. ¿No es esa la verdadera independencia emocional? Una independencia que no teme a la vulnerabilidad ni rechaza el apoyo mutuo, sino que lo acepta y lo valora como parte de nuestra fortaleza. Al final, ser verdaderamente independientes no significa estar solos; significa estar completos, tanto en solitario como con los demás.

INTRODUCCIÓN

Aligerar la carga emocional es el primer paso hacia la independencia emocional, un viaje hacia la libertad de ser uno mismo, sin miedo a decepcionar a los demás.

Caminas por un sendero montañoso. El aire fresco roza tu piel, pero a pesar de la belleza del paisaje, te sientes cansado. En tu espalda llevas una mochila que, aunque no parece demasiado grande, pesa más de lo que quisieras admitir. Cada paso que das se vuelve más difícil, y sientes que el camino hacia la cima es interminable.

Has estado cargando esta mochila durante tanto tiempo que ya, aunque lo intentes, no recuerdas cuándo comenzó a volverse tan pesada. A veces, te preguntas si los demás también llevan una carga como la tuya, pero cuando los ves caminar con tanta ligereza, dudas que sea así. Sientes que es solo tu mochila la que está llena.

El camino se hace más empinado, y la fatiga te obliga a detenerte. Te sientas en una roca al borde del sendero, te quitas la mochila y suspiras, aliviado de quitarte ese peso de encima, aunque sea solo por un momento. La colocas frente a ti, y algo dentro de ti te impulsa a abrirla. No habías pensado en hacerlo antes, pero ahora que la tienes frente a ti, te invade la curiosidad.

Cuando desabrochas la cremallera, te sorprende lo que encuentras: la mochila está llena de piedras. Algunas son grandes y ásperas, otras más pequeñas pero puntiagudas. Las tomas en tus manos, una por una, y en ese momento algo te queda claro: estas piedras realmente no son solo rocas. Al contrario, cada una representa algo que has estado cargando contigo: emociones, recuerdos y preocupaciones que nunca soltaste.

La primera piedra que sacas es grande, casi del tamaño de tu mano. Es rugosa, dura, y, al sostenerla, sabes exactamente lo que significa. Representa el miedo que has sentido durante tanto tiempo, ese miedo que nació cuando las cosas se complicaron en tu vida y que nunca has logrado dejar atrás. Lo has estado llevando contigo a cada lugar al que has ido, temiendo que algo malo volviera a suceder.

Luego sacas otra piedra, más pequeña pero afilada. Esta te recuerda a la ansiedad constante por cumplir con las expectativas de los demás, por no decepcionar, por no fallar. Es una piedra que te ha acompañado en cada paso, como una voz interior que te dice que siempre debes hacer más, ser más.

Sigues sacando piedras. Te das cuenta de que muchas de esas cargas no son tuyas; son creencias que no te pertenecen. Una te trae recuerdos de relaciones que no salieron como esperabas, otra simboliza la tristeza por oportunidades perdidas, y hay una que representa la culpa, la sensación de no haber sido suficiente en algún momento. Todas estas piedras han hecho que la mochila se vuelva más y más pesada con el tiempo. Algunas te sorprenden, porque ni siquiera recuerdas haberlas metido allí...

Pero lo que sí sabes es que todas juntas pesan mucho y forman un equipaje que no quieres llevar contigo el resto de tu vida. Es la hora de tomar una decisión al respecto.

Aligerar esa mochila es un acto de liberación. Cada vez que te despojas de una de esas cargas, sientes cómo tu paso se vuelve más ligero, cómo avanzas con mayor claridad. Y a medida que el peso disminuye, algo cambia dentro de ti: empiezas a experimentar **una independencia emocional** que no habías conocido antes. Ya no dependes de lo que otros han puesto en tu mochila. Ahora eres tú quien decide qué llevar y qué dejar atrás.

El primer paso hacia esta independencia es el **autoconocimiento**. Conocer tus propias emociones, valores y necesidades te ayuda a tomar decisiones que realmente te satisfacen. Por ejemplo, si sabes que te encanta pasar tiempo al aire libre, buscarás oportunidades para hacer actividades que disfrutes, sin esperar que otros te inviten.

La **autoaceptación** es otro aspecto clave. Aceptar quién eres, con tus virtudes y defectos, te permite reducir la necesidad de validación externa. En definitiva, ser tú mismo.

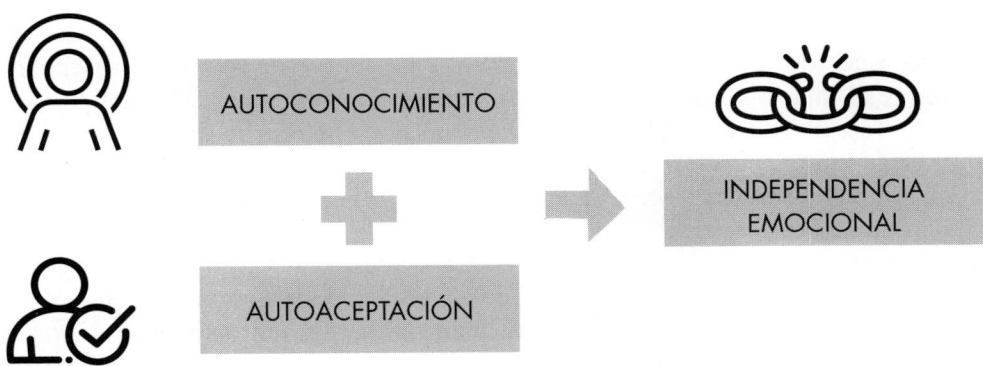

La **resiliencia** es otra ventaja de esta independencia. Cuando te enfrentas a desafíos, como perder el trabajo, si has desarrollado una base emocional sólida, puedes levantarte más fácilmente y buscar nuevas oportunidades sin sentir que no vales nada. Gracias a esa fuerza emocional puedes apoyarte sobre lo que aprendiste en ese trabajo y pensar cómo puedes aplicar esas lecciones en el futuro.

La felicidad que surge de este proceso de conocerte a ti mismo es distinta. Ya no es una felicidad condicionada por lo que otros esperan de ti. Es una felicidad que proviene de caminar con una mochila más liviana; solo con aquello que realmente importa para ti, con tus propios valores y creencias. Y, sobre todo, es una felicidad que nace de saber que, a partir de ahora, tú eres quien decide qué llevar en tu viaje.

De este modo, conocer a fondo quién eres y aligerar esa carga emocional te da la libertad de caminar por la vida con paso firme, con la confianza de que puedes avanzar sin el peso de lo que no te pertenece. Es entonces cuando encuentras la **verdadera felicidad**.

Te levantas de esa roca al borde del camino, sintiendo el alivio del peso que acabas de dejar atrás. Pero mientras avanzas, algo te inquieta: ¿cómo puedes estar seguro de que no volverás a cargar piedras innecesarias? Es entonces cuando recuerdas aquel momento en el colegio, cuando el profesor, con mucha paciencia, te explicaba que la Tierra no era plana.

Fue un golpe inesperado para tu pequeña mente. La Tierra, esa superficie segura por la que corrías, jugabas y te caías, resultaba ser una esfera. ¿Cómo era posible? ¿Por qué no nos caemos? Y aunque al principio la idea era confusa, algo cambió. De repente, la manera en la que entendías el mundo dejó de ser la misma.

Ese recuerdo te da una pista: el cambio no tiene que ver con no tropezar nunca más, sino de aprender a mirar las cosas de otra manera. Es posible que sigas recogiendo alguna piedra en el camino –una herida que duele, un miedo que se cuela en silencio, un compromiso que aceptas por costumbre–, pero lo que importa es darte cuenta de que puedes decidir si guardarlas o dejarlas atrás.

La independencia emocional funciona como ese momento en el que entiendes que la Tierra es redonda. Una vez que lo ves, ya no puedes «dejar de verlo». Descubrir que tus emociones, tus relaciones y tus decisiones no tienen por qué girar alrededor de las expectativas o las demandas de otros es un giro revolucionario. Cambia tu forma de caminar por la vida.

Sin embargo, como cuando eras niño, este descubrimiento trae sus propias preguntas: ¿cómo encontrar el equilibrio en un terreno que ahora parece nuevo? ¿Qué pasa si sientes vértigo al mirar todo desde una perspectiva diferente? Es normal dudar, igual que es normal tropezar. Ahora bien, este cambio de perspectiva no persigue alcanzar la perfección. Se trata de reconocer que tienes la capacidad de soltar aquello que ya no te sirve y de abrazar lo que realmente importa.

Así que mientras avanzas, con la mochila más liviana y una nueva forma de mirar el camino, surge una última reflexión: ahora que sabes que la Tierra no es plana, ¿qué más estás dispuesto a descubrir sobre ti mismo? ¿Qué otras cargas podrías soltar para caminar más libre? El sendero sigue ahí, esperando que decidas cómo recorrerlo.

Pero ten en cuenta que, en cuestiones de desarrollo personal, como en otros aspectos de la vida, puede haber pasos atrás. Y está bien que así sea. No importa cuánto planifiquemos o nos preparemos, la vida siempre encuentra la forma de sorprendernos. A veces avanzamos tres pasos, y luego retrocedemos dos. Pero incluso esos pasos atrás tienen un propósito: nos permiten reflexionar, reajustar y retomar el camino con mayor claridad. Por tanto, no debes despreciar el retroceso, sino pensar que implica otra oportunidad.

Vivimos en una época que glorifica el éxito inmediato. Las redes sociales están llenas de frases como: *«Cree en ti y todo es posible»* o *«Solo necesitas actitud para cambiar tu vida»*. Suena bonito, pero es engañoso. Cambiar no es tan simple como decirlo en voz alta frente al espejo. Es más bien lo que decía Mike Tyson: *«Todos tenemos un plan hasta que nos golpean en la cara»*. Porque sí, los golpes llegan, y con ellos, la realidad; en definitiva, que cambiar cuesta, que no será fácil siempre y que tendrás que esforzarte sin ni siquiera tener la garantía de llegar a buen puerto.

Es frustrante, ¿verdad? Te convences de que quieres ser diferente, mejorar, avanzar, y, aun así, los viejos hábitos vuelven a aparecer sin previo aviso. Esto no pasa porque seas débil o porque no estés esforzándote lo suficiente. Pasa porque el cerebro humano no es una máquina que puedas reprogramar de un día para otro. Nuestros pensamientos y comportamientos están profundamente conectados con años de aprendizaje y automatismos. Por eso, intentar deshacerlos es como tratar de borrar un camino marcado en piedra: lleva tiempo y esfuerzo.

Las recaídas suelen ocurrir cuando intentamos cambiar cosas que están integradas en nuestra rutina diaria. Piensa en cuántas veces has querido incorporar un hábito saludable, como hacer ejercicio o meditar. Al principio, la motivación está por las nubes. Te compras la ropa deportiva, descargas la aplicación de meditación, haces planes… Y luego, un día, simplemente dejas de hacerlo. La rutina, las obligaciones o incluso el cansancio te ganan. Entonces, la culpa se instala y te susurra: *«¿De qué ha servido todo lo que has hecho si ahora estás igual que antes?»*.

Lo que pasa aquí es natural. Estamos acostumbrados a medir el progreso de forma lineal: pensamos que cada esfuerzo debería darnos un resultado visible. Pero el desarrollo personal no funciona así. Es más bien un ciclo de ensayo y error, con avances y retrocesos. Es como aprender a montar en bicicleta: no importa cuántas veces te caigas, lo importante es que vuelvas a intentarlo. Cambiar significa enfrentarte a ti mismo, y eso no siempre es agradable. Habrá momentos en los que lo que haces no te guste, pero repetirlo una y otra vez es lo que realmente transforma. Al igual que un atleta que entrena bajo la lluvia o el frío, tú también tendrás que avanzar incluso cuando no tengas ganas. Porque el cambio no se basa en la motivación momentánea, sino en la constancia.

 El gran enemigo del crecimiento personal es la **impaciencia**. Queremos resultados rápidos, y cuando no los vemos, tiramos la toalla. Esto tiene mucho que ver con las expectativas que nos imponen. La idea de que todo cambio debe ser ágil y perfecto está profundamente arraigada en nuestra cultura. Pero ¿qué pasa si aceptamos que el cambio es lento, irregular y, a menudo, incómodo?

Mira, cambiar significa enfrentarte a ti mismo, y eso no siempre es agradable. Habrá momentos en los que lo que haces no te guste, pero repetirlo una y otra vez es lo que realmente transforma. Al igual que un atleta que entrena bajo la lluvia o el frío, tú también tendrás que avanzar incluso cuando no tengas ganas. Porque el cambio no se basa en la motivación momentánea, sino en la constancia.

Entonces, ¿cómo hay que afrontar esos pasos atrás? En lugar de verlos como fracasos, míralos como parte del proceso. Cada paso atrás te enseña algo valioso. Tómate un respiro. No te castigues por detenerte. A veces, dar un paso atrás es necesario para recargar energías. Piensa en ello como una pausa estratégica, no como un retroceso definitivo. Pero eso sí, decide cuánto tiempo te darás para descansar antes de volver al ruedo.

Además de todo lo dicho, es importante que pongas en marcha estas otras estrategias:

- **Reconectar con tus motivaciones**
  Es algo fundamental. A menudo, lo que te impulsó al inicio no es suficiente para seguir adelante. ¿Qué puedes añadir? Quizás necesites un nuevo objetivo, algo que te emocione aún más que antes. O tal vez quieras incorporar una recompensa que te motive.

- **Celebra los pequeños logros**
  Muchas veces, menospreciamos lo que hemos logrado porque pensamos que no es suficiente. Si solo medité cinco minutos o fui al gimnasio una vez esta semana, parece que no cuenta, ¿verdad? Pero esos pequeños logros son como ladrillos que construyen una base sólida. Cada uno importa. Piensa en esto: un río no forma un cañón de la noche a la mañana. Lo hace

gota a gota, con el tiempo. Del mismo modo, tus pequeños esfuerzos están moldeando el cambio, incluso si no puedes verlo todavía.

- **Ajusta tus expectativas**
  No te frustres porque cambiar no significa que todo será fácil o que siempre te sentirás motivado. Habrá días en los que querrás rendirte, y está bien sentirse así. Pero no permitas que esos días definan tu progreso. Lo que importa es cómo respondes.

- **Por último, el perfeccionismo**
  Puede ser otro obstáculo. Muchas veces pensamos que, si no lo hacemos todo a la perfección, no vale la pena. Pero el cambio no es perfecto. Es caótico, desordenado, frustrante y a veces incómodo. Aceptar esta imperfección es liberador. Cambiar no tiene que ver con alcanzar un estado ideal. Se trata de ser un poco mejor cada día, de seguir intentándolo a pesar de las dificultades.

El desarrollo personal es un viaje largo y desafiante, pero la recompensa está en el proceso mismo. No te apresures a llegar al final, porque lo importante no es tanto el destino como lo que aprendes en el camino. Cada paso, cada error, cada recaída es una lección que te acerca más a la versión de ti mismo que estás construyendo. No te rindas, sigue adelante, incluso cuando el camino se ponga difícil. Porque al final, lo que importa no es ser perfecto, sino ser mejor que ayer.

Así que, cuando te enfrentes a una recaída no te hundas y mírala como una oportunidad para crecer. Pregúntate: «¿*Qué me está enseñando este momento?*». Porque al final no se trata de evitar los pasos atrás, sino de usarlos para avanzar con más fuerza. Y ahora, te pregunto: ¿estás listo para seguir adelante, paso a paso, sin miedo a caer? Porque ese es el verdadero crecimiento personal y te está esperando.

PARTE 1

EL SER SOCIAL

LA VERDADERA FELICIDAD

La verdadera felicidad no es un destino, sino un estado de ser, que se encuentra en la paz interior y la aceptación de uno mismo.

Dicen que la felicidad, o lo comúnmente aceptado sobre ella, es un sentimiento de placer o alegría. Son esos momentos en los que nos sentimos bien, llenos de satisfacción, como cuando alcanzamos una meta, compartimos tiempo con seres queridos o disfrutamos de un buen momento. Sin duda, esos sentimientos son agradables y todos los deseamos, pero tienen una característica que los hace complicados: son **efímeros.**

Cuando te preguntan si eres feliz, seguro que piensas en ese tipo de momentos. Imagina que cada semana, a medida que se acerca el viernes, te sientes mejor. Después de una larga semana de trabajo, esperas con ansias ese momento en que finalmente podrás desconectar, reunirte con tu familia o amigos y disfrutar de una cena juntos. La anticipación genera una sensación de felicidad: las risas, la buena comida y conversaciones en confianza. Sin embargo, cuando llega el viernes, esa felicidad puede ser intensa, pero también fugaz. La cena pasa rápidamente, las risas y las conversaciones fluyen, pero cuando llega el domingo por la noche, te enfrentas a la realidad de que la semana laboral está a punto de comenzar nuevamente. Te das cuenta de que has estado esperando toda la semana para experimentar un par de días de felicidad, lo que te deja con una sensación de vacío al iniciar otra semana de rutina.

Los momentos de alegría y placer suelen aparecer y desaparecer rápidamente, como un rayo de sol que se cuela entre las nubes. Por más intensos que sean, no duran. Esta naturaleza transitoria es la razón por la que, si pasamos la vida persiguiendo constantemente estas emociones, nos enfrentamos a la posibilidad de una profunda frustración. Cuando intentamos «aferrarnos» a la felicidad en este sentido, nos damos cuenta de que, como si fuera arena en nuestras manos, cuanto más tratamos de sostenerla, más rápido se escapa.

En nuestra sociedad actual, este tipo de felicidad es particularmente venerada. Las redes sociales, la publicidad y la cultura del entretenimiento suelen transmitir la idea de que ser feliz significa **sentirse bien todo el tiempo.** Nos bombardean con imágenes de personas sonriendo, disfrutando y viviendo momentos perfectos, lo que puede hacernos pensar que, si no estamos constantemente en ese estado, algo está mal con nosotros o con nuestra vida. Pero este ideal es completamente irreal.

De hecho, la persecución constante del placer o la alegría no solo es agotadora, sino que también puede ser contraproducente. Al esforzarnos en exceso por estar felices todo el tiempo, empezamos a experimentar **ansiedad,** porque sentimos que fallamos si no logramos mantener ese estado emocional positivo. Y, paradójicamente, cuanto más intentamos forzar esos momentos felices, más difícil se vuelve experimentarlos. Además, este enfoque nos lleva a evitar las emociones negativas, que son una parte natural e inevitable de la vida.

Es aquí donde surge la frustración: al vivir en un mundo que nos promete la felicidad constante, nos sentimos incompletos o fracasados cuando las cosas no salen como esperábamos. Empezamos a creer que algo debe de estar mal si no estamos siempre sonriendo, y esa expectativa fuera de la realidad nos genera una sensación de vacío.

Por eso, entender que este tipo de felicidad es fugaz y pasajera nos ayuda a cambiar nuestra relación con las emociones. Es importante disfrutar los momentos de placer cuando llegan, pero también aceptar que no podemos vivir en un estado perpetuo de alegría. Al comprender la naturaleza transitoria de este tipo de felicidad, podemos dejar de perseguirla obsesivamente y empezar a valorar otros aspectos más profundos de nuestra vida.

De este modo, la felicidad **profunda y duradera** se encuentra en llevar una vida rica, plena y llena de sentido. Este tipo de felicidad no depende de circunstancias externas o de logros materiales, sino de la alineación entre nuestras acciones y lo que realmente valoramos en el fondo de nuestro ser.

Cuando actuamos para lograr lo que nos importa de corazón, cuando dedicamos nuestra energía y esfuerzo a avanzar en una dirección que valoramos y que para nosotros merece la pena, comenzamos a experimentar una vida con propósito. Esta **vida plena** no surge de manera automática; requiere de reflexión y compromiso con lo que consideramos importante. Tener claro en qué creemos y actuar en consonancia con esos valores nos proporciona una guía interna que nos orienta en nuestras decisiones y acciones cotidianas.

La sensación de vitalidad que experimentamos al seguir este camino es una señal de que estamos en sintonía con nuestra verdadera esencia. Sentimos que nuestra vida tiene sentido, que nuestras acciones importan, y que estamos contribuyendo a algo más grande que nosotros mismos.

¿DÓNDE ESTÁ LA FELICIDAD?

Dicen que Confucio manifestó una de esas verdades que resuenan con el paso de los siglos: «Tenemos dos vidas, y la segunda empieza cuando nos damos cuenta de que solo tenemos una». Al principio, suena como una frase bonita, algo que pondrías en una taza de café o como pie de foto en Instagram. Pero luego te golpea la realidad, y recuerdas que todo esto —las carreras de un lado para otro, las discusiones inútiles, las horas que pasas en redes sociales, entre otros— tiene un final.

El problema es que no solemos llegar a esa lucidez sin una sacudida importante. Tal vez sea una pérdida, una enfermedad o un momento de esos en los que miras tu reflejo y piensas: «*¿Esto es todo lo que hay?*». La buena noticia es que no necesitas llegar a ese extremo para cambiar. Puedes, como dice Confucio, comenzar tu segunda vida ahora mismo. Ahora bien, ¿cómo se hace eso en un mundo donde todo parece diseñado para distraernos?

Pensemos en la vida moderna. Vivimos atrapados en un bucle infinito de notificaciones, compromisos sociales que no disfrutamos, y esa sensación continua de que nunca es suficiente. La sociedad nos ha convencido de que la felicidad está en el próximo ascenso, el último *gadget* o esa meta que parece inalcanzable. Es como estar en *La Metamorfosis* de Kafka: nos transformamos en seres extraños que cargan con expectativas ajenas y olvidamos quiénes éramos al principio.

Aquí es donde te hago una pregunta clave: **¿qué es lo que realmente importa?** No me refiero a esas respuestas que damos para quedar bien –«mi familia», *«mi salud»*–, sino a lo que de verdad te llena el corazón. Es difícil admitirlo, pero muchos de nosotros gastamos tiempo y energía en personas y situaciones que no nos aportan nada. Esas relaciones tóxicas que, en lugar de sumar, te restan. ¿Cuántas veces has mantenido un vínculo solo porque «sería incómodo» terminarlo?

La literatura tiene mucho que enseñarnos sobre esto. Observa, por ejemplo, lo que ocurre en *El Señor de los Anillos*. Gollum es un ejemplo perfecto de cómo las relaciones tóxicas pueden colarse en nuestras vidas. Aunque viaja junto a Frodo y Sam, su obsesión por el Anillo le lleva a traicionarlos una y otra vez. Frodo, convencido de que necesita a Gollum para cumplir su misión, ignora las señales y deja que la toxicidad le afecte.

Pero también hay ejemplos esperanzadores. *Don Quijote* nos recuerda la importancia de rodearnos de personas que nos nutren. Sancho Panza, con su lealtad y sentido común, es el tipo de amigo que todos necesitamos: alguien que te sostiene cuando pierdes el rumbo, pero que también te ayuda a mantener los pies en la tierra. Entonces, pregúntate: ¿quiénes son tus «Sanchos»? ¿Y cuántos «Gollums» has permitido en tu círculo?

Aquí es donde introduzco la idea del *casting* **emocional.** Es como si estuvieras organizando tu equipo ideal para un partido importante. No pondrías a alguien que juega en tu contra o a quien no está comprometido con el equipo. Elegir quién ocupa un lugar importante en tu vida funciona igual: decides a quién darle el puesto de titular y a quién dejar en el banquillo. Suena un poco drástico, pero es necesario. La vida es demasiado corta para gastarla rodeado de personas que no suman o que incluso juegan en tu contra.

Ahora bien, no se trata solo de decir «hasta aquí» a lo negativo. También implica tener una **actitud proactiva** frente a los ataques y las agresiones. Durante años, nos han enseñado que lo mejor es ignorar, hacer como que no pasa nada; de ahí el famoso dicho de: *«no hay mayor desprecio que no hacer aprecio».* Pero ser pasivo no es lo mismo que ser fuerte. A veces, necesitas marcar límites con claridad, incluso si eso significa incomodar a otros. Claro, esto suena más fácil en teoría que en la práctica. No todos somos buenos enfrentándonos a los conflictos. Hay quienes, ante el más mínimo desacuerdo, se ponen nerviosos o evitan el contacto visual. No esperes a sentirte valiente para actuar. Fingir seguridad no es una farsa; es una estrategia. Hemingway dijo: «El hombre puede ser destruido, pero no derrotado». Avanza incluso si tiemblas.

Entonces, ¿por dónde empezamos? Quizá por prestar atención a las personas nutritivas, esas que te hacen sentir bien con solo estar cerca. En *Cien años de soledad*, Gabriel García Márquez nos muestra cómo los Buendía quedan atrapados en un ciclo interminable de errores y aislamiento porque no saben construir relaciones sanas. En cambio, *El Principito* nos enseña que las relaciones valiosas requieren cuidado y responsabilidad. El zorro le dice al principito: *«Eres responsable de lo que has domesticado»*. Eso incluye a quienes decides dejar entrar en tu vida.

Así que empieza a vivir tu segunda vida hoy. Haz ese *casting* emocional. Selecciona bien a tus compañeros de viaje. Aprende a decir no con firmeza, pero sin rencor. Y, sobre todo, date permiso para soltar lo que ya no te sirve. Es el mejor comienzo para el viaje.

Porque, como dijo Confucio, esta segunda vida no tiene que esperar a un momento de crisis. Puede comenzar en este preciso instante. La felicidad no es un destino lejano; de hecho, ni siquiera es un destino: está en esas decisiones diarias que tomamos en el aquí y ahora. ¿Y tú? ¿Estás listo para empezar a vivir?

LOS MITOS DE LA FELICIDAD

Cuando Edith Piaf cantó por primera vez **«La vie en rose»**, parecía que todo el mundo se rendía ante la idea de un amor tan perfecto. La canción se convirtió en un himno de esa visión idílica de la felicidad: un estado perpetuo de éxtasis, donde nada malo puede tocarte porque todo, de alguna manera, se tiñe de dulzura. Pero seamos honestos: ¿es eso realmente la felicidad? La vida no siempre es de color de rosa.

La verdad es que la canción, por hermosa que sea, alimenta un mito que muchos seguimos creyendo. Nos han vendido la idea de que la felicidad es un lugar al que llegamos, un destino final donde las cosas finalmente tienen sentido y todo está en su sitio. Es un mito peligroso porque nos hace pensar que solo seremos felices cuando alcancemos esa versión ideal de la vida. Pero la vida real no funciona así.

La felicidad no es algo fijo. Pensamos en la felicidad como un lugar, un sitio al que finalmente llegaremos y en el que podremos descansar siempre. Pero ¿y si te dijera que eso es una ilusión? La felicidad no es un estado que puedas mantener sin fin; es más como esos destellos que aparecen y desaparecen, recordándonos que la vida está en continuo cambio.

Tratar de vivir en un estado constante de felicidad es agotador, casi una trampa. La alegría es impredecible, aparece en momentos inesperados, a veces en lo pequeño y lo simple, y luego se va. Y eso está bien. Tal vez no necesitamos más «momentos perfectos», sino aprender a estar en paz cuando llegan los días que no lo son tanto.

Así que la próxima vez que experimentes un instante de felicidad, disfrútalo, pero sin la urgencia de atraparlo para siempre. Porque, al final, la verdadera libertad está en saber que la felicidad volverá a ti, tal como lo ha hecho antes.

Y luego está la otra trampa: pensar que la **felicidad depende de lo que logras o de lo que otros piensan de ti.** Nos convencemos de que la felicidad llegará *cuando* logremos algo más. «Cuando tenga éxito, cuando gane más, cuando tenga la pareja perfecta… entonces, finalmente, seré feliz». Y así, nos lanzamos a una carrera constante, creyendo que el próximo logro será el que traiga esa paz tan deseada. Pero al alcanzar la meta, solemos descubrir que la felicidad no estaba ahí, esperándonos al final.

¿Por qué? Porque **siempre hay otra meta en el horizonte,** otra expectativa que cumplir. Es una rueda sin fin: consigues algo, y de inmediato surge un nuevo «si tan solo tuviera…». Tal vez la felicidad no dependa de acumular logros o de tener la aprobación de otros. Quizás la verdadera paz está en aprender a aceptar y valorar quiénes somos, aquí y ahora, sin necesitar algo externo para sentirnos completos.

El problema de canciones como «La vie en rose» es que nos hacen creer que la vida puede ser perfecta si encontramos el filtro adecuado. Sin embargo, la realidad es mucho más desordenada. La felicidad es aceptar que hay caos, que no todo va a salir bien, y que está bien sentir todas esas emociones complicadas. Al final, la verdadera felicidad no se basa en vivir en un sueño de color rosa, sino de encontrar paz en el hecho de que nada es tan perfecto como nos hacen creer.

La verdadera felicidad no se define como vivir constantemente en un estado de alegría pura, como la canción nos sugiere, sino de aprender a movernos entre la complejidad de nuestras emociones. Debemos enfrentarnos a la falsa promesa de que para ser felices es obligatorio eliminar todo lo negativo: el dolor, la tristeza, la incertidumbre. En realidad, estas emociones son partes esenciales de la experiencia humana, y solo a través de su aceptación podemos alcanzar una forma más profunda de bienestar. Porque, al final, la felicidad no es vivir en un mundo teñido de rosa, sino encontrar destellos de color incluso en medio de la tormenta.

Edith Piaf misma es un ejemplo de esto. Su vida, realmente agitada desde su nacimiento en plena calle, estuvo marcada por tragedias, pérdidas y sufrimiento. Y, sin embargo, fue capaz de encontrar y expresar momentos de dicha y belleza a través de su música. Este contraste entre lo que cantaba y lo que vivía nos revela una verdad crucial: **la felicidad no es la ausencia de problemas,** sino la capacidad de encontrar luz incluso en medio de la oscuridad.

Otro mito que hemos adoptado es que **la felicidad es externa:** depende de alcanzar ciertos hitos, acumular éxitos o encontrar al amor perfecto. Creemos que seremos verdaderamente felices cuando logremos el trabajo de nuestros sueños, tengamos una casa más grande, o cuando encontremos a alguien que nos complete. Pero ¿qué pasa si fracasamos? Eso es algo por lo que todos hemos pasado y, no obstante, es lo que más nos ayuda a crecer. Porque el fracaso no es un veredicto sobre quién eres ni una sentencia. Es solo un resultado que no salió como planeaste, un recordatorio de que tienes la oportunidad de cambiar de estrategia.

Duele, sí, pero lo que más nos molesta es lo que pensamos que esto significa: creemos que cada error es un reflejo de nuestras debilidades o que alguien más nos juzgará. Si el miedo a equivocarte está ahí, está bien. No tienes que evitarlo, solo darte cuenta de que no te define. Porque tu valor no se mide en éxitos o fracasos, sino en la valentía de probar, de aprender y de avanzar cada día.

Como en «La vie en rose», proyectamos la felicidad en un ideal, y olvidamos que la verdadera felicidad reside en lo que ya tenemos, en lo que somos.

EL CONTROL EMOCIONAL

Desde niños, nos inculcan la idea de que deberíamos ser capaces de manejar nuestras emociones y pensamientos, casi como si tuviéramos un interruptor interno que nos permitiera encender o apagar lo que sentimos. *«No llores», «supera eso», «mantén la compostura».* Estas frases se nos repiten a lo largo de la vida, y con el tiempo aprendemos a reprimir y a fingir que todo está bajo control. Pero la realidad es muy distinta.

El control que creemos tener sobre nuestro mundo emocional es, en gran medida, una ilusión. Intentamos no pensar en aquello que nos perturba, pero cuanto más lo evitamos, más lo tenemos presente. La mente tiene una habilidad sorprendente para volver a aquello que tratamos de evitar. Es como cuando tratas de no tararear una canción que se te ha quedado «pegada» a la mente: cuanto más te esfuerzas en olvidarla, más veces reaparece en tu cabeza, con cada nota y cada letra, hasta que parece imposible sacártela de encima.

Este patrón no es solo frustrante, también es dañino. Nos obsesionamos con la idea de que deberíamos ser capaces de controlarnos, y cuando no podemos, creemos que algo está mal en nosotros. Pero los pensamientos y las emociones no son objetos que podamos mover a voluntad. Son parte de lo que somos, y cuanto más los reprimimos, más presión ejercemos sobre nosotros mismos. Esa **lucha interna** es agotadora y muchas veces infructuosa.

Lo interesante es que cuando finalmente aceptamos que no necesitamos controlar cada pensamiento o emoción, se produce un cambio liberador. Dejamos de ver nuestras emociones como obstáculos que deben ser eliminados y comenzamos a entenderlas como señales valiosas sobre lo que estamos viviendo. En lugar de luchar contra el miedo o la tristeza, aprendemos a permitir que esas emociones existan sin juzgarlas. Y paradójicamente, cuando dejamos de intentar controlar todo, es cuando realmente empezamos a sentir un mayor sentido de calma y bienestar.

La cultura del control nos ha llevado a creer que ser emocionalmente competentes significa no sentir dolor, no tener miedo, no mostrar debilidad. Pero esto está muy lejos de la verdad. La auténtica **fortaleza emocional** no reside en evitar las emociones difíciles, sino en aprender a vivir con ellas de una manera más saludable, sin pretender que no existen. Solo así podemos comenzar a experimentar un sentido de paz interna más profundo y auténtico.

Y esa paz interna, curiosamente, está estrechamente relacionada con el modo en que manejamos nuestras relaciones con los demás y con el mundo exterior. Muchas veces, nos encontramos atrapados en una red de culpas y excusas que nos impiden avanzar.

EL *LOCUS* DE CONTROL

A veces la vida nos pone a prueba en las situaciones más simples. Piensa en un niño que está jugando en casa y, sin querer, golpea un jarrón que se estrella contra el suelo. El pequeño, con los ojos como platos, observa el desastre mientras tú decides cómo reaccionar. ¿De quién es la culpa? ¿Del niño por ser inquieto?

¿Tuya por dejar el jarrón en un lugar accesible? ¿O, tal vez, del destino, porque parecía inevitable que algo así ocurriera en algún momento? En ese momento, sin darte cuenta, estás aplicando lo que los psicólogos llaman *locus* **de control:** la tendencia a atribuir lo que ocurre a causas internas (como nuestras acciones) o externas (como las circunstancias o los demás).

Esta idea, aunque parece una teoría más de manual, tiene muchas implicaciones en nuestra vida diaria. Hay quienes, ante cualquier tropiezo, se sienten personalmente responsables, como si el universo entero estuviera esperando a que cometan un error. Estas personas viven con un *locus* **de control interno** muy marcado. Creen firmemente que su esfuerzo y sus decisiones son la clave de todo lo que les sucede. Por otro lado, están los que ven la vida como un conjunto de **fuerzas externas** incontrolables. Si algo no va bien, no es culpa suya, siempre hay algo o alguien a quien responsabilizar: el clima, las circunstancias, el destino o, en el caso del jarrón, la gravedad misma.

Sin embargo, la verdadera magia ocurre cuando encontramos un equilibrio entre ambos extremos. Aquí podemos hacer uso de una frase que captura esta idea a la perfección: «La sabiduría vital consiste en cambiar lo que puedes cambiar, la paciencia suficiente para sobrellevar lo que no puedes cambiar, y la inteligencia para poder distinguir una cosa de la otra». En esta sencilla fórmula reside una guía para afrontar los desafíos de la vida. La **sabiduría** representa el *locus* de control interno, esa capacidad de identificar qué está bajo nuestra influencia y actuar. La **paciencia** simboliza el *locus* externo, la aceptación de que no todo depende de nosotros y que a veces hay que aprender a soltar. Y la **inteligencia** es ese puente entre ambos, la habilidad de analizar cada situación y decidir en qué campo se encuentra: si merece esfuerzo o resignación.

Ahora bien, como todo en la vida, nadie domina las tres cosas a la perfección. Todos cojeamos de algún lado. Quizá eres de los que quieren controlarlo todo, desde la ruta del GPS hasta las emociones de los demás, y eso te deja agotado. O tal vez te has resignado demasiado pronto en situaciones donde podrías haber actuado. La clave está en identificar nuestra tendencia natural y trabajar para compensarla.

Volviendo al ejemplo del jarrón, pensemos en las posibles respuestas. Una reacción extrema de *locus* interno sería culparte por completo: «Debería haberlo guardado en un lugar más seguro, ¿cómo no lo pensé antes?». Esto puede llevar a una culpa innecesaria que no resuelve nada. Por el contrario, una respuesta totalmente externa sería decir: «Es que este niño es un desastre, no puedo con él». Esto, aunque alivia tu responsabilidad, ignora el hecho de que podrías haber hecho algo para prevenirlo. La reacción ideal sería reconocer el accidente como un evento multifactorial: quizás no elegiste el mejor lugar para el jarrón, pero tampoco puedes controlar cada movimiento de un niño que es inquieto.

Esa mezcla de **aceptación y acción** es lo que nos permite navegar por la vida sin sentirnos aplastados por la culpa ni perdidos en la resignación. Y aunque suene fácil en teoría, la práctica es otra historia. Cada día nos enfrentamos a decisiones que requieren calibrar este equilibrio. Cuando algo sale mal en el trabajo, ¿asumes toda la carga o repartes la responsabilidad? Si un amigo se molesta contigo, ¿te preguntas qué podrías haber hecho mejor o te justificas pensando que está siendo demasiado sensible?

El desafío está en mantenernos atentos. Porque, al fin y a la postre, no se trata de encontrar una respuesta perfecta para cada situación, sino de **aprender de cada experiencia.** La próxima vez que algo salga mal, pregúntate: ¿esto depende de mí? Si la respuesta es sí, actúa; si es no, intenta aceptarlo. Y si no estás seguro, dedica un momento a reflexionar. Puede que no siempre sea fácil distinguir entre lo que puedes cambiar y lo que no, pero cuanto más lo practiques, más clara será esa frontera.

Así que la próxima vez que estés frente a un «jarrón roto» en tu vida, recuerda esta mezcla perfecta: sabiduría, paciencia e inteligencia. Si logras equilibrarlas, estarás mejor preparado para afrontar los retos, grandes o pequeños, que la vida te ponga en el camino. Y quién sabe, tal vez incluso puedas reírte de esos momentos inevitables en los que el universo decide recordarte que no todo está en tus manos.

¿ERES SUPERSTICIOSO?
Pensemos en esto: estás listo para salir de casa, pero se te cae la sal. ¿Qué haces? ¿La dejas ahí y sigues como si nada? ¿O, como dicta «la regla no escrita», coges un puñado y lo arrojas por encima del hombro? Es curioso cómo esos gestos, aparentemente insignificantes, tienen tanto peso. Las supersticiones son esos códigos que heredamos de generaciones pasadas y que tienen una habilidad única: nos anclan a **un mundo mágico** y, a veces, nos alejan de nuestra autonomía emocional.

Desde el punto de vista psicológico, las supersticiones tienen una función muy humana. Nos encantan porque ofrecen respuestas fáciles en un mundo complejo. Según **Skinner**, nuestras mentes tienden a buscar patrones, incluso donde no existen. Por ejemplo, si alguien hace un brindis con agua en vez de vino y, al día siguiente, tiene mala suerte, es posible que conecte ambos eventos como causa y efecto. Este tipo de razonamiento, aunque irracional, tiene un atractivo enorme: nos da una falsa sensación de control.

¿Sabes qué es el **pensamiento mágico?** Es ese mecanismo cognitivo que nos lleva a asociar eventos o acciones que no guardan relación alguna pero que creemos que tienen poder sobre los sucesos de nuestra vida. Es como cuando éramos pequeños y evitábamos pisar las líneas en la acera porque pensábamos que algo malo podría suceder si lo hacíamos. Aunque sabíamos, de forma racional, que no tenía ningún peso real, el simple hecho de mantener esa costumbre nos daba una **sensación de seguridad.** Este pensamiento mágico es tan parte de nosotros que se filtra en nuestras creencias y decisiones, incluso cuando somos adultos.

El problema surge cuando esas creencias empiezan a limitar nuestras decisiones. La independencia emocional —esa capacidad de tomar decisiones sin dejarnos arrastrar por miedos o influencias externas— no puede coexistir del todo con la tiranía de «por si acaso». Porque, aceptémoslo, cuando evitas un número trece en una fecha importante o llevas un amuleto para «atraer la suerte», no estás siendo independiente; estás cediendo tu poder a algo externo.

Imaginemos a alguien que decide no casarse o no viajar porque cree que hacerlo un martes y trece le traerá mala suerte. O al que se siente incapaz de tomar una decisión importante porque la luna está en su fase «creciente» y «no es el momento adecuado». En estos casos, las supersticiones se convierten en **cadenas que frenan el crecimiento personal.** Y no hablamos solo de supersticiones grandes o llamativas; a veces, incluso las pequeñas creencias —esas que parecen inofensivas—, como por ejemplo la  idea de que, si no se lleva el amuleto de la suerte el día de una cita importante, algo saldrá mal. Aunque puede parecer una simple costumbre, esa creencia sutil puede minar nuestra autoconfianza y hacernos pensar que nuestra capacidad no es suficiente, sino que depende de un objeto externo.

Por supuesto, no todo tiene que ser tan grave. Algunas supersticiones funcionan más como rituales que nos reconfortan o que refuerzan lazos sociales. ¿Quién no ha cruzado los dedos al desear suerte a alguien? ¿O tocado madera para evitar «malas vibras»? Estas prácticas, aunque no tengan base lógica, pueden ser una especie de **refugio emocional** para muchas personas. Mientras las vivamos como gestos simbólicos y no como verdades absolutas, pueden coexistir perfectamente con nuestra independencia emocional.

Lo divertido –y a veces a la vez frustrante– es lo fácil que se instalan en nuestras vidas. Por ejemplo, una vez, conocí a alguien que no podía tomar decisiones importantes los viernes. ¿Por qué? Porque un día firmó un contrato un viernes, y todo salió mal. Desde entonces, evitaba esos días para cualquier cosa «seria». Cuando le pregunté si alguna vez había tenido un buen viernes, se quedó pensativo. «Supongo que sí», dijo, pero nunca les había prestado atención. Ese es el problema con las supersticiones: nos hacen **filtrar la realidad** para confirmar nuestras creencias, viendo solo lo negativo.

Ahora, vamos a pensar al revés: ¿qué pasa si rompemos ese espejo o dejamos pasar al gato negro? Tal vez sea una invitación para empezar a cuestionar nuestras certezas. Porque, si lo piensas, las supersticiones tienen una relación curiosa con el miedo, pero también con el humor. ¿Y si el gato negro está cruzando la calle porque tiene hambre y no porque quiera sabotear tu día? ¿Y si el espejo roto solo significa que tendrás que barrer cristales cuidadosamente para no cortarte y comprar otro nuevo? El humor nos recuerda que no todo es tan serio como parece y eso es bueno.

La independencia emocional, en esencia, no consiste en ignorar nuestras creencias culturales o en despreciar las tradiciones. Se trata de otra cosa muy diferente: de elegir conscientemente cuáles adoptamos y cuáles dejamos ir. Porque al final del día, no es el paraguas abierto en la habitación lo que decide tu destino, sino lo que haces con las decisiones que tomas. ¿Y si el viernes 13 es el mejor día para empezar algo nuevo, solo porque decides enfrentarte a ello sin miedo? Pruébalo.

Tal vez la próxima vez que hagas algún ritual de superstición –ya sea evitando el «mal de ojo» o tocando madera tras un comentario positivo–, puedes preguntarte: ¿lo hago porque quiero, porque me divierte, o porque en el fondo todavía le tengo un poquito de miedo? Esa respuesta es la brújula que mide nuestra independencia emocional.

Así que camina bajo la escalera si lo necesitas, ríete si alguien te advierte que no lo hagas, y recuerda que la mala suerte, en todo caso, no tiene tanto que ver con espejos o gatos, sino con la forma en que te enfrentas a los desafíos reales de la vida.

LA CULPA SIEMPRE ES DE LOS DEMÁS

La verdadera felicidad no puede florecer mientras cargamos el peso de culpar a los demás por nuestras circunstancias. Es fácil caer en la tentación de hacerlo y convertirlo en un hábito cuando las cosas no salen como queremos. A veces, la **responsabilidad** que sentimos por nuestros propios errores o decisiones puede resultar tan incómoda que buscamos excusas externas para aliviar esa carga. Frases como «si no fuera por mi jefe», «si mis amigos me hubieran apoyado» o «si mi pareja no hubiera hecho esto» son comunes y nos proporcionan un escape temporal del sentimiento de culpa. Pero este tipo de pensamiento tiene consecuencias a largo plazo.

Cuando culpamos a los demás de manera recurrente, evitamos reflexionar sobre nuestro propio papel en las situaciones que nos afectan. Este patrón puede convertirnos en víctimas perpetuas de nuestras circunstancias, incapaces de cambiar o crecer, porque siempre son «los otros» quienes tienen el control sobre lo que nos sucede. Pero ¿alguna vez te has preguntado por qué actúas así?

¿POR QUÉ HACEMOS ESTO?

Psicológicamente, hay varias razones que explican por qué tendemos a responsabilizar a los demás por nuestros errores. Una de ellas es la **protección del ego.** Es normal culpar a los demás en momentos difíciles; todos lo hemos hecho. Te invito a que eches la vista atrás por si recuerdas algún episodio donde haya pasado. Yo recuerdo a un amigo en la facultad, que estuvo preparándose durante semanas para un examen final que teníamos. Estuvo semanas estudiando; casi se puede decir que vivía para superar ese examen. Pero cuando salieron las notas, se sintió destrozado porque no logró la calificación que tanto deseaba. En lugar de pensar en cómo podría haber mejorado su preparación, se lanzó a señalar a su profesor, acusándolo de no dar bien sus clases. ¿No te ha pasado algo similar alguna vez? Esa reacción suele surgir de un instinto natural de proteger nuestro ego. Admitir que hemos fallado puede doler, y a menudo, es mucho más fácil buscar a alguien a quien culpar. Al hacerlo, protegemos nuestra **autoimagen,** manteniendo la ilusión de que somos perfectos o al menos inocentes.

Cuando nos detenemos a pensar en cómo reaccionamos ante el fracaso, asumir la responsabilidad de nuestros errores no significa que seamos unos perdedores. Al contrario, nos da poder. Cada error que cometemos es una oportunidad disfrazada, una *chance* para aprender y crecer. ¿Te animas a ver tus fracasos como unos escalones de una escalera que te lleva hacia arriba? La próxima vez que sientas esa necesidad de culpar a otro, pregúntate: ¿qué puedo aprender de esto? Este simple cambio de mentalidad puede hacer que mejores en tu desarrollo personal.

Otra razón es **evitar el conflicto interno.** Asumir la responsabilidad de nuestras acciones y decisiones a menudo nos obliga a enfrentar sentimientos de vergüenza, arrepentimiento o frustración. Al echar la culpa afuera, evitamos lidiar con esas emociones incómodas. Además, a veces ni siquiera somos conscientes de que estamos buscando excusas. Puede ser un **mecanismo automático,** una forma de autoprotección que hemos aprendido con el tiempo. Sin la práctica de la **autorreflexión,** seguimos repitiendo el ciclo de culpar a los demás sin detenernos a cuestionar nuestro propio comportamiento. También hay **patrones aprendidos** que influyen en esta tendencia. Es posible que hayamos crecido en un entorno donde culpar a los demás era la norma. Si vimos a nuestros padres, profesores o figuras de autoridad esquivar la responsabilidad, es probable que hayamos aprendido a hacer lo mismo.

EL PELIGRO DE LAS EXCUSAS

El peligro de las excusas radica en el daño que causan tanto en nuestras relaciones interpersonales como en nuestro desarrollo personal. Al culpar recurrentemente a los demás, nos perdemos la oportunidad de asumir nuestra parte de responsabilidad y, por ende, de aprender de nuestros errores. Este hábito de buscar culpables externos no solo nos impide mejorar, sino que también refuerza un ciclo de evitación, donde las lecciones más importantes de la vida se pasan por alto.

Pensemos por un instante en ese amigo que siempre llega tarde a las citas con vuestro grupo de amigos. Cada vez que esto ocurre, pone excusas como el tráfico, el retraso en el transporte público, o que no encontraba las llaves al salir de casa. Sin embargo, nunca reconoce su propia falta de organización, como calcular mejor el tiempo necesario para salir o anticiparse a posibles imprevistos. Como siempre pasa lo mismo cada vez que quedáis con él, ese amigo siente que le criticáis injustamente, percibe vuestros comentarios como ataques personales, cuando en realidad que haya tardado es producto de su falta de responsabilidad manejando su tiempo de manera adecuada.

Cada vez que llega tarde, la confianza en su capacidad para cumplir con su palabra se debilita, y poco a poco sus amigos empezáis a ver sus excusas como pretextos constantes. A largo plazo, esta falta de fiabilidad genera frustración y, en muchos casos, afecta negativamente a vuestra relación. La percepción de ser alguien en quien no se puede confiar tiende a distanciar a los demás.

Y aquí es donde está **la oportunidad.** Si este amigo comenzara a aceptar que llegar tarde no es solo culpa del tráfico, o de no encontrar las llaves, podría empezar a trabajar en su gestión del tiempo. Una solución simple sería que, antes de salir, se plantee una pregunta: «¿Qué puedo hacer para asegurarme de llegar a tiempo?». Por ejemplo, podría preparar sus cosas un rato antes, calcular la ruta para ver lo que puede tardar, o incluso revisar las condiciones del tráfico antes de salir.

Este **cambio** no solo le permitirá mejorar su puntualidad y ser más respetuoso con sus amigos. Al asumir su parte del compromiso al quedar con sus amigos a cierta hora, no solo está reconociendo sus errores, sino que también está dando un paso hacia su autoconocimiento y su autoaceptación. Al final, cada uno de nosotros tiene la capacidad de transformar las experiencias y aprender de ellas; solo necesitamos dar ese primer paso hacia la responsabilidad personal. Ahora bien, ¿cómo hacerlo?

¿CÓMO ROMPER EL CICLO?

Darnos cuenta de que estamos usando excusas para evadir algo incómodo es el primer paso. Una forma de hacerlo es mediante la **reflexión consciente.** Podemos preguntarnos: «¿Qué parte de esta situación es mi responsabilidad?». No se trata de asumir toda la culpa, sino de asumir la parte que nos corresponde. Y eso no nos quita valor; al contrario, nos hace más conscientes y nos ayuda a crecer. También es fundamental **aceptar** que todos cometemos errores, lo cual es parte del proceso humano. Asumirlos no nos hace menos valiosos, sino que nos abre a la posibilidad de aprender y crecer. Es esencial practicar la **comunicación abierta.** En lugar de culpar a los demás, podemos expresar cómo nos sentimos y cómo nos afectó una situación, sin caer en acusaciones. De esta forma, abrimos espacios para la comprensión mutua y el crecimiento personal. Además, **dejar de victimizarse** es clave; en lugar de enfocarnos en lo que los demás han hecho mal, debemos concentrarnos en lo que podemos cambiar nosotros mismos. Algo que nos empodera, que nos da control sobre nuestra vida.

Esto se aplica también a la forma en que respondemos a la pregunta sobre cómo estamos o nos encontramos. En lugar de evadir la pregunta con un simple «bien», podemos tomarnos un momento para reflexionar honestamente sobre cómo nos sentimos. Esta honestidad no solo nos permite conectarnos mejor con nosotros mismos, sino que también facilita una comunicación más sana con los demás. Si aprendemos a expresar cómo nos sentimos y a compartir nuestras luchas, podemos abrir un espacio para comprendernos mutuamente, crecer en lo personal, y, así, responsabilizarnos por nuestros errores.

¿CÓMO ESTÁS? BIEN, GRACIAS

Cuando alguien nos pregunta «*¿Cómo estás?*», ¿cuántas veces has respondido automáticamente «Bien»? En muchas lo hacemos por inercia, sin reflexionar en lo que realmente sentimos. Si respondemos «bien» por inercia, nos negamos la posibilidad de explorar lo que realmente está sucediendo dentro de nosotros. En cambio, cuando reconocemos nuestras emociones, adquirimos una comprensión más profunda de lo que necesitamos, de lo que nos preocupa o de lo que deseamos hacer. Este es el núcleo de lo que se conoce como **inteligencia emocional.**

Vivimos en una cultura que a menudo prioriza la razón sobre la emoción, como si sentir fuera una distracción o algo accesorio. De ahí que esa respuesta rápida y neutral se haya convertido en una especie de máscara social, un mecanismo de defensa que evita profundizar en lo que de verdad pasa dentro de nosotros. Nos ayuda a mantenernos en la superficie, a no incomodar ni incomodarnos con la vulnerabilidad o las emociones más complejas que podríamos estar experimentando.

Sin embargo, ¿qué sucede cuando nos detenemos y nos preguntamos, honestamente, si estamos bien? ¿Es esa respuesta un reflejo real de nuestro estado emocional o simplemente una excusa para evitar mirar más de cerca lo que realmente ocurre? Despojarse de ese «*bien*» automático es esencial si queremos alcanzar la verdadera felicidad, porque esa palabra tan sencilla y superficial a menudo oculta la realidad de nuestras emociones.

Haber encontrado la verdadera felicidad implica una **honestidad radical** con nosotros mismos. Requiere reconocer que a veces no estamos bien, y eso es bueno. Admitir que estamos tristes, confundidos, frustrados o perdidos es el primer paso para desmantelar las falsas apariencias y conectar con lo que realmente necesitamos. Solo cuando dejamos de decir «*bien*» y nos damos el permiso de sentir y expresar lo que de verdad pasa por dentro, podemos comenzar a sanar y encontrar un camino hacia una felicidad más auténtica.

Esta honestidad puede ser incómoda, pero es liberadora, porque nos permite actuar sobre nuestras emociones reales, abrazarlas y, finalmente, transformarlas. La verdadera felicidad no es el resultado de evitar el malestar, sino de **enfrentarlo,** comprenderlo y, con el tiempo, aprender a vivir en paz con nuestras emociones, tanto las positivas como las negativas.

VIVE AHORA, MAÑANA SERÁ OTRO DÍA

¿Cuántas veces te has dado cuenta de que el presente se nos escapa entre las manos? En un mundo que nos empuja a mirar siempre a lo que viene a continuación, al siguiente logro, el momento presente parece haberse vuelto un simple medio para algo más, un «tránsito» hacia el futuro o una parada nostálgica en el pasado. Y, sin embargo, como decía **Alan Watts**, si nuestra felicidad siempre depende de lo que nos promete el mañana, estamos persiguiendo una ilusión que nunca alcanzaremos. La vida misma, con todos sus matices, ocurre aquí, en este instante que estamos viviendo.

Piénsalo por un segundo: ¿cuántas veces has **aplazado tu bienestar** para más tarde, imaginando que mañana será el día en que finalmente disfrutes? Tal vez, en el fondo, esta sea la raíz de una de las trampas más comunes de nuestra época. Desde pequeños no han enseñado que, para ser alguien en la vida, hay que anticiparse, estar preparados, imaginar lo que podría salir mal. Pero muy rara vez se nos enseña a detenernos, a vivir **el aquí y ahora** sin la constante presión de tener que «hacer» para «ser». Así, acabamos viviendo atrapados entre lo que fue y lo que será, y, poco a poco, la felicidad se convierte en algo que siempre está «a punto de llegar» pero nunca termina de hacerlo.

Esta **desconexión del presente** tiene consecuencias bastante acentuadas. No solo nos hace sentir como si nada de lo que hiciéramos fuera suficiente, sino que además afecta a nuestra salud emocional. En psicología se habla de cómo nuestros problemas emocionales pueden originarse de habitar en exceso esos tiempos que no están aquí: apegarnos al pasado tiende a sumirnos en la tristeza o la nostalgia, mientras que anticipar el futuro alimenta la ansiedad. Esta constante huida nos deja con la sensación de que la vida ocurre en otra parte, nunca en el momento en que estamos.

Y claro, el entorno no ayuda. El consumismo, la presión social por alcanzar metas, el **ideal de éxito** que nos venden constantemente… todo parece orientado a convencernos de que lo importante está siempre en lo que aún no tenemos. Nos hemos vuelto expertos en **posponer la felicidad en función de objetivos externos:**

una promoción, una compra, un cambio de lugar o de vida. Pero, paradójicamente, al lograr esas metas, lo que sentimos muchas veces es alivio, no esa plenitud que esperábamos. Y la satisfacción se desvanece porque, casi de inmediato, la mente ya está buscando un nuevo objetivo que alcanzar.

Ahora bien, ¿y si este esfuerzo por lograr todo eso fuera solo una distracción? La independencia emocional nos invita a replantearnos esta manera de vivir. Nos dice que la verdadera plenitud no está en un futuro ideal, sino en aprender a valorar lo que somos hoy, sin la constante necesidad de validación o de cumplir con las expectativas de otros. Porque cuando somos emocionalmente independientes, dejamos de correr tras ese «más» que nunca es suficiente. Nos damos cuenta de que nuestro valor no reside en lo que hacemos o alcanzamos, sino en quiénes somos en el momento presente.

Esto no significa, por supuesto, que dejemos de tener metas o aspiraciones. Más bien se trata de que no vivamos en función de ellas, de que no sean el único motivo que nos impulse a levantarnos cada día. La independencia emocional nos invita a **tener metas sin estar atados** emocionalmente a su posible éxito o fracaso, es decir, a poder planificar sin que nuestra felicidad dependa de cumplir a rajatabla esos planes. Nos da la libertad de vivir sin miedo a que la vida «no salga como esperamos».

Imagínate, por un momento, que estás en el parque viendo jugar a tu hijo. Y, de repente, te das cuenta de que tu mente empieza a divagar: los documentos que tienes que entregar mañana, el correo que no has respondido, o las tareas pendientes en casa. Aunque estás físicamente allí, tu cabeza ya está en otro lugar, anticipando lo que debes hacer para seguir cumpliendo con esas exigencias constantes del trabajo y la vida.

¿Cuánto nos cuesta mantenernos presentes en los momentos que realmente importan? Nos han convencido de que el tiempo que «perdemos» en pausas o en momentos de calma es tiempo desperdiciado, pero lo cierto es que es en esos momentos cuando la vida ocurre de verdad.

Tal vez, el **verdadero reto esté en dejarnos abrazar por el presente,** en aceptar que este instante, por común que sea, es todo lo que tenemos. La felicidad no es una meta, sino una forma de estar. Aprender a parar, a reconectar con lo que hay aquí, aunque sea por un instante, nos libera de la ansiedad que genera el estar constantemente proyectándonos. Al final, vivir en el presente puede ser el acto de amor propio más profundo que podemos regalarnos.

¿POR QUÉ NOS CUESTA VIVIR EN EL PRESENTE?

Existen diversas razones psicológicas que explican por qué tendemos a enfocarnos más en el futuro que en el presente:

- **Miedo a la incertidumbre**
  Pensar en el futuro nos da una falsa sensación de control. Al planificar y anticiparnos a lo que puede venir, creemos que podemos evitar lo inesperado o minimizar los riesgos.

  Te encuentras mirando tu agenda para la próxima semana. Aunque sabes que la próxima entrega que tienes que hacer en el trabajo está casi lista, sigues pensando en todos los posibles problemas que podrían surgir. Imaginas cada detalle y cómo podrías prepararte para evitarlos. Al hacer esto, no te das cuenta de que ahora mismo estás en casa, con tu familia, y te pierdes la conversación de tu hijo que está emocionado contándote algo sobre su día. Pensar en el futuro te hace sentir en control, pero te aleja del momento presente.

- **Condicionamiento social**
  Desde pequeños, la sociedad nos enseña que debemos tener objetivos, metas y un plan a largo plazo para ser exitosos. Estamos rodeados de mensajes que nos dicen que el éxito está en lo que lograremos mañana, no en lo que estamos viviendo hoy. Este condicionamiento nos empuja a pensar constantemente en lo que sigue, en lo que aún no hemos conseguido.

  Como cuando alguien te pregunta cómo te va y, sin pensarlo, empiezas a hablar de tus próximos planes: el trabajo que esperas conseguir, la casa que te gustaría comprar, los estudios que tal vez retomes. En lugar de hablar de lo que te hace feliz ahora o de cómo te sientes en este momento, sientes que tienes que proyectarte hacia el futuro, como si lo que ya has conseguido no fuera suficiente. Es como si siempre tuvieras que justificar tu vida con lo que aún no has logrado, atrapado en esa idea de que el éxito está siempre en lo que viene, nunca en lo que ya es.

- **Dependencia emocional**
  A menudo, nuestra felicidad se ve condicionada por la validación externa. Creemos que seremos más felices cuando consigamos un ascenso, cuando logremos cierta estabilidad económica o cuando recibamos reconocimiento por nuestro trabajo. Esto nos mantiene en una búsqueda continua, poster-

gando nuestra satisfacción para un futuro que siempre parece estar un paso más allá.

- **La ilusión del tiempo**
  Nuestra cultura está hipnotizada por la ilusión del tiempo. Creemos que el presente es solo un breve instante entre un pasado que ya no existe y un futuro que aún no llega. Esta percepción nos aleja del ahora y nos hace vivir siempre con la vista puesta en lo que vendrá.

¿POR QUÉ ES IMPORTANTE ACEPTAR EL PASADO?

Aceptar el pasado puede sonar a algo que resulta **fácil** de hacer, pero ¿quién no ha tenido momentos en los que mirar atrás ha sido una verdadera tortura? Quizás te pase al recordar a esa pareja que duró más de lo que debía, o alguna discusión familiar en la que todos gritaban, pero nadie realmente escuchaba. Más allá del deseo de «olvidar y seguir adelante», hay razones que nos indican que aceptar nuestra historia es beneficioso: integrar esas experiencias en nuestra vida nos ayuda a crecer, como bien señalaba **Carl Jung** al decir que «lo que niegas te somete, y lo que aceptas te transforma». **Aceptar el pasado** no significa hacer las paces con todo de una manera mágica, sino reconocer que, aunque algunas cosas no salieron como esperábamos, siguen siendo parte de nosotros.

Imagina, por ejemplo, que en el pasado tuviste un trabajo que fue todo menos lo que habías soñado. Tal vez había compañeros que te criticaban a tus espaldas o jefes que te veían como «un número más». Si te aferras al resentimiento, esos días grises pueden pesar tanto que terminas sintiendo que toda tu vida laboral será igual. La resiliencia, esa capacidad de levantarnos y seguir, según la psicología, no se da en la negación, sino en la integración. **Aaron Antonovsky,** un sociólogo médico, hablaba de la **coherencia interna** como una especie de brújula para la resiliencia, basada en tres principios: entender nuestro pasado, darle sentido, y creer que, de alguna manera, podemos manejar sus efectos en nuestro presente. Es decir, necesitamos dar un espacio a esos errores y frustraciones que vivimos, para entender que cada pieza tiene su lugar en el rompecabezas de nuestra historia. Comprender esto nos permite reírnos un poco de esos momentos difíciles –quizás no enseguida, pero en algún momento–, y esa risa es señal de que hemos integrado el pasado sin tanto drama.

Aceptar el pasado también nos ayuda a ver esos momentos incómodos bajo un nuevo prisma. Supongamos que en una cena familiar alguien (siempre hay uno, ¿verdad?) saca a colación aquella ocasión en la que perdiste la paciencia o te equivocaste en algo importante. Recordar estas situaciones es como revivir un mal trago. Sin embargo, si logras mirarlo con la actitud de «fue una lección y nada más», cada historia «horrible» que alguien cuente sobre ti pierde el poder de avergonzarte o afectarte. La integración de estas historias personales es como un escudo que te protege de las críticas y te permite, incluso, reírte de tus propios «grandes momentos».

Perdonarse también es parte de aceptar el pasado. A veces, la persona más difícil de perdonar es uno mismo. Quizás recordamos las veces en que no defendimos nuestra opinión, las oportunidades perdidas o aquellas decisiones que ahora vemos como «errores». Aquí entra en juego el concepto de **autoaceptación incondicional** de **Albert Ellis,** que viene a decir lo siguiente: nuestra valía no depende de ser perfectos o de tener razón siempre. Cuando nos permitimos aceptar que hemos cometido errores, podemos seguir adelante sin llevar una carga innecesaria. Es algo así como la historia que leímos en la introducción donde el protagonista se quita la mochila llena de piedras y decirse: «Bueno, hice lo que pude con lo que sabía entonces».

ACEPTAR
EL PASADO

VIVIR
EL PRESENTE

NO PROYECTAR
EL FUTURO

Un toque de humor no cura todos los males, pero nos ayuda a suavizar el peso de esos recuerdos. A veces, una buena carcajada al recordar una situación complicada es señal de que hemos sanado lo suficiente para mirarlo desde la distancia. Piensa en ese amigo que, después de una ruptura, se da cuenta de todas las cosas graciosas o absurdas que aguantaba: las peleas por la pasta de dientes o las discusiones sobre quién tenía razón en todo. El humor es una especie de terapia natural que nos muestra que, aunque el pasado no cambie, nuestra percepción sí puede.

Aceptar el pasado es un proceso complejo que lleva tiempo porque cada historia personal tiene sus propios nudos. Sin embargo, al mirarlo de frente, entender sus lecciones y reírnos un poco de nuestras propias caídas, le damos espacio a nuestro presente y nos preparamos para lo que venga. Así que la próxima vez que algo del pasado vuelva a tocar a la puerta de tu mente, piensa: «Sí, ya te conozco, pero hoy prefiero estar aquí».

CÓMO ROMPER EL CICLO Y VIVIR EL PRESENTE

Aceptar que **nada es para siempre** es uno de los primeros pasos para encontrar la verdadera paz. El presente es fugaz y, una vez que pasa, no vuelve. Al comprender que la vida está hecha de momentos efímeros, que vienen y van sin detenerse, podemos aprender a saborear cada uno mientras lo tenemos. No se trata de intentar detener el tiempo, sino de estar completamente inmersos en él, sin permitir que nuestras mentes se escapen hacia el futuro o se aferren al pasado.

Una vez que **reducimos la dependencia emocional** y dejamos de vincular nuestra felicidad a logros futuros o a la aprobación de los demás, nos damos cuenta de que la verdadera alegría proviene de nuestro propio interior. No es una meta que alcanzaremos cuando hayamos logrado todo lo que nos proponemos o cuando otros nos validen, sino una sensación que ya está a nuestro alcance, si nos permitimos vivir en el ahora.

Al final, la felicidad no necesita grandes gestos ni éxitos para manifestarse. En realidad, se encuentra **en los momentos más simples:** en la taza de café que tomas por la mañana, en una conversación con un amigo, en la risa espontánea. Cuando comenzamos a ver la felicidad en lo **cotidiano,** en esos detalles que a menudo pasan desapercibidos pero que, en realidad, son los que le dan forma a nuestra vida, estamos en el buen camino.

Pero ¿qué es lo que realmente nos impide vivir de esta manera? Lo que suele estar en el centro de esa constante búsqueda de validación externa, de logros futuros, y del miedo a perder esos momentos de felicidad, es el **apego.** Este apego, ya sea a personas, objetos o situaciones, nos mantiene atrapados en un ciclo de dependencia emocional. La mayoría de las personas se aferra a la idea de que para ser felices necesitamos controlar nuestro entorno o asegurarnos de que las cosas sean de cierta manera. Creemos, erróneamente, que la estabilidad externa nos dará paz interna.

Es aquí donde radica el problema del apego: al depender de lo que está fuera de nosotros para sentirnos completos, nos volvemos vulnerables. Lo que hoy nos hace sentir bien puede desaparecer mañana, y si nuestra felicidad está atada a ello, también desaparecerá con eso. En el siguiente capítulo, exploraremos cómo el apego nos hace emocionalmente dependientes, cómo influye en nuestras relaciones y por qué el desapego es clave para alcanzar una independencia emocional que nos permita experimentar una felicidad más profunda y auténtica.

RECONECTAR CON EL PRESENTE PASO A PASO

Estar en el presente no es solo un cliché; es una habilidad que nos reporta paz. Es como aprender a dejar de lado la urgencia y darnos permiso para simplemente ser. ¿Te animas a intentarlo hoy?

Reconectar con el presente no es sencillo, pero tampoco imposible. Vamos a intentarlo, paso a paso:

- **Observa lo que tienes frente a ti**

  Puede parecer simple, pero detenerte un momento a mirar de verdad lo que te rodea es algo que, a menudo, olvidamos hacer. Tal vez estés en casa, en la oficina o caminando por una calle llena de gente. Haz una pausa y nota los detalles: los colores en las paredes, los sonidos que escuchas, la textura de la superficie que tocas. Este ejercicio de «ver de verdad» te ayuda a salir de esa espiral de anticipar lo que viene o recordar lo que pasó. Puede ser algo tan sencillo como fijarte en la sensación del sol sobre tu piel o el sonido de tus propios pasos; es increíble cómo esos detalles tienen un poder para traerte de vuelta.

- **Despídete de los «¿y si...?»**

  Estos pensamientos son expertos en enredarnos. «*¿Y si hubiera tomado otra decisión?*» o «*¿Y si mañana algo sale mal?*». Nos llevan a una especie de montaña rusa emocional en la que siempre falta algo o siempre hay algo que arreglar. En psicología, existe la técnica **de parada de pensamiento.** La próxima vez que te encuentres atrapado en uno de esos «¿y si...?», intenta decirte «¡basta!» y enfoca tu atención en el ahora. Puede ser en algo concreto: el peso de tus pies en el suelo o el sonido de la gente alrededor. Es un recordatorio de que estás aquí, en este momento, y que eso ya es suficiente.

- **Sé amable contigo mismo**

  Es normal que te cueste disfrutar del momento. ¡Nos pasa a todos! Crecimos pensando que la vida era como una carrera interminable, siempre corriendo hacia «lo siguiente». Si tu mente empieza a irse, en vez de frustrarte, hazle una invitación para volver al ahora. No se trata de controlarte, sino de darte un respiro, de decirte: *«Está bien si no todo sale como lo planeo, porque estar aquí ya tiene su valor»*.

EL *OVERTHINKING*. PENSAR DEMASIADO

Puede que estés en medio de una tarde tranquila, tomando un café, y, de repente, te encuentras pensando en algo que pasó hace cinco años: *«¿Por qué dije eso? ¡Qué vergüenza!»*. O quizás estés anticipando el futuro, imaginando todas las formas en que algo podría salir mal.

Es un hábito curioso, ¿no? Nos quedamos atrapados entre lo que ya no podemos cambiar y lo que todavía no ha sucedido. Y mientras tanto, el presente, ese momento que tenemos justo ahora, se nos escurre como arena entre los dedos. Es como estar sentado en un coche de carreras que va a toda velocidad… pero con el freno de mano puesto.

Este hábito de pensar demasiado —*overthinking*, como lo llaman los modernos— no solo es agotador; también nos roba la posibilidad de disfrutar de lo que está frente a nosotros. ¿Por qué lo hacemos? Porque el cerebro odia la incertidumbre. Cuando no tiene todas las respuestas, empieza a llenar los vacíos con suposiciones y preguntas: «¿Qué pasará si tomo esta decisión? ¿Y si pasa esto o aquello?». Es su forma de sentirse útil, aunque a menudo acabe complicándonos más la vida.

Y claro, no es que pensar sea malo. Es vital para resolver problemas, planificar y aprender de los errores. El problema empieza cuando nos convertimos en *hámsteres* dando vueltas sin fin en una rueda mental. El *overthinking* no encuentra soluciones; solo crea más problemas que ni siquiera existen.

Entonces, ¿qué hacemos cuando nuestra mente se convierte en ese vecino ruidoso que no deja de molestar? Imagina que en tu casa hay una tubería que no para de gotear. Tienes dos opciones: o encuentras y arreglas el problema de raíz, o intentas disimular el ruido con algo más agradable, como música. Con el *overthinking*, puedes probar lo mismo.

Una opción es **parar el ruido** directamente. Aquí es donde técnicas como el *mindfulness* entran en escena. Aprender a estar presente es como cerrar la llave de paso de tus pensamientos; no siempre es fácil, pero para algunas personas funciona de maravilla. Si lo intentas y sientes que tu mente sigue dando guerra, prueba lo contrario: ocupa tu cerebro con algo tan absorbente que no le quede espacio para divagar. Haz ejercicio, prueba una receta complicada o juega a ordenar ese cajón caótico de cosas que «podrían ser útiles algún día».

Lo importante es variar las estrategias. Si siempre haces lo mismo, como salir de fiesta o mirar memes cuando estás saturado, tu cerebro acaba acostumbrándose. Es como cuando tomas el mismo remedio para el dolor de cabeza durante años: con el tiempo, deja de hacer efecto. Así que experimenta. Quizás lo que necesitas hoy sea moverte, pero mañana tal vez te funcione escribir todo lo que te preocupa en un papel y tirarlo después.

La clave para **liberarse del bucle** de pensar demasiado es aprender a distinguir cuándo necesitas pensar y cuándo solo estás dándole vueltas a todo por inercia. Esto se parece un poco a la comida: necesitas alimentarte, pero si comes sin hambre, estás llenando un vacío que no tiene que ver con el estómago. Pregúntate: «¿Puedo cambiar algo de esto sobre lo que estoy pensando?». Si la respuesta es no, darle vueltas no te llevará a ninguna parte. Es como intentar secar una toalla bajo la lluvia.

Y no olvidemos algo que demostró la psicóloga lituana **Bliuma Zeigarnik:** las tareas incompletas nos persiguen. Si no puedes dejar de pensar en algo, intenta terminar, aunque sea una pequeña parte de lo que te inquieta. El cerebro ama tachar cosas de la lista, incluso si es algo tan sencillo como organizar tu escritorio.

La próxima vez que te encuentres **atrapado entre el pasado y el futuro,** recuerda que lo único real es este momento. No dejes que el ruido de tus pensamientos te robe la paz. Porque la vida es mucho más que un bucle mental: es lo que pasa mientras tú decides si escuchar el goteo de la tubería o poner tu canción favorita.

LA *CHEROFOBIA.* EL MIEDO A SER FELIZ

¿Alguna vez te has encontrado pensando: «Mejor no me emociono demasiado, porque cuando todo va bien, siempre pasa algo malo»? Si es así, no te preocupes, no estás solo. Existe un término para eso: cherofobia, el miedo a ser feliz. Y aunque suene como algo sacado de una película, es una experiencia más común de lo que imaginas. Es casi como si tu mente tuviera un guionista algo dramático, siempre buscando ese giro inesperado en la trama.

Ahora bien, ¿de dónde viene este miedo? Como muchas fobias, tiene raíces psicológicas profundas. A menudo, empieza con algo que marcó un antes y un después: esa vez que te sentiste en la cima del mundo y, de pronto, todo se derrumbó. Puede haber sido una relación que parecía perfecta y terminó abruptamente, o el momento en que todo iba bien hasta que llegó una noticia que lo cambió todo, como, por ejemplo, la pandemia de la COVID-19. Tu cerebro, en un intento por protegerte, se adapta: **«Si evito estar demasiado feliz, evitaré la decepción».** Y aunque la lógica suena protectora, también es un poco tramposa, porque, al evitar esos momentos de felicidad, acabas perdiéndote lo mejor de la vida.

Poco a poco, se va instalando la **evitación.** Dejas de buscar situaciones que te hagan sentir pleno, como si eso te garantizara evitar el sufrimiento. Empiezas a quedarte en una especie de limbo emocional, ese lugar donde no te arriesgas a sentir mucho para no correr el riesgo de perderlo todo. Es como vivir en un parque de atracciones, pero quedarte viendo las montañas rusas desde el suelo porque «no vaya a ser que algo falle». Parece seguro, pero ¿eso es realmente vivir?

Lo que muchas veces no notamos es cómo este miedo no solo afecta a nuestra relación con nosotros mismos, sino también a cómo interactuamos con los demás. Tal vez te identifiques con ejemplos como aquella vez que rechazaste oportunidades que podrían hacerte crecer porque anticipaste el desastre, como un nuevo empleo que decidiste no coger o una relación que no dejaste avanzar por miedo a que no funcionara. Y luego está esa **sensación de impostor:** «*¿Quién soy yo para ser feliz?*». Este tipo de pensamiento puede convertirse en un círculo vicioso, sobre todo cuando se mezcla con la presión social. En un mundo donde todos parecen estar radiantes de felicidad (o al menos eso quieren que creamos en sus redes sociales), sentirse incapaz de conectar con esa emoción puede ser devastador.

Afortunadamente, hay formas de salir de ello. Como cualquier fobia, superar el miedo a la felicidad requiere paciencia y un enfoque progresivo. Una de las estrategias más efectivas es la **desensibilización sistemática,** un método que consiste en exponerte poco a poco a esos momentos felices. No hace falta que decidas de golpe que hoy es el día para ser la persona más alegre del mundo; empieza con algo sencillo, como disfrutar sin culpa de un café caliente, salir a caminar sin prisa o permitiéndote reírte con un chiste sin pensar en lo que vendrá después. Esos pequeños pasos ayudan a que tu cerebro asocie la felicidad con seguridad, no con peligro.

También es importante aceptar que la felicidad, como cualquier emoción, no es permanente. No puedes garantizar que no habrá altibajos, pero eso no significa que debas cerrar la puerta a lo bueno por miedo a lo malo. Sería como dejar todas las ventanas de tu casa cerradas porque podría llover en algún momento. Al final, perderte esos momentos de luz por temor al futuro es un precio demasiado alto.

A medida que vayas practicando con estas ideas, verás cómo empieza a cambiar algo dentro de ti. El miedo que antes parecía insuperable se transforma en curiosidad, en pequeños destellos de valentía. Porque **la vida es un equilibrio imperfecto,** y aunque la felicidad nunca viene con garantía, no significa que no valga la pena abrazarla cuando aparece. Tal vez no te conviertas de la noche a la mañana en una persona que busca la felicidad a toda costa, pero aprenderás algo mucho más importante: a no huir de ella.

NUESTRO IMPACTO EN EL MUNDO

Al final del día, todos dejamos una huella. Puede ser algo tan sencillo como una palabra de aliento a alguien que la necesitaba o tan significativo como haber sido el pilar en la vida de otra persona. En todo caso, ¿alguna vez te has preguntado qué tipo de impacto estás dejando en el mundo? No hablo de ser famoso ni de construir grandes obras; hablo de esas cosas cotidianas que, sin darte cuenta, van formando tu legado.

La cuestión del legado no es sencilla, lo sé. Hay días en los que parece que apenas llegamos a cubrir nuestras propias necesidades, como para encima pensar en lo que estamos dejando a los demás. Pero, curiosamente, es en los **pequeños gestos** donde más dejamos nuestra marca. Ese «gracias» que dijiste sin pensar, esa paciencia que mostraste con alguien difícil, o incluso el simple hecho de mantenerte fiel a tus principios cuando nadie estaba mirando. Todo cuenta, aunque no siempre se note.

Marco Aurelio, uno de los grandes pensadores estoicos, decía: *«La vida de un hombre es lo que sus pensamientos hacen de ella».* Y en parte tenía razón. Nuestra perspectiva y nuestras acciones van de la mano. Si vivimos con intención, construimos algo más sólido. Pero claro, hay un fallo: no todo está bajo nuestro control.

Piensa en esto: ¿qué pasa cuando haces algo desde el corazón, pero la otra persona lo malinterpreta? A todos nos ha pasado. Es frustrante, ¿verdad? Por ejemplo, le das un consejo sincero a un amigo porque te preocupa, pero lo toma como una crítica y se molesta contigo. Aquí es donde entra **Epicteto,** otro estoico que sabía poner las cosas en perspectiva. Según él, la clave está en **distinguir entre lo que podemos controlar y lo que no.** Es un alivio recordarlo: no puedes decidir cómo te verán los demás, pero sí cómo actúas tú.

Y esto nos lleva a una verdad incómoda: el legado no es algo que podamos controlar por completo. Puedes esforzarte al máximo, actuar con bondad, y aun así habrá quien no lo vea o lo entienda de otra manera. No obstante, ¿y si el verdadero propósito no fuera ser recordados, sino vivir de una manera que nos haga sentir en paz con nosotros mismos?

Nuestro impacto en el mundo no siempre se ve en el reconocimiento que recibimos. Muchas veces, se encuentra en esos pequeños gestos que, aunque no se noten a simple vista, dejan una huella. Como cuando ayudas a alguien a superar su miedo y dar un paso adelante, o cuando eliges mantener la calma en medio de una situación difícil. Esos momentos no llevan tu nombre, pero dejan algo en las personas que los comparten contigo.

Aristóteles decía que la virtud es un hábito, no un acto. Y en eso tiene sentido pensar en nuestra vida como una **suma de pequeños hábitos:** honestidad, generosidad, empatía. No se trata de ser perfectos, sino de elegir con intención, una y otra vez.

Entonces, ¿cómo nos enfrentarnos a lo que no podemos controlar? Imagina que estás sembrando un jardín. No sabes si todas las semillas crecerán ni cómo florecerán, pero sabes que regarlas, cuidarlas y darles atención es tu parte del trabajo. Lo demás ya no depende de ti. Y esa es la magia de vivir con propósito: no necesitas saber el resultado exacto para que tenga sentido.

Reflexionar sobre lo que dejamos en el mundo no es un ejercicio de vanidad. Es una oportunidad para ajustar nuestro camino y decidir qué tipo de persona queremos ser. Porque, aunque nunca podamos controlar por completo cómo seremos recordados, sí podemos controlar quiénes somos mientras estamos aquí. Y tal vez eso sea suficiente para empezar a construir la verdadera felicidad.

EL APEGO Y LA
INDEPENDENCIA EMOCIONAL

Si no aprendemos a soltar, si no dejamos ir, si el apego puede más que nosotros y nos quedamos ahí atados, pegados a esos sueños, fantasías e ilusiones, el dolor crecerá si parar y nuestra tristeza será la compañera de ruta.
JORGE BUCAY

Antes de sumergirnos en este capítulo, te invito a pensar en esto: ¿cuántas veces te has aferrado a algo que creías indispensable, aunque en el fondo sabías que te estaba frenando? Puede ser una relación, un trabajo, o incluso una idea sobre quién deberías ser. A veces, nos aferramos con tanta fuerza que el solo pensamiento de soltar nos llena de terror.

El cuento que viene a continuación, en la siguiente página, no es solo una historia de supervivencia; en realidad es una metáfora de las luchas internas a las que todos nos enfrentamos a lo largo de nuestras vidas. Es una historia que habla del miedo, de esa voz interna que nos paraliza, pero también de la fuerza escondida que nos impulsa a soltar lo que nos ata. Todos tenemos esa energía interio que nos dice qué hacer y muchas veces no la escuchamos. Porque, aunque cueste aceptarlo, a veces dejar ir no es perder, sino dar el primer paso hacia algo mucho mejor.

Así que, mientras lees el relato, pregúntate: ¿qué es esa «tabla» en tu vida? ¿Estás listo para soltarla? ¿De verdad es una tabla de salvación o un lastre para avanzar?

«Había una vez un hombre que naufragó en medio del océano tras una violenta tormenta. Flotaba a la deriva, aferrado a una tabla de madera que encontró entre los restos de su barco. La tormenta había pasado, pero las aguas seguían agitadas, y el hombre, exhausto, se aferraba con todas sus fuerzas a la tabla, sintiendo que era lo único que le mantenía con vida.

«Durante horas interminables, se dejó llevar por las olas, esperando ser rescatado o avistar alguna señal de tierra. El calor abrasador del sol y la sal del mar lo debilitaban más y más. A lo lejos, vio una pequeña isla, pero las corrientes lo alejaban cada vez más de ella. Aun así, el miedo a soltar la tabla y nadar hacia la isla lo mantenía inmóvil. Pensaba: *"¿Y si no llego? ¿Y si me canso en el camino y me ahogo?"*.»De pronto, una voz desde lo profundo de su ser

le susurró: "Suéltate. Nadar es tu única opción. No puedes seguir así". Pero el hombre, temeroso, apretó más fuerte la tabla, pensando que, si la soltaba, perdería la única cosa que lo mantenía a flote. La voz insistía: "Suéltate. Nada hacia la isla. ¿No ves que no puedes salvarte quedándote aquí?". Sin embargo, el miedo lo dominaba: soltar la tabla significaba enfrentarse al océano sin más apoyo.

«Pasaron horas, hasta que el hombre, agotado, sintió que su cuerpo ya no podía más. La voz seguía allí, suave pero constante: "Suéltate. Confía en ti mismo". Finalmente, en un momento de desesperación, el hombre soltó la tabla y comenzó a nadar. Aunque sus brazos y piernas temblaban de cansancio, nadó con todas sus fuerzas, sintiendo que cada brazada lo acercaba a la salvación.

«A la mañana siguiente, despertó tumbado en la orilla de la isla, extenuado pero vivo. Miró el mar, donde aún flotaba la tabla que casi lo había mantenido prisionero. Si no se hubiera soltado, habría seguido a la deriva, perdiendo poco a poco su oportunidad de salvarse.

«El hombre aprendió que, a veces, el miedo a soltar lo que creemos que nos protege nos impide alcanzar algo mejor. Soltar no es rendirse; a veces, es la única manera de encontrar el verdadero camino hacia la salvación».

Este cuento ilustra perfectamente cómo el miedo puede paralizarnos y mantenernos atrapados en una **ilusión de seguridad.** Esto nos lleva a reflexionar sobre la teoría del apego y cómo influye en nuestra independencia emocional.

La teoría del apego, formulada por **John Bowlby,** nos explica que las relaciones que establecemos en la infancia con nuestros cuidadores forman la base de cómo gestionamos nuestras emociones y relaciones en la vida adulta. Si hemos crecido en un entorno donde nos sentimos protegidos, apoyados y amados, es más probable que desarrollemos un **apego seguro.** Este tipo de apego nos permite confiar en los demás y en nosotros mismos, dándonos la libertad de explorar el mundo con la certeza de que, si caemos, alguien estará allí para ayudarnos a levantarnos.

No obstante, cuando el apego no ha sido seguro, podemos llegar a vivir como el alpinista: aferrándonos con todas nuestras fuerzas a lo que creemos que nos mantiene a salvo, ya sea una relación, una creencia o incluso una rutina, por miedo a lo que podría suceder si nos soltamos. En esos casos, el miedo a la soledad o al fracaso se convierte en esa «tabla» que sentimos que nos salva, cuando en realidad nos está impidiendo avanzar y crecer.

En términos de independencia emocional, el **apego inseguro** puede hacer que dependamos demasiado de otros para sentirnos completos o seguros. Nos empeñamos en la idea de que nuestra felicidad o estabilidad dependen de algo externo, cuando en realidad, al igual que el náufrago, podemos estar mucho más cerca de la tierra firme de lo que pensamos. La verdadera independencia emocional implica soltar esa madera, confiar en nuestras propias capacidades y aprender a caminar por nuestra cuenta, aun cuando el terreno sea incierto.

No se trata de renunciar a las conexiones con los demás, sino de equilibrarlas con una confianza interna. La independencia emocional nos permite reconocer que, aunque los vínculos que formamos son importantes, no definen completamente nuestra seguridad o bienestar. Es esa confianza la que nos da la libertad de soltar aquello que nos retiene, para descubrir nuevas formas de avanzar por nuestra cuenta.

En definitiva, así como el náufrago finalmente comprendió que debía soltar la tabla para salvarse, el proceso de crecimiento personal a menudo requiere liberarnos de los apegos que ya no nos sirven. Soltar no significa estar solos o sin apoyo, sino aprender a confiar más en nuestra propia capacidad de nadar hacia la orilla, hacia la independencia emocional que nos permitirá vivir de una manera más plena y auténtica.

LA TEORÍA DEL APEGO DE BOWLBY

La teoría del apego, desarrollada por John Bowlby, es uno de los conceptos más influyentes en la **psicología del desarrollo.** A través de sus investigaciones, Bowlby demostró que el vínculo emocional que los seres humanos formamos desde la infancia con nuestros cuidadores principales es fundamental para nuestra supervivencia y bienestar emocional. Este apego, que tiene como objetivo asegurar la protección y el consuelo del bebé, moldea las relaciones futuras y, en muchos sentidos, define cómo interactuamos con los demás a lo largo de la vida.

Desde el momento en que nacemos, necesitamos sentirnos seguros, y esta seguridad inicial proviene de nuestros cuidadores. **La interacción entre un bebé y su cuidador,** generalmente la madre o la figura más presente, es la base sobre la que construimos nuestras primeras nociones de confianza y conexión. Este vínculo no es solo emocional, sino también biológico: el sistema de apego se activa cuando el bebé se siente en peligro o angustiado, y su respuesta instintiva es buscar la proximidad de su cuidador para encontrar protección. Este cuidador actúa como una **«base segura»** desde la cual el bebé puede explorar el mundo, sabiendo que puede regresar a ella en busca de consuelo y seguridad. Esta sensación de seguridad es crucial, ya que le permite al niño desarrollar su autonomía a medida que crece.

Sin embargo, cuando el vínculo con el cuidador es inconstante o problemático, se generan patrones de apego que pueden afectar al desarrollo emocional y las relaciones futuras del niño. Mary Ainsworth, colaboradora de Bowlby, identificó diferentes tipos de apego a través de su experimento de «La situación extraña», lo que reveló cómo los niños reaccionan ante la separación y el reencuentro con sus cuidadores. Los niños con un **apego seguro** confían en que sus cuidadores estarán disponibles y responderán a sus necesidades emocionales. Estos niños crecen con la capacidad de explorar el mundo con confianza y, en la vida adulta, tienden a establecer relaciones saludables, basadas en la confianza y la intimidad.

Por otro lado, aquellos que desarrollan un **apego ansioso-ambivalente**, debido a cuidadores inconsistentes, pueden crecer con una profunda necesidad de validación y seguridad externa. Este tipo de apego lleva a una dependencia emocional que puede hacer que la persona se sienta insegura en sus relaciones, temiendo constantemente el abandono. Los niños con **apego evitativo,** que han aprendido a suprimir sus emociones debido a la falta de respuesta de sus cuidadores, tienden a volverse autosuficientes de manera exagerada. Aunque aparentemente no muestran angustia cuando se separan de su cuidador, internamente experimentan altos niveles de estrés. En la vida adulta, suelen tener dificultades para establecer relaciones íntimas, evitando el contacto emocional y optando por la independencia extrema.

Un cuarto estilo, el **apego desorganizado,** se observa en niños que han vivido situaciones de abuso o negligencia. Estos niños muestran comportamientos contradictorios y erráticos hacia sus cuidadores, ya que la figura que debería protegerlos también ha sido fuente de miedo. Este tipo de apego suele llevar a dificultades emocionales significativas en la vida adulta, donde las personas pueden oscilar entre la dependencia y el rechazo en sus relaciones.

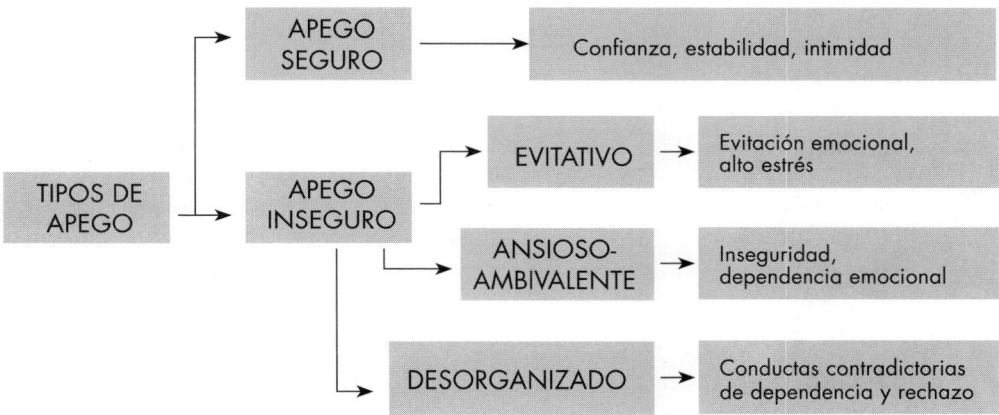

Estos estilos de apego no solo afectan a cómo nos relacionamos con los demás, sino también con nosotros mismos y con el mundo que nos rodea. Desde la teoría del apego de Bowlby, podemos hacer una conexión profunda con el concepto de **desapego.** Mientras que un apego seguro permite a las personas desarrollar una base sólida desde la cual se pueden desapegar de manera saludable, los apegos inseguros pueden dificultar este proceso. El desapego, en este contexto, no implica desconexión o falta de interés, sino más bien la capacidad de soltar sin miedo, de amar sin aferrarse de manera dependiente a los demás o a las cosas materiales.

LA EVOLUCIÓN DEL APEGO HASTA LA VIDA ADULTA

Desde que somos bebés, mostramos **conductas de apego,** como llorar, sonreír o seguir con la mirada a nuestros padres. Estas conductas buscan la proximidad y seguridad que solo un cuidador puede ofrecer, y que satisface nuestra demanda de protección. La respuesta adecuada del cuidador a estas señales –ya sea a través del contacto físico, la atención o la calidez emocional– fomenta un apego seguro. Así, un bebé que llora y recibe una respuesta rápida de su madre desarrolla una confianza plena, lo que sienta las bases para futuras relaciones de apoyo.

Con el tiempo, los **sentimientos de apego** se hacen más complejos. A medida que crecemos, empezamos a experimentar emociones hacia nuestra figura de apego y hacia nosotros mismos, estableciendo una base de seguridad emocional. Un apego seguro genera sentimientos de afirmación, permitiendo al niño sentirse digno de amor y cuidado, lo que a su vez alimenta expectativas positivas sobre las relaciones. En contraste, un niño que experimenta un apego ansioso desarrolla una gran necesidad de validación externa y una inseguridad persistente en sus relaciones, manifestándose en la vida adulta como una dependencia emocional que complica sus interacciones con otras personas.

Aquí es donde la **teoría de la diferenciación de Murray Bowen** aporta una perspectiva complementaria. Bowen destaca que, aunque el apego es esencial en las primeras etapas de la vida, el desarrollo saludable requiere que las personas aprendan a diferenciarse emocionalmente de sus figuras de apego. Es decir, deben mantener una conexión emocional con los demás, pero sin perder su identidad ni su capacidad para regular sus emociones de forma independiente. Esta diferenciación es un paso crucial que se construye sobre la base de un apego seguro.

A medida que avanzamos en nuestro desarrollo, creamos una **representación mental** de nuestra relación de apego, conocida como *«modelo operativo interno»*. Este modelo, que se basa en las experiencias acumuladas, actúa como una guía para futuras interacciones. Si hemos vivido experiencias sólidas y de apoyo, desarrollaremos un modelo que refleja confianza en los demás y tendremos disposición para explorar el mundo. Por el contrario, si hemos experimentado un apego inseguro, internalizaremos la idea de que los demás son sospechosos y poco fiables, lo que nos lleva a vivir una vida marcada por la desconfianza y el temor al rechazo.

La **diferenciación emocional,** según Bowen, se convierte aquí en una herramienta clave. Al crecer, debemos equilibrar nuestra conexión emocional con los demás y nuestra capacidad para sostenernos emocionalmente por nuestra cuenta. Este equilibrio, que depende en gran medida del apego temprano, determina si en la adultez somos capaces de mantener relaciones saludables sin caer en la fusión emocional (dependencia excesiva) o en el distanciamiento emocional (rechazo de la intimidad).

El desarrollo del apego atraviesa **distintas fases** que son cruciales para nuestro bienestar emocional:

- **Desde el nacimiento hasta los seis meses**
  Empezamos a reconocer a nuestra figura de apego. Elegimos quedarnos cerca de personas que conocemos y nos proporcionan cuidado, estableciendo así una base de seguridad.

- **En la etapa que va desde los seis meses hasta tres años**
  Se inicia la regulación del apego: ante situaciones amenazantes, cuando somos niños buscamos la cercanía de nuestro cuidador, mientras que en momentos que consideramos tranquilos exploramos tranquilamente nuestro entorno. Esta dualidad es esencial; necesitamos la seguridad de nuestro cuidador para «aventurarnos» en el mundo.

  En términos de diferenciación, este proceso de regulación temprana nos prepara para desarrollar nuestra capacidad para equilibrar la conexión y la autonomía en la vida adulta. Por ejemplo, un niño que explora su entorno mientras sabe que su cuidador está disponible está dando sus primeros pasos hacia la diferenciación emocional.

- **A partir de los tres años**
  La percepción que tenemos de nuestra figura de apego se diluye. Es decir, se da un cambio en la manera en la que vemos a nuestros cuidadores cuando tenemos esa edad. En esta etapa, empezamos a reconocer que nuestra figura de apego (generalmente un padre o una madre) es una persona independiente, no solo un proveedor constante de cuidados. Ello activa comportamientos destinados a evitar la separación como, por ejemplo, cuando nuestra madre o nuestro padre nos dejaban en el colegio (ansiedad por separación).

- **Durante la adolescencia**
  Se produce un periodo de desapego y reapego. Cuando estamos en esta etapa de la vida, solemos distanciarnos emocionalmente de nuestras figuras parentales, enfrentándonos a una sensación de pérdida que debemos aprender a gestionar. Si hemos experimentado un apego seguro en las

etapas anteriores, nuestro tránsito durante esta etapa habrá sido mucho más fácil.

- **En la vida adulta**
El apego se expresa en nuestras relaciones de pareja, amistades y relaciones laborales. Si hemos desarrollado un apego seguro, tendremos relaciones saludables y satisfactorias. Por otro lado, si hemos experimentado un apego ansioso, buscaremos constantemente la validación y el afecto de los demás, temiendo el rechazo o el abandono. Esto se traduce en dependencia emocional, lo que dificulta la diferenciación emocional y genera relaciones poco saludables.

LA IMPORTANCIA DE RECONOCER NUESTRAS EMOCIONES PRONTO

Quizá no lo sepamos, pero los pequeños que nos rodean son un verdadero torbellino de emociones y lo demuestran cada vez que algo no sale como esperaban. Un juguete roto, una palabra que no entendieron bien, o incluso un no de mamá. Y ahí están, sintiendo con intensidad, pero muchas veces sin saber qué hacer con esos sentimientos. Imagina que, desde pequeños, en lugar de reprimir sus emociones, les enseñáramos a entenderlas. Qué diferencia, ¿no? La **educación emocional** desde la infancia puede ser el cimiento de relaciones más saludables, una mayor resiliencia y una vida más plena.

Cuando somos pequeños, el mundo parece un lugar vasto y confuso, y nuestras emociones son intensas, desbordantes, como una ola gigante que no sabemos cómo surfear. ¿Te acuerdas de esas rabietas que tenías a los cuatro o cinco años? Quizás tu no, pero pregúntales a tus padres. Si algo no salía como lo querías, ¡adiós paz en casa! No podías entender por qué estabas tan frustrado, pero lo sentías con tal intensidad que lo único que podías hacer era gritar, patalear y hacer que todos a tu alrededor se sintieran tan incómodos como tú. ¿Y qué nos decían los adultos? «Ya está, no pasa nada» o «¿Por qué no te calmas?». Puede que no fuera mala intención, pero, en muchos casos, esa respuesta no nos ayudaba a entender lo que sentíamos.

Si de pequeños hubiéramos tenido las herramientas para identificar qué estaba sucediendo dentro de nosotros, probablemente habríamos reaccionado de una manera muy diferente. Y es aquí donde cobra relevancia un antiguo relato japonés sobre un samurái y su maestro zen:

«Un orgulloso samurái, convencido de su sabiduría, acudió a un maestro zen para que le explicara los misterios del cielo y el infierno. El maestro, mirándolo sin interés, le respondió: "Eres un tonto, no tengo tiempo para malgastar con tus tonterías". Herido en su orgullo, el samurái sintió cómo la ira subía por su cuerpo. Sin pensarlo, desenvainó su espada y exclamó: "¡Tu insolencia te costará la vida!". Entonces, el maestro, sereno, lo miró fijamente y le dijo: "Eso es el infierno".

«El guerrero quedó paralizado. En ese instante, comprendió que su furia no lo estaba ayudando; al contrario, lo estaba atrapando en el sufrimiento. Guardó su espada, inclinándose ante el maestro, quien añadió: "Y eso, reconocer lo que sientes en el mismo momento en que ocurre, es el cielo"».

Esa lección, aunque sencilla, encierra una verdad profunda: las emociones no desaparecen solo porque las ignoramos. Como el samurái, necesitamos aprender a identificarlas antes de que nos controlen. Si no lo hacemos desde pequeños, nos arrastran en la adolescencia y la adultez.

Los niños tienen una increíble capacidad para sentir y vivir sus emociones de manera intensa. Si les enseñamos precozmente a **identificarlas y gestionarlas,** les damos un poder inmenso. No se trata solo de evitar rabietas (aunque es una ventaja práctica), sino de ayudarles a entenderse. Cuando comprenden que está bien sentirse enfadados, tristes o felices, pero que pueden elegir cómo actuar, construyen una base sólida para tener relaciones saludables y ser resilientes.

Nosotros, como adultos, también podemos beneficiarnos de esta enseñanza. Si desde niños nos hubieran dado herramientas para identificar nuestras emociones, probablemente manejaríamos mejor nuestros días difíciles. ¿Recuerdas algún momento en tu adolescencia en el que no entendías por qué te sentías tan sobrepasado? Tal vez te frustraste, te aislaste o explotaste sin saber qué pasaba. Sin educación emocional, esas experiencias se acumulan y, con el tiempo, dificultan nuestras relaciones y nuestra capacidad de gestionar conflictos.

Piensa, por un momento, lo positivo que podría ser en la vida de un niño aprender a reconocer sus emociones tal como lo hizo el samurái. En lugar de dejarse arrastrar por la rabia o la tristeza, aprendería a darles un nombre y manejarlas antes de que lo dominen. Ese conocimiento temprano lo transformaría en un adolescente capaz de afrontar sus exámenes o problemas sociales con más calma, y, con el tiempo, sería un adulto que **sabe pedir ayuda o resolver conflictos** sin explotar.

Por eso, enseñar a los niños a comprender y gestionar sus emociones no es solo una inversión en su presente, sino también en su futuro. Como el samurái, cada vez que identificamos lo que sentimos antes de actuar, estamos eligiendo construir un cielo, no un infierno, en nuestras vidas y en las de quienes nos rodean.

Piensa, por un momento, que nos hubieran enseñado desde niños a entender nuestras emociones. Que un adulto, en lugar de simplemente decirte *«no llores»*, te hubiera preguntado: *«¿Qué te pasa? ¿Por qué estás tan triste?»*. ¿Te imaginas lo diferente que hubiera sido nuestra adolescencia si hubiéramos tenido la capacidad de ponerle nombre a lo que sentíamos? Es probable que muchas de las frustraciones que se transformaron en rabia o tristeza se hubieran disuelto con solo comprenderlas a tiempo.

De este modo, que reconozcamos nuestras emociones no es solo un «bonito detalle»; es una inversión para toda la vida. Piensa en ese mismo niño que antes lloraba por un juguete roto, creciendo con la capacidad de manejar sus frustraciones, de comunicar lo que siente y de tomar decisiones más sabias cuando se enfrenta a desafíos.

¿Qué pasa cuando somos adolescentes? ¿Y qué ocurre cuando somos adultos? La educación emocional en la infancia no solo previene que un niño se sienta perdido ante sus emociones, sino que le permite, a lo largo de los años, construir **relaciones más saludables** y una **vida emocional más equilibrada.** Un niño que es capaz de gestionar su rabia es un adolescente que sabe cómo manejar el estrés de los exámenes. Un niño que entiende su tristeza es un adulto que sabe pedir ayuda cuando lo necesita.

A veces, pensamos que, si solo les enseñamos a los niños a «no llorar» o a «no hacer ruido», estamos haciendo un buen trabajo. Pero la verdad es que enseñarles a comprender y gestionar sus emociones va mucho más allá. Es darles las destrezas para navegar por la vida con la confianza de que pueden afrontar lo que venga. No es solo una cuestión de «calmarlos» en el momento, sino de darles poder sobre sus propios sentimientos y ayudarles a conectar con los demás de manera más auténtica.

Y es nuestra responsabilidad como adultos, como padres o educadores, ofrecerles estas habilidades emocionales. Al final, todos estamos tratando de encontrar la mejor manera de lidiar con la vida emocionalmente, y si podemos enseñar a los niños desde pequeños a reconocer y gestionar sus emociones, estaremos abriendo la puerta a un futuro más equilibrado y lleno de relaciones más saludables.

LAS EMOCIONES EN LA INFANCIA

Cuando somos pequeños, las emociones surgen como si no tuviéramos control sobre ellas. Un minuto estamos riendo y al siguiente, ¡zas!: lágrimas a borbotones. Es como si nuestro cerebro estuviera en modo «emoción sin freno». Esas primeras experiencias emocionales nos enseñan mucho sobre cómo manejarlas cuando seamos adultos, pero lo que más influye en este aprendizaje no solo es lo que sentimos, sino cómo nuestros padres o cuidadores nos enseñan a gestionarlas. Porque, si te pones a pensar, ¿por qué algunas personas parecen tener una facilidad increíble para manejar el estrés mientras otras se desbordan ante la primera complicación? La respuesta tiene mucho que ver con las primeras lecciones emocionales que aprendemos en casa. La forma en que nos educan nuestros padres puede ser la base de nuestra independencia emocional cuando crecemos. No es magia, es educación emocional.

Si nos remontamos a los años 30, el psicólogo **Kurt Lewin** realizó un experimento centrado en el liderazgo, pero sus hallazgos tienen una aplicación directa en cómo nuestros padres han influido en nuestras emociones. Lewin observó tres estilos de liderazgo: **autocrático, democrático y permisivo,** y esos mismos estilos se reflejan en la forma en que los padres educan emocionalmente a sus hijos:

- **Los padres autocráticos**
  Son como esos jefes que no permiten que nadie cuestione sus órdenes. En este tipo de crianza, las emociones quedan fuera de la ecuación, todo está bajo control y si uno muestra sus emociones, se ve inapropiado. Los niños criados en este ambiente aprenden a reprimir lo que sienten para evitar problemas, pero, cuando crecen, esa tendencia a bloquear sus emociones se convierte en un desafío.

- **Los padres democráticos**
  Permiten que sus hijos participen en las decisiones familiares, siempre dentro de un marco de normas claras. Aquí, las emociones no son algo a su-

primir, sino que se promueve la autorregulación, permitiendo que los niños aprendan a identificarlas y gestionarlas de manera equilibrada. Los niños criados en este ambiente suelen tener una mejor capacidad para manejar el estrés y las emociones intensas.

- **Los padres permisivos**
  Aunque no imponen muchas reglas, dejan a los niños hacer lo que quieran. La libertad está bien, pero si no se les enseña a regular sus emociones, estos niños pueden crecer sin saber cómo controlar la frustración o el estrés cuando la vida les presenta desafíos.

El estilo en el que fuimos educados, en definitiva, nos deja una marca emocional. Si crecimos en un hogar donde se promovió la expresión de las emociones y se enseñó a gestionarlas de forma saludable, es más probable que, al llegar a la adultez, tengamos herramientas para enfrentarnos a las adversidades sin perder el control. Si, por el contrario, crecimos en un ambiente donde las emociones eran vistas como algo a evitar o a controlar a toda costa, podríamos haber aprendido a reprimir lo que sentimos, creando una relación más complicada con nuestras emociones cuando nos enfrentamos a situaciones difíciles.

Ahora bien, ¿qué hacemos con todo esto? Si queremos ser emocionalmente independientes cuando seamos mayores, necesitamos aprender a gestionar nuestras emociones de forma saludable desde pequeños. Y esto no es algo que se logre de la noche a la mañana, pero es un proceso que comienza en casa y continúa toda la vida. Fomentar la autorregulación emocional es clave. Desde pequeños resulta de vital importancia:

- **Aprender a identificar lo que sentimos**
  Más aún, a manejarlo de manera equilibrada. Respirar profundo antes de reaccionar ante una emoción intensa, por ejemplo, es una herramienta que, aunque simple, puede ser primordial.

- **Establecer límites claros**
  Mientras se permite la expresión emocional. Los niños deben saber que está bien sentirse tristes o frustrados, pero también aprender que hay un momento y un lugar para cada emoción. ¿Te acuerdas de aquella vez en que te enfadaste mucho cuando eras pequeño y tus padres te dijeron: «No puedes gritar, pero sí puedes hablar sobre lo que te molesta»? Ese tipo de enseñanza nos ayuda cuando somos niños a entender que las emociones son válidas, pero también se debe aprender a gestionarlas dentro de un contexto.

- **Fomentar la empatía**

  Cuando los niños crecen entendiendo las emociones de los demás, tienen una ventaja en sus relaciones futuras. Las emociones, aunque personales, no solo nos afectan a nosotros; también impactan sobre quienes nos rodean. Así que aprender a ponerse en el lugar del otro desde pequeños hace que, al crecer, manejemos nuestras relaciones con mayor comprensión y cuidado.

- **Aceptar la vulnerabilidad**

  Sobre todo cuando se trata de emociones difíciles como la tristeza. En nuestra sociedad, a menudo nos han enseñado que mostrar debilidad es algo malo, pero ¿y si fuera todo lo contrario? Si desde pequeños se nos enseñara que está bien sentir tristeza, los adultos tendríamos más herramientas para manejar esas emociones sin que nos dominen.

- **El autocuidado emocional**

  Los niños que ven a sus padres cuidar su salud mental y emocional aprenden a hacer lo mismo. Si nuestros padres modelan el autocuidado, entendemos que el bienestar emocional es responsabilidad de uno mismo. Esto no quiere decir que todo sea siempre perfecto, pero tener la conciencia de que podemos hacer algo por nuestro bienestar cuando las emociones nos desbordan es clave.

Ahora, te toca reflexionar. ¿Qué lecciones emocionales aprendiste de pequeño? ¿Cómo las estás aplicando hoy? La próxima vez que te encuentres cara a cara con una emoción intensa, pregúntate: ¿Qué me enseñaron mis padres sobre esta emoción? ¿Puedo manejarla con calma? No tienes que ser perfecto, solo ser consciente de tu proceso. ¡Es hora de tomar las riendas de tus emociones y empezar a cultivarlas de forma consciente!

LAS EMOCIONES EN LA ADOLESCENCIA

¿Te acuerdas de esa época cuando todo parecía más intenso de lo que realmente era? Una pelea con un amigo era el fin del mundo, un mensaje de teléfono sin respuesta era una tragedia griega, y un no de tus padres podía desencadenar discursos dramáticos dignos de Shakespeare. La adolescencia es exactamente eso: un **huracán de emociones,** un caos que parece incontrolable. Pero, aunque en su momento parecía absurdo, todo ese drama tenía un propósito: empezar a construir quién eres, más allá de lo que los demás esperan de ti. Es por tanto una etapa necesaria de la que podemos aprender.

A nivel biológico, la adolescencia es un espectáculo digno de ver. Las hormonas actúan como un DJ en una fiesta descontrolada que no pediste. La testosterona, los estrógenos y compañía no solo transforman tu cuerpo (sí, gracias por el acné), sino que también toman el control de tu cerebro, amplificando cada emoción como si tu vida fuera una novela. De repente, un día te ríes a carcajadas porque alguien dijo algo absurdo y al siguiente estás llorando porque el helado se derritió antes de terminarlo. Y no es culpa tuya: como explicaría **Daniel Goleman,** en esta etapa la amígdala, esa parte del cerebro que regula las emociones, está al mando, mientras que la corteza prefrontal, la que maneja la lógica y el autocontrol, aún está en proceso de entrenamiento. ¿El resultado? Reacciones desproporcionadas que, en su momento, parecían totalmente razonables.

A pesar del desorden, las emociones en la adolescencia tienen un propósito crucial: ayudarte a entender quién eres. Cuando te sentías excluido porque no te invitaron a una fiesta, no era solo tristeza; era tu cerebro diciéndote: «Oye, la conexión con los demás es importante para ti». Cuando te rebelabas porque querías más libertad, no era simple frustración; era tu ser reclamando un espacio propio en un mundo que parecía dictar cada uno de tus movimientos. Desde la perspectiva de la psicología cognitiva, **Aaron Beck** nos enseñó que las emociones están profundamente ligadas a nuestros pensamientos. Y en la adolescencia, muchas veces pensamos en términos absolutos: «Si suspendo este examen, mi vida está arruinada» o «Si no me contestan, es porque no les importo en absoluto». Parte del crecimiento emocional es aprender a desafiar estas creencias tan extremas y reemplazarlas por ideas más equilibradas.

Durante este periodo, buscamos desesperadamente algo o alguien que nos entienda, y es ahí donde el arte se convierte en un refugio. Las canciones de bandas como **Green Day** parecían escritas para nosotros si en esa época éramos adolescentes. ¿Quién no ha escuchado *Boulevard of Broken Dreams* en su habitación, sintiéndose el protagonista de una película? Y no hablemos de libros como *El guardián entre el centeno*, donde **Holden Caulfield** nos mostró que no éramos los únicos que sentíamos que el mundo era un lugar falso y complicado. Películas como *The perks of being a wallflower (Las ventajas de ser un marginado,* en España) capturaron esa sensación agridulce de pertenecer y ser diferente al mismo tiempo. El arte fue y sigue siendo un salvavidas emocional, una forma de poner palabras a todo aquello que no sabíamos cómo explicar.

Por muy intenso que fuera, toda esa **revolución emocional** tenía una meta clara: que empezaras a caminar hacia la independencia emocional. Y no, no me refiero a que no necesites a nadie, sino a que aprendas a estar contigo mismo sin sentir que algo falta. La independencia emocional no es un destino final, es un proceso continuo. Es ese momento en el que miras atrás y piensas: «OK, todo ese drama tenía su razón de ser». Por ejemplo, aquella vez que lloraste porque tu mejor amigo te cambió por otra persona te enseñó que las relaciones no siempre son permanentes, pero eso no les quita valor. O esa vez que te atreviste a decirle a alguien que te gustaba y te rechazaron: dolió, sí, pero descubriste que la vulnerabilidad no te destruye; te hace más fuerte.

Si pudiéramos hablar con **nuestro yo adolescente,** probablemente nos miraríamos con una mezcla de ternura y vergüenza. Le diríamos algo como: «Tranquilo, no todo es tan grave como parece, pero gracias por vivirlo con tanta intensidad». Porque esa intensidad, por caótica que fuera, es lo que nos permitió aprender a escuchar nuestras emociones, incluso en medio del ruido.

Así que, si estás en ese punto del puente donde las emociones todavía pesan y el camino parece largo, recuerda esto: las emociones no son el problema; son tu brújula, no tu destino. Camina con ellas, dales espacio y, sobre todo, no olvides que cada paso que das te acerca más a esa independencia emocional que, aunque suene seria y abstracta, también tiene espacio para la risa, el caos y las canciones que siguen poniéndote los pelos de punta.

LA ALEXITIMIA

Entender nuestras emociones es, en muchos casos, como intentar montar un mueble con las instrucciones en sueco. Sabes que tienes las piezas, más o menos, pero nada encaja. ¿Ese nudo en el pecho es ansiedad o solo demasiada *pizza* anoche? ¿Esa sensación de vacío es tristeza o simplemente te has olvidado de hidratarte bien? Y entonces, en medio de esta maraña, alguien te dice: «Ah, eso podría ser alexitimia».

¿*Alexi*… qué? El término suena como un plato que fuéramos a pedir en un restaurante griego, pero en realidad proviene de la lengua griega y literalmente significa 'sin palabras para las emociones' (*a-* = 'sin', *lexis* = 'palabra', *thymos* = 'emoción' o 'ánimo'). Fue acuñado por el psiquiatra **Peter Sifneos** en los años 70, quien lo utilizó para describir a personas que tenían dificultades para identificar y expresar lo que sentían. Si estuviera aquí hoy, seguramente te diría algo como: *«No es que no sientas nada, es que tu sistema operativo emocional necesita una actualización urgente».*

La alexitimia se manifiesta de maneras que, admitámoslo, son un poco frustrantes. Primero, cuesta identificar qué demonios estás sintiendo. ¿Es tristeza? ¿Odio? ¿Te está empezando a doler el hígado? Luego, aunque logres descifrar algo, ponerlo en palabras es otro cantar. Imagínate tratar de explicarle a alguien cercano que no estás bien, pero solo logras decir: «Estoy... eh... raro». Eso, por supuesto, lleva a que muchos te perciban como distante o frío, aunque por dentro estés gritando «¡Ayuda!».

Y lo peor no es solo lo social; las emociones no expresadas no se evaporan. No, ellas se las arreglan para hacerse notar, normalmente en el cuerpo. Un día te despiertas con un dolor de cabeza que parece un festival de percusión, y al siguiente te preguntas por qué esa sensación rara y constante en el pecho. Las emociones no van a dejarte en paz solo porque las ignores. Son como niños pequeños insistiendo en que les prestes atención.

Ahora, podríamos pensar: «¿*Cómo* he llegado hasta aquí?». Las causas de la alexitimia son un cóctel, y no precisamente de los que te alegran el día. A veces, es biología pura. Investigaciones sugieren que el problema podría estar en cómo se comunican las partes del cerebro encargadas de las emociones y del lenguaje. Otras veces, es cosa de cómo crecimos. Si te enseñaron desde pequeño que llorar era «de débiles» o que sentir era «poco práctico», probablemente desarrollaste un talento especial para **esconder tus emociones** en el trastero mental y cerrar con llave.

Y no, no vamos a culpar exclusivamente a nuestros padres, aunque sean unos sospechosos habituales. La cultura también tiene su parte de responsabilidad. En muchas sociedades, se premia más el parecer «fuerte» que el ser humano. Pero aquí estamos, adultos intentando descifrar qué hacer con una sensación de «meh» que no nos deja vivir.

La buena noticia es que, aunque la alexitimia pueda parecer un callejón sin salida, no es algo definitivo. Si fuera un programa de ordenador, sería más un *bug* que un fallo crítico. Hay herramientas para trabajar en ello, aunque, como todo lo que vale la pena, requieren tiempo. La terapia, por ejemplo, es un gran aliado. Especialmente enfoques como la terapia **cognitivo-conductual,** que básicamente te enseña a hacer las paces con tus emociones y a traducirlas al idioma de los mortales.

Otra estrategia es el ***mindfulness**,* esa cosa que parece fácil pero que te reta a sentarte en silencio y escuchar a tu cuerpo sin salir corriendo. No te voy a mentir, al principio parece que solo escuchas ruido (o cómo tu vecino decide taladrar a las siete de la mañana), pero con paciencia, empiezas a notar matices. Y si el *mindfulness* no es tu estilo, prueba algo más creativo: escribir lo que sientes, dibujar, o incluso cocinar algo que refleje tu estado de ánimo. La cuestión es darles forma a esas emociones que insisten en quedarse en el limbo.

Lo importante es no rendirse. Los progresos son lentos, a veces imperceptibles, pero cada paso te lleva más cerca de entenderte. Y cuando empiezas a lograrlo, algo cambia. Las emociones ya no son estos fenómenos misteriosos que te superan, sino partes de ti que puedes explorar y, poco a poco, aceptar.

Por lo tanto, la próxima vez que sientas ese vacío incómodo o esa molestia indefinible, respira. No tienes que resolverlo todo de golpe. Solo recuerda que entender tus emociones es un proceso, y, como cualquier relación importante, vale la pena invertir en ello. Porque, al final, conectarte contigo mismo es la mejor manera de conectar con el mundo. Y quién sabe, quizás incluso termines disfrutando de las instrucciones suecas.

EVOLUCIÓN DE LAS EMOCIONES. LA MADUREZ

¿Qué significa madurar? Es una pregunta que, tarde o temprano, todos nos hacemos, especialmente cuando empezamos a notar que nuestras emociones ya no se sienten igual. Tal vez has dejado de emocionarte como antes, con esa intensidad que parecía llevarte al extremo, o quizás ya no necesitas tanto la aprobación de los demás para sentirte bien contigo mismo. Es un cambio sutil, a veces imperceptible, pero cuando lo reconoces, es imposible ignorarlo.

El tiempo tiene una manera curiosa de moldear nuestras emociones. Si recuerdas tus años más jóvenes, probablemente reconozcas la montaña rusa que eran: subidas repentinas de alegría, caídas vertiginosas hacia la tristeza, giros inesperados de ira o entusiasmo. Todo sucedía a gran velocidad y con **una intensidad** que parecía consumirlo todo. Pero algo pasa con los años. Esa montaña rusa, llena de subidas, bajadas y giros impredecibles, se convierte en algo más parecido a una canoa deslizándose sobre un lago tranquilo. **Las emociones se relajan.** No es que dejemos de sentir, sino que lo hacemos de forma más pausada, más profunda, como si cada ola emocional tuviera tiempo para desplegarse antes de dar paso a la siguiente.

Este cambio no sucede de un día para otro, ni de forma ordenada. Es un proceso que aprendemos mientras vivimos, aunque a menudo ni siquiera seamos conscientes de ello. Cuando somos jóvenes, solemos expresar nuestras emociones hacia afuera. Si estamos felices, lo gritamos; si estamos tristes, buscamos rápidamente un hombro donde llorar. Pero a medida que maduramos, algo cambia. Las emociones ya no necesitan ser un espectáculo público. Se convierten en algo **más íntimo,** una conversación que tenemos con nosotros mismos.

Lo curioso de este crecimiento es que, en la adultez, se vuelve invisible para los demás. Cuando somos niños, la gente celebra cada pequeño paso que damos: gatear, caminar, decir nuestras primeras palabras. Es fácil aplaudir lo que se ve. Pero cuando llegamos a cierta edad, el crecimiento se traslada a un **terreno interno,** y ya no hay hitos evidentes para que otros los noten. Esto a veces desconcierta a quienes nos rodean. *«Ya no pareces tú»,* pueden decirnos. Pero no pasa nada. No es que hayamos dejado de ser nosotros; simplemente, estamos en una fase de evolución que, para algunos, puede sentirse como una revolución.

Y es que la madurez tiene algo de revolución. De repente, cosas que antes parecían imprescindibles, como impresionar a otros o cumplir con ciertas expectativas, pierden peso. Descubrimos que no necesitamos demostrar nada, ni a nosotros mismos ni a los demás. Y aunque esto suena liberador, también implica aceptar ciertas pérdidas. Ya no reaccionamos con la misma rapidez, ni saltamos de un estado emocional a otro con la facilidad de antes. Pero ¿es eso realmente una pérdida? Lo que ganamos en este proceso tiene un valor incalculable: **introspección, paciencia, y la capacidad de disfrutar** lo que está frente a nosotros.

Cuando somos jóvenes, todo parece un drama. Cada pequeño contratiempo es una tragedia; cada alegría, la gloria efímera. Pero la madurez nos enseña a poner las cosas en perspectiva. Esa tormenta que parecía el fin del mundo ahora se ve como una lluvia pasajera. No es que dejemos de preocuparnos, sino que aprendemos a preocuparnos mejor.

La independencia emocional es quizás el mayor regalo de este viaje. Al principio, nuestras emociones suelen girar en torno a los demás: lo que hacen, lo que piensan, lo que esperan de nosotros. Pero con el tiempo, **aprendemos a ser nuestro propio centro.** No significa que dejemos de necesitar a las personas. Al contrario, nuestras relaciones se vuelven más auténticas porque ya no están cargadas de expectativas imposibles. Amamos porque queremos, no porque lo necesitemos. Y eso nos da una libertad que, en la juventud, es difícil de imaginar.

Quizás el mayor aprendizaje de la madurez sea el de **disfrutar el momento presente.** La vida moderna, con su ritmo frenético y su constante insistencia en planear el futuro, nos aleja de lo que realmente importa: lo que tenemos ahora, aquí mismo. Pero en algún punto del camino, entendemos que el verdadero arte de vivir no está en lo que planeamos para mañana, sino en lo que somos capaces de saborear hoy.

Así que, si sientes que tus emociones están cambiando, que las olas son menos revueltas y más serenas, no te preocupes. Es un cambio natural. La montaña rusa puede haber sido emocionante, pero la canoa tiene su propia magia. Es un viaje diferente, más tranquilo, pero no por eso peor. Al contrario, es en esas aguas serenas donde encontramos las vistas más hermosas.

Y tú, ¿estás listo para remar?

NUESTRAS RELACIONES EN PAREJA

¿Alguna vez has sentido que en una relación tienes que elegir entre ceder o mantenerte firme? Es un dilema tan común como antiguo, y la respuesta no siempre es sencilla. El siguiente cuento puede enseñarnos mucho sobre la manera en que respondamos.

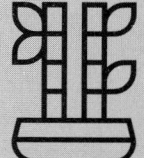

«Había una vez un bambú y un roble que crecían uno junto al otro en un hermoso bosque. El roble, con su robusta estructura, se enorgullecía de su fuerza y resistencia. El bambú, por su parte, era flexible y se doblaba con el viento. Aunque eran diferentes, ambos compartían el mismo espacio y se respetaban.

«Un día, el roble le dijo al bambú: "Eres débil y frágil. Mira cómo te doblas con el viento. Yo, en cambio, soy fuerte y nunca cedo".

«El bambú sonrió y respondió: "Es cierto que me doblo con el viento, pero eso no significa que sea débil. Mi flexibilidad me permite adaptarme a cualquier situación sin romperme. Tú eres fuerte, pero la rigidez también puede ser una debilidad".

«Con el tiempo, llegó una gran tormenta que azotó el bosque con furia. El viento soplaba tan fuerte que arrancaba árboles de raíz. El roble, con su rigidez, intentó resistir, pero se rompió y cayó. El bambú, en cambio, se dobló con el viento, y aunque se inclinó hasta casi tocar el suelo, no se rompió y volvió a erguirse después de la tormenta.

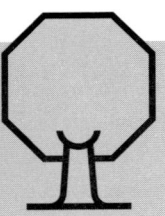

> «Cuando la tormenta pasó, el bambú miró al roble caído y reflexionó: "La verdadera fortaleza no siempre se encuentra en la rigidez y la resistencia, sino en la capacidad de adaptarse y mantenerse firme en esencia"».

El cuento del roble y el bambú tiene algo que ver con cómo gestionamos nuestras relaciones, ¿verdad? El bambú, que se dobla con el viento, es un símbolo de **flexibilidad,** mientras que el roble, que permanece erguido y rígido, representa esa **necesidad de control.** En la vida adulta, y especialmente en pareja, el tipo de apego que tenemos marca cómo afrontamos las adversidades. ¿Te has dado cuenta de cómo el apego puede influir en las pequeñas (y grandes) decisiones de pareja?

Las personas con un apego seguro, como el bambú, **se adaptan** sin perder su esencia. No se trata de ceder siempre, sino de saber cuándo hacerlo sin «perder» lo que somos. ¿Te resulta familiar eso de ceder para que todo fluya mejor? En una relación sana, el intercambio y la flexibilidad son esenciales. Cuando las cosas no salen como esperábamos, es fácil sentir que todo se va a desmoronar. Sin embargo, con apego seguro, nos doblamos, pero no nos rompemos. ¿Cuántas veces has tenido que adaptarte a algo en una relación, sin perder tu esencia en el proceso?

Por otro lado, las personas con apego inseguro a veces se aferran tanto a sus propios miedos y necesidades que les cuesta abrirse al otro. Es como el roble que se niega a moverse con el viento. Y claro, esto crea barreras, porque el **miedo al cambio** o el control constante generan distancia. ¿Alguna vez has sentido que no podías ceder en algo por miedo a perderte tu esencia? Esa rigidez hace que una relación no crezca y, en lugar de adaptarse a las diferencias, se tambalee bajo la presión.

Entonces, ¿qué podemos aprender de este cuento? Que la fortaleza real está en saber cuándo ser flexible y cuándo mantener nuestra esencia. En una relación, aprender a ser como el bambú, a adaptarnos a las diferencias sin perder de vista lo que somos, es lo que realmente crea una conexión duradera. ¿Cómo manejas tú las diferencias en pareja? ¿Te permites fluir o prefieres mantenerte firme en tus formas? Encontrar el equilibrio entre adaptarse y ser fiel a uno mismo es lo que hace que una relación no solo funcione, sino que también sea enriquecedora.

DEPENDENCIA EMOCIONAL EN PAREJA

La dependencia emocional en una relación es como andar en la cuerda floja. Es ese espacio donde, sin darte cuenta, pasas de *«me encanta estar con esta persona»* a *«sin él o ella no soy nadie».* Y, claro, esto suena algo melodramático, pero lo curioso es que esta actitud está por todos lados: en canciones, series y hasta en memes. ¿Cuántas veces hemos oído frases como *«sin ti no soy nada»* o *«no puedo vivir sin ti»?* Nos lo repiten tanto que casi nos lo creemos. Ahora bien, ¿qué pasa si un día descubrimos que no necesitamos «completarnos» con nadie?

John Bowlby, uno de los grandes en psicología, ya nos dejó entrever algo con su teoría del apego: nuestras primeras relaciones moldean, como arcilla fresca, la forma en que nos vinculamos con los demás. Pero, claro, en un mundo que nos vende el «amor eterno y dependiente» en cada esquina, es fácil quedarse atrapado. Vamos a ser honestos: **el amor propio** se convierte aquí en el eje de esta historia. Aceptar que el amor, por más cursi que suene, empieza por uno mismo es como el giro argumental que siempre esperamos en una serie de suspense.

De este modo, una relación sana se basa en el deseo de compartir, no en el temor de perder. Es en ese tipo de vínculo, libre de cualquier sensación de «necesidad» forzada, donde el amor propio y la autoestima son los verdaderos pilares. Cuando estamos seguros de quiénes somos y de lo que aportamos, la dependencia emocional empieza a desvanecerse.

Pero la cosa es complicada, ¿no? Vivimos en un contexto donde las redes sociales nos venden esa **«relación ideal»,** que a veces resulta más **tóxica** que inspiradora. Hay un ideal de pareja perfecto, disponible en todos los idiomas, con una dosis saludable de celos en tiempo real. Y, claro, eso nos afecta. Esa obsesión por saber qué hace, qué le gusta, qué posteó o a quién le dio «me gusta» … ¿es amor, o estamos rozando la **codependencia digital?** Porque una cosa es cuidar lo que tienes, y otra pensar que tu valor personal depende de la relación.

Ahora bien, ¿cómo se trabaja en esto? Primero, debemos tomar pequeñas decisiones que nos devuelvan a nosotros mismos. A veces la independencia se construye en acciones sencillas, casi invisibles. ¿Hay algo que siempre delegas en tu pareja porque crees que no puedes hacerlo solo? Intenta hacerlo por tu cuenta. Si nunca haces las reservas de los viajes o los restaurantes porque siempre las hace el otro, esta vez **toma la iniciativa.** Al principio parece solo una tarea trivial, pero cada pequeño logro es un recordatorio de que no necesitas a nadie para validarte. Y, poco a poco, dejas de decir «no puedo sin ti» y empiezas a pensar *«quiero hacerlo por mí mismo».*

Y luego están esas cosas que realmente nos apasionan pero que, al entrar en una relación, dejamos de lado. Volver a nuestras propias pasiones, a actividades que disfrutamos sin compañía, es clave. Esto no significa distanciarse, sino redescubrirnos. Cuando ambos miembros de la pareja tienen sus propios **intereses y espacios,** la relación se enriquece, porque ya no es un refugio de necesidad, sino una elección diaria de compartir.

Además, aprender a reemplazar frases apocalípticas como *«no puedo vivir sin ti»* por otras menos intensas, pero más reales, como *«me encanta cómo mejoramos juntos»*, ayuda a cambiar nuestra narrativa. Suena diferente, ¿verdad? Menos dramático y más libre, sin esa sombra de que, si un día se va, el mundo se desmorona. Porque, al final, tal vez el amor que da sentido a nuestras vidas no depende de alguien más, sino de lo que construimos dentro de nosotros.

La independencia emocional es ese punto en el que estás en pareja no porque necesites estarlo, sino porque eliges estarlo, desde un lugar de libertad. Si logras **transformar la dependencia en elección,** la relación se convierte en algo mucho más valioso y menos frágil. Es como construir un **espacio compartido** donde cada uno tiene su rincón, sus logros, sus fracasos y, sobre todo, la seguridad de que ambos están ahí porque quieren, no porque no puedan imaginar la vida sin el otro.

ACEPTAR QUE NO ERES CORRESPONDIDO

Aceptar que alguien no siente lo mismo que tú puede parecer como una caída hacia el vacío. Pero, en lugar de pensar que estamos derrumbándonos, nos debemos imaginar como una pelota de goma que rebota. Cuando alguien no nos corresponde, sentimos el golpe, sí, pero ese mismo impacto puede impulsarnos de vuelta hacia nosotros mismos, con más fuerza. ¿Sabes esa sensación de cuando descubres algo que te impulsa a pensar, *«oye, igual sí tengo algo único que ofrecer»?* Esa es la dirección a la que queremos ir.

Primero, y aquí vamos a lo básico, debemos darnos cuenta de que esto es algo que nos afecta a todos. **Nadie, por más fuerte o seguro que parezca, es inmune al rechazo.** Todos conocemos a alguien (o tal vez ese alguien seamos nosotros mismos) que, al recibir una señal de «no eres lo que busco», empieza a cuestionarse absolutamente todo. Pero, como diría el filósofo que llevamos dentro, ¿vale la pena vernos así? Tal vez la otra persona solo tiene gustos distintos. Y sí, puede sonar a excusa, pero pregúntate esto: ¿realmente todo el mundo va a tener la capacidad de apreciar lo que soy?

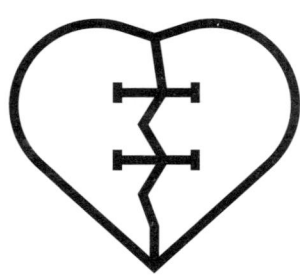

Volvamos a lo práctico: para **procesar el rechazo,** hay que cambiar la manera de enfocarlo. En lugar de ver qué podríamos hacer para «ajustarnos» a los deseos de otra persona, podríamos intentar algo que nos haga un poco más libres como, por ejemplo, empezar a hacer cosas que nos gusten, sin pensar si alguien más las aprobaría o no. ¿Qué te parece hacer una lista de esas cosas que siempre te ha llamado la atención probar, pero que quizá dejaste de lado porque temías que no encajaran con los gustos o la aprobación del otro?

Digamos, por ejemplo, que siempre has tenido la curiosidad de aprender a bailar salsa, o probar un nuevo *hobby* que no tenías en común con esa persona. Puede que te sientas un poco raro al principio, pero es una manera de conectar contigo mismo sin depender de que alguien más comparta tus elecciones o preferencias. Incluso pueden ayudarte cosas tan simples como elegir ir a esa cafetería que te encanta sin preocuparte de si es «la de siempre» o no. No se trata de buscar validación o aceptación externa, sino de sentir que tú eres quien **toma las riendas de tus propias decisiones,** grandes y pequeñas.

Y ahora pensemos: ¿qué papel tienen nuestras expectativas en todo esto? Mucho, y lo sabes. Tener expectativas no está mal, pero al conocernos mejor, podemos ajustar estas expectativas de una forma más realista, que no dependa de que alguien nos acepte o nos rechace. Aquí es donde entra la honestidad con nosotros mismos. Nadie es perfecto, y está bien. ¿Qué cualidades son nuestras anclas, esas en las que confiamos sin importar lo que otros digan? Por ejemplo, puede que tengamos el mismo carisma que otra persona, y, aun así, en otras cosas podemos brillar.

Ahora bien, cuando empezamos a **ajustar expectativas,** pueden aparecer emociones incómodas. **La tristeza y la decepción** son comunes, y, a veces, también surge una pizca de resentimiento. Nos damos cuenta de que, aunque intentamos soltar, una parte de nosotros sigue cuestionando cómo es que alguien no vio lo especial que somos. Es natural: sentir un poco de rencor puede parecer una defensa para nuestro orgullo, una especie de escudo que usamos para protegernos. Sin embargo, si le damos demasiado espacio, ese rencor empieza a crecer y a pesar. Y al final, nos ata al dolor en lugar de dejarnos avanzar.

No te sorprendas si sientes algo de resentimiento. Es fácil caer en el pensamiento de: «*¿Cómo se atreve a no ver lo increíble que soy?*». Pero cuanto más rápido **dejemos ir el rencor,** más libres seremos. A veces, el rechazo no es nada personal, sino una cuestión de gustos, situaciones, momentos. Quizá no sea consuelo inmediato, pero es la verdad.

Acepta que **el rechazo también es una especie de duelo.** Nos imaginamos al lado de alguien, creamos una historia mental que simplemente no se da. Y aunque duela, puedes decirte a ti mismo: *«Hay otra vida sin esta persona, y también puede estar llena de cosas buenas».*

HABLEMOS DE LOS CELOS TÓXICOS

¿Alguna vez has sentido esos celos que parecen tomar el control y arruinar la paz en una relación? Esos celos que, en vez de fortalecer el vínculo, acaban haciendo que te obsesiones más y disfrutes menos. Ya sea con una pareja, un amigo o incluso un familiar, los celos tóxicos son esa vocecita que dice: *«¿Y si me engaña?»* o *«¿Y si le cae mejor alguien más?».* El problema es que, si la dejamos a sus anchas, esa vocecita puede convertir la relación en un interrogatorio que nunca termina.

¿Por qué tenemos celos? Hay que decirlo: sentir un poco de celos es normal. Nos importa alguien, y la idea de perderlo nos duele. Pero una cosa es sentir un pequeño «picor» y otra es vivir en una constante persecución mental. ¿Te has visto espiando mensajes, haciendo preguntas insistentes o sintiendo presión en el pecho solo de imaginar a un amigo haciendo planes sin ti? Esa sensación nace del miedo y la inseguridad, y es completamente humana.

Sin embargo, la raíz de los celos tóxicos va más allá. Se asocia con **la autoestima,** esa parte de nosotros que duda si somos lo suficientemente buenos para ser queridos o valorados. Los celos tóxicos se intensifican en momentos de baja autoestima. Un artículo en el *Journal of Social and Personal Relationships* sugiere que cuando las personas se sienten menos seguras de sí mismas (por ejemplo, al atravesar una crisis personal), sus celos pueden aumentar. Es como si nuestro cerebro dijera: «Si yo no soy suficiente, seguro que alguien sí lo será».

Ahora bien, ¿por qué pasa esto? Los celos no son solo un mal hábito, son una señal de algo más profundo: **la inseguridad.**

Pongámoslo en perspectiva. Imagina que no estás en tu mejor momento. Tal vez has subido de peso, o acabas de perder el trabajo y, de repente, ese pequeño gesto de tu pareja, amigo o familiar, con el que antes no te habría «saltado la alarma», ahora se convierte en un gran problema. ¿Te suena? Cuando la autoestima no está en su mejor nivel, empezamos a buscar pruebas de que todo se está desmoronando. Es como si el mundo entero estuviera conspirando para demostrar que no somos suficientes. ¡Y ahí es cuando los celos empiezan a tomar las riendas! Revisas el teléfono, vigilas las redes sociales, y si encuentras algo, aunque sea una tontería, es un alivio momentáneo: «¡Ah, lo sabía!».

Pero lo curioso es que, aunque el hallazgo sea insignificante, esa sensación de victoria tiene una explicación más profunda, y no es tan placentera como parece.

Cuando estamos bajo la influencia de los celos, **nuestro cerebro entra en modo de alerta.** Las glándulas suprarrenales comienzan a liberar cortisol, la hormona del estrés, lo que activa una respuesta emocional de lucha o huida. Este cóctel de hormonas acelera el ritmo cardíaco, nos pone en tensión y nos hace sentir como si estuviéramos a punto de enfrentarnos a una amenaza real. Es una sensación de incomodidad, pero al mismo tiempo, el cerebro busca alivio y, en un momento de pánico o ansiedad, encontrar una prueba –aunque sea trivial– se siente como un pequeño respiro.

Es fascinante cómo el **hipotálamo,** una pequeña parte del cerebro encargada de regular funciones básicas, juega un papel importante aquí. El hipotálamo no solo maneja el **cortisol,** sino también otras sustancias químicas como la **dopamina,** que está asociada a la sensación de recompensa. Cuando encuentras algo que confirma tus sospechas, aunque sea de forma irracional, el cerebro libera una pequeña dosis de dopamina, lo que genera una sensación de satisfacción, como si hubieras conseguido lo que querías.

Pero este alivio no dura. El ciclo se repite, creando una especie de bucle de refuerzo que, aunque momentáneamente nos calma, mantiene a los celos vivos y alimentados por la inseguridad. Es como si el cerebro estuviera atrapado en un **juego de retroalimentación:** cuanto más te obsesionas con las pruebas, más aumenta el cortisol, pero también más se activa la dopamina cuando encuentras algo que valida tu desconfianza. Así, de manera indirecta, tus celos se refuerzan, y no solo en tu mente, sino también en tu cuerpo, haciéndolos aún más intensos.

La realidad es que esos celos están más relacionados con lo que sientes sobre ti mismo que con lo que la otra persona está haciendo. Como dice la **teoría cognitiva de Aaron Beck,** nuestro cerebro tiende a distorsionar la realidad cuando estamos inseguros. Y lo peor es que, cuanto más tratamos de aferrarnos y controlar, más nos alejamos de lo que realmente importa: nuestra paz interior.

¿Qué pasa en las relaciones cuando los celos toman el control? Bueno, no es ningún secreto que **un exceso de celos puede ahogar cualquier vínculo.** Si en cada llamada, salida o interacción estás buscando alguna señal de que algo está «mal», al final, terminas construyendo una especie de «muro de sospechas». ¿Y sabes qué es lo peor? Que la persona que tienes enfrente lo nota, se siente fiscalizada y probablemente también empiece a alejarse.

En el caso de las parejas, los **celos tóxicos** pueden hacer que tu **pareja** se sienta como si estuviera en un eterno tercer grado, y en vez de acercarla, puede que ese excesivo control termine haciendo que se distancie. En la **amistad,** podrías acabar agotando a ese amigo que siempre tiene que darte explicaciones sobre a quién vio o por qué no te invitó. Con la **familia,** los celos pueden convertirse en una guerra fría de atención y reconocimiento, especialmente entre hermanos. ¿Quién no ha sentido envidia cuando mamá o papá parecen preferir al otro hermano?

¿CÓMO MANEJAR ESTOS CELOS SIN DESTRUIR NUESTRAS RELACIONES?

Cuando los celos empiezan a aparecer, intentemos dar los siguientes pasos:

- **Lo primero es reconocer lo que está sucediendo**
  A veces, no se trata de una amenaza real, sino de lo que estamos interpretando o de lo que nos duele dentro. El primer paso es frenar un momento y reflexionar: ¿Qué es lo que realmente me está haciendo sentir celos? ¿Es algo que he visto o escuchado, o es simplemente mi inseguridad hablando? Hacer esta distinción es importante para no dejarnos arrastrar por emociones que no siempre están basadas en la realidad.

- **No debemos dejar que los celos gobiernen nuestras reacciones**
  En lugar de tomar decisiones impulsivas, como revisar el teléfono o cuestionar a la otra persona, podemos optar por respirar, pausar y preguntar: ¿De verdad tengo razones válidas para dudar, o son mis propios miedos los que me están controlando? Esta simple pregunta puede ayudarnos a cambiar nuestra perspectiva y actuar desde un lugar más consciente, no reactivo.

- **Trabajar en nuestra autoestima**
  Muchas veces, los celos nacen de sentir que no somos suficientes o de temer que alguien pueda reemplazarnos. Cuando no nos sentimos valiosos por quienes somos, los celos parecen tener más poder. Pero, al enfocarnos en fortalecer nuestra autoestima, aprendemos a reconocer nuestro propio

valor sin necesidad de validación externa. Cuando estamos cómodos con nosotros mismos, los celos tienen menos espacio para crecer.

• La confianza

Es difícil confiar sin tener pruebas constantes, pero la verdadera confianza no se basa en controlar o verificar, sino de creer en lo que hemos construido juntos. Aprender a soltar, a no aferrarse a la necesidad de estar constantemente vigilando, es parte del proceso. Confiar en el otro y en la relación no significa ignorar los problemas, sino dar espacio para que el otro pueda ser él mismo, sin sentirse constantemente examinado.

• La vulnerabilidad

Sí, da miedo, lo sabemos. Pero aprender a ser vulnerables es aprender a confiar en la otra persona y, sobre todo, en nosotros mismos. Si los celos nos dicen algo, es porque nos han tocado una fibra sensible. En lugar de dejar que esa fibra se convierta en un nudo de inseguridad, podemos ver los celos como una oportunidad para explorar qué necesitamos sanar dentro de nosotros. ¿Qué nos hace sentir inseguros? ¿Qué creemos que puede faltar en la relación? Reflexionar sobre estas preguntas no solo ayuda a reducir los celos, sino que también mejora nuestra comprensión personal y relacional.

La próxima vez que los celos aparezcan, tómate un momento para preguntarte: ¿Qué estoy sintiendo realmente? ¿Es miedo, inseguridad, o algo más? ¿Estoy permitiendo que una emoción temporal me controle, o puedo elegir cómo responder a ella? Con el tiempo, **aprender a manejar los celos no solo fortalece la relación, sino también nuestra paz interior.** La confianza en nosotros mismos y en los demás, junto con una dosis de paciencia y honestidad, es lo que realmente nos ayuda a mantener relaciones más saludables y equilibradas.

MIEDO AL COMPROMISO

¿Te has parado a pensar por qué el compromiso parece más difícil hoy en día? De hecho, parece un concepto difuso, casi intangible. En los tiempos de nuestros padres, comprometerse a algo era tan normal como comprar el pan. La vida de muchas personas estaba trazada casi de manera automática: un trabajo estable, una pareja, una casa, un futuro que, aunque incierto, se veía más o menos predecible. Hoy, en cambio, parece que el compromiso es casi un mito. Nos asusta. Claro, la libertad es maravillosa, pero, ¿no resulta curioso cómo a veces tanto *«puedes hacer lo que quieras»* se convierte en un *«no hago nada»*?

El compromiso ya no se ve como una necesidad, sino como algo que debemos elegir con mucha cautela. **La libertad se valora más que nunca,** y el compromiso, tanto en lo personal como en lo profesional, se presenta como una jaula que preferimos evitar. Es como si, al firmar ese contrato emocional, estuviéramos firmando también una sentencia de vida. Ahora bien, ¿y si lo miramos de otra manera? ¿Y si esos pequeños compromisos, los que a menudo ignoramos, en realidad tienen un valor mucho mayor del que les otorgamos?

Te invito a pensar en la idea de comprometerte con algo pequeño. Puede ser una meta personal o una nueva actividad. Quizás te digas: «Eso de comprometerme a largo plazo no es para mí». Pero ¿y si te dijera que esos pequeños pasos, esos **compromisos menos formales,** son en realidad los que te pueden dar la libertad de vivir más plenamente?

A veces, lo que realmente buscamos no es la falta de compromiso, sino un tipo de compromiso que no nos haga sentir atrapados. La verdad es que los compromisos pequeños, aquellos que no implican necesariamente una obligación de por vida, tienen algo mágico. Imagínate que decides aprender a tocar la guitarra. Al principio, todo suena prometedor. La emoción de empezar algo nuevo te llena de energía. Pero en pocos días, el entusiasmo disminuye. El tiempo que tienes no parece suficiente para aprender, las prioridades cambian y, cuando te das cuenta, el instrumento acaba en el rincón de la habitación, cubierto de polvo.

Esto no es algo raro. Nos pasa con muchas cosas. Nos entusiasma comenzar proyectos nuevos, pero hay algo que siempre interrumpe ese impulso inicial. Tal vez es el miedo a no ser suficientemente buenos. O puede que se deba a la presión por «hacerlo bien» desde el principio, una especie de ideal que nos bloquea. Y ahí es donde podemos usar un truco: el compromiso no tiene que ser un contrato de «para siempre». Puede ser **un acuerdo contigo mismo** para probar algo, para ver si te gusta, para aprender en el proceso.

¿Qué pasaría si, en vez de renunciar a la guitarra en cuanto las cosas se ponen difíciles, decidieras comprometerte con ella por una semana? Imagina que durante siete días le dedicas solo 15 minutos al día. No te pides ser un experto, solo te pides estar allí, ser constante, un poquito cada día. Al final de la semana, el progreso puede ser mínimo, pero lo más importante es que habrás cumplido contigo mismo. Y eso, créeme, tiene un valor enorme. Ahora, proyecta esa misma idea en otros aspectos de tu vida. ¿Qué pasa con esos pequeños compromisos que has dejado de lado porque no te parecían suficientemente importantes? Tal vez es leer ese libro que has tenido en tu lista durante meses, o simplemente salir a caminar durante 20 minutos al día. No necesitas hacer una gran promesa de vida, no se trata de objetivos grandilocuentes. Solo comprométete con ese pequeño paso, el más sencillo, el que te parece más alcanzable. Y si te preguntas: ¿por qué? La respuesta es sencilla: porque esos pequeños pasos nos entrenan para cumplir con nosotros mismos. Son esos compromisos los que, aunque no sean grandiosos, nos enseñan a **confiar en nuestras capacidades.** A veces, lo que realmente necesitamos es solo esa dosis de confianza que viene de saber que podemos seguir un plan, aunque sea por un corto período de tiempo y cumplirlo.

Recuerda que el compromiso no se mide en magnitud, sino en **consistencia.** A lo largo de nuestra vida, nos enfrentamos a decisiones y momentos en los que necesitamos elegir qué tipo de compromiso vamos a hacer. La clave está en ser conscientes de que no tenemos que firmar contratos a largo plazo con todo lo que nos atrae, pero sí podemos comprometernos con aquello que nos resuene, aunque sea por un tiempo limitado.

A fin de cuentas, todos tenemos el poder de decidir cómo nos comprometemos con la vida. No es necesario hacerlo todo al mismo tiempo, ni hacerlo todo con la misma intensidad. Se trata de elegir lo que nos hace sentir más plenos, más auténticos. Así que… ¿por qué no empezar hoy mismo? No te pido que te comprometas para siempre con algo. Solo te pido que des **un primer paso** hacia una meta que te inspire, aunque solo sea por una semana. Porque, en el fondo, es en esos pequeños compromisos donde encontramos la verdadera libertad de ser quienes somos.

EL APEGO Y EL DESAPEGO

¿Cuántas veces nos hemos preguntado si realmente necesitamos todo lo que tenemos? O más importante aún, ¿y si lo que tenemos no es lo que realmente necesitamos? En nuestra vida diaria, nos aferramos a cosas, personas e incluso expectativas, como si de ello dependiera nuestra paz interior. La cultura moderna nos impulsa a consumir, acumular y, lo que es peor, aferrarnos a lo que ya hemos adquirido. Sin embargo, ¿qué pasaría si entendemos que todo es transitorio, incluso nuestras relaciones y las cosas que pensamos que nos definen?

Para responder estas preguntas tomemos como punto de partida el relato de la página siguiente:

«Se cuenta que, en el siglo pasado, un turista americano fue a la ciudad de El Cairo con la intención de visitar a un famoso sabio. Al llegar, el turista se sorprendió al ver que el sabio vivía en una pequeña habitación muy sencilla, llena de libros. Las únicas piezas de mobiliario eran una cama, una mesa y un banco.

—¿Dónde están sus muebles? —preguntó el turista, curioso.

El sabio, a su vez, le respondió con otra pregunta:

—¿Y dónde están los suyos?

—¿Los míos? —exclamó el turista sorprendido—, ¡Pero si yo solo estoy aquí de paso!

—Yo también… —concluyó el sabio».

Este relato refleja de manera metafórica la diferencia entre apego y desapego. El turista, acostumbrado a un estilo de vida donde las **posesiones materiales** tienen un gran valor, asocia su bienestar con lo que posee. El sabio, en cambio, ha comprendido que las cosas materiales, las relaciones y las experiencias son transitorias. El apego, cuando se convierte en una **dependencia,** puede ser una fuente de sufrimiento, ya que inevitablemente lo que valoramos se pierde o cambia con el tiempo. El sabio no rechaza las posesiones, pero ha aprendido a no aferrarse a ellas, lo que le permite vivir con una **paz interior** que no está condicionada por lo externo.

Desde una perspectiva psicológica, este tipo de desapego es esencial para el bienestar emocional. Aquellos que han desarrollado un apego seguro en su infancia son más capaces de soltar de manera saludable, ya que han internalizado la sensación de seguridad que proviene de sus primeras relaciones. En cambio, quienes han crecido con apegos inseguros pueden luchar más con el desapego, temiendo la pérdida o el abandono, lo que los lleva a aferrarse a personas, relaciones o bienes de manera destructiva.

La pregunta del sabio no es solo sobre muebles; es sobre lo que llevamos dentro. ¿A quién o qué estamos aferrados? ¿A quién o qué sentimos que no podemos soltar? Nos aferramos a ideas, personas, expectativas que creemos que nos sostendrán, cuando en realidad **nos limitan.**

El desapego es un acto de liberación. No significa dejar de amar o perder el interés, sino entender que nuestro bienestar no puede depender de factores externos. Al practicar el desapego, nos damos cuenta de que las personas y cosas en nuestras vidas son transitorias, y que su presencia no define quiénes somos. Es aprender a **aceptar la caducidad de todo,** lo que nos permite fluir con las circunstancias y encontrar la paz en la incertidumbre.

Esta práctica no es fácil, porque implica confrontar nuestros miedos más profundos: el miedo a la pérdida, al cambio y, en última instancia, a la mayor pérdida y el cambio más profundo, que es la muerte. Sin embargo, cuando aceptamos que nada es eterno, podemos vivir con más libertad, disfrutar de lo que tenemos mientras está presente, y soltarlo cuando llega el momento. Esto no solo nos fortalece emocionalmente, sino que también nos permite tener relaciones más auténticas, dado que no exigimos que el otro nos complete, sino que compartimos desde la plenitud.

¿A QUÉ NOS APEGAMOS?

Como acabamos de ver en el punto anterior, el apego, en todas sus formas, es una experiencia profundamente humana que refleja nuestra necesidad de seguridad, pertenencia y significado. A lo largo de la vida, desarrollamos diferentes tipos de apego, algunos saludables y necesarios, y otros que pueden limitarnos o generar sufrimiento. La raíz de todos ellos está en la creencia de que necesitamos de ciertos aspectos externos para sentirnos completos, valorados o amados. Como psicólogo y escritor, me gustaría explorar algunas de las formas más comunes de apego que desarrollamos a lo largo de la vida y sus implicaciones en nuestro bienestar emocional:

- **Apego a las personas**
  Uno de los apegos más profundos es el que desarrollamos **hacia las personas que amamos o admiramos**. Desde una perspectiva evolutiva, este apego es esencial para la supervivencia, ya que las relaciones nos brindan apoyo emocional, validación y compañía. Sin embargo, cuando el apego a los demás se vuelve dependiente, puede convertirse en una fuente de dolor. Nos aferramos a la idea de que necesitamos a ciertas personas para sentirnos completos o felices, y el miedo a perderlas puede llevarnos a comportamientos ansiosos o a la incapacidad de disfrutar plenamente de esas relaciones. Esta dependencia nos impide cultivar una independencia emocional saludable, lo que a menudo dificulta nuestra capacidad para soltar o aceptar el cambio en las relaciones.

- **Apego a la aprobación social**
  Otro tipo de apego común es el que desarrollamos hacia la aprobación social y nuestra reputación. Desde temprana edad, aprendemos que **el reconocimiento y la validación externa** pueden darnos una sensación de valor. Este apego a cómo nos perciben los demás puede llevarnos a vivir en función de las expectativas ajenas, sacrificando nuestra autenticidad en el proceso. La búsqueda de aprobación puede ser una cárcel emocional, donde el miedo al juicio o al rechazo limita nuestras acciones y decisiones. Nos encontramos haciendo cosas para agradar, para ser vistos o admirados, en lugar de seguir nuestro propio camino con confianza.

- **Apego a las posesiones materiales y a la moda**
  El apego a las posesiones materiales y a la moda es quizás uno de los más visibles en nuestra **sociedad de consumo.** Nos convencemos de que ciertos objetos o estilos nos darán una identidad o una sensación de estatus. Sin embargo, este apego nos mantiene atrapados en un **ciclo de insatisfacción,** ya que las posesiones nunca llenan el vacío emocional que intentamos cubrir con ellas. La moda, siempre cambiante, también fomenta esta depen-  dencia, haciendo que busquemos constantemente lo nuevo y lo mejor para mantenernos a la altura de las normas sociales. Es un ciclo interminable, donde lo material se convierte en un sustituto fallido de la satisfacción interna.

- **Apego a las ideas**
  El apego a las ideas es igualmente poderoso. Nos «agarramos» a **creencias, valores o teorías** que nos dan una estructura y sentido en la vida. Aunque las ideas son necesarias para orientar nuestras decisiones, el problema surge cuando nos volvemos rígidos o inflexibles. Este apego nos cierra a nuevas perspectivas, nos lleva a rechazar el cambio o a defender nuestras creencias incluso cuando ya no son útiles o relevantes para nuestro crecimiento. La apertura a la evolución de nuestras ideas es clave para una vida plena y equilibrada, pero muchos temen soltar lo que han creído durante tanto tiempo.

- **Apego a la virtud**
  El apego a la virtud, aunque a menudo visto como algo positivo, también puede ser una trampa emocional. Nos apegamos a la imagen de ser «buenos», y esto puede llevarnos a desarrollar una **identidad basada en la moralidad,** buscando la validación externa por nuestras acciones co-

rrectas. Sin embargo, cuando el deseo de ser virtuoso se convierte en una necesidad de ser visto como tal, perdemos de vista el verdadero propósito de nuestras acciones, transformándolas en un medio para alimentar nuestro ego.

- **Apego fuerte a las emociones**
También existe un apego fuerte a las emociones, especialmente cuando nos identificamos con ellas. Nos aferramos a emociones como la felicidad, el amor o el éxito, deseando perpetuar esos estados indefinidamente. Al mismo tiempo, nos resistimos a las emociones dolorosas como la tristeza, la ira o el miedo, lo que a menudo aumenta su intensidad. Este apego a las emociones puede llevarnos a **evitar enfrentarnos a la realidad,** bloqueando el flujo natural de nuestra experiencia emocional y creando sufrimiento al no aceptar lo efímero de nuestras emociones.

- **Apego a la perfección**
El apego a la perfección y a hacer todo bien es igualmente una **fuente de ansiedad y estrés.** Este apego nos lleva a creer que solo somos valiosos cuando no cometemos errores, lo que resulta en una autoexigencia constante y agotadora. Vivimos con el miedo al fracaso o a no estar a la altura de nuestras propias expectativas, lo que limita nuestra capacidad para experimentar el proceso, aprender de los errores y disfrutar del camino.

- **Apego al trabajo**
El apego al trabajo es igualmente notable en una sociedad que valora **la productividad y el éxito** profesional. Nos definimos por lo que hacemos, y el trabajo se convierte en una fuente de identidad y de autoestima. Sin embargo, este apego puede llevarnos a sacrificar otras áreas importantes de la vida, como nuestras relaciones o nuestro bienestar personal, y a sentirnos vacíos cuando el trabajo no satisface nuestras expectativas.

- **Apego al pasado**
El apego al pasado y a nuestra historia personal también puede ser un obstáculo para el crecimiento. Nos aferramos a quiénes fuimos, a las experiencias que vivimos, ya sean buenas o malas. Este apego **nos puede impedir avanzar y evolucionar,** manteniéndonos atrapados en narrativas antiguas que ya no nos representan o limitan nuestro potencial.

- **Apego a Internet y las redes sociales**
  En la era digital, el apego a Internet y las redes sociales se ha convertido en un fenómeno generalizado. Nos apegamos a la necesidad constante de estar conectados, de recibir notificaciones, de sentirnos relevantes. Esta dependencia **nos desconecta de la realidad,** afectando nuestra capacidad de estar presentes y disfrutar del aquí y ahora.

- **Apego a la belleza**
  El apego al propio cuerpo y la belleza es otro tema profundamente enraizado en la sociedad moderna. Nos fijamos en la **apariencia física** como una fuente de identidad, valorando nuestra belleza externa por encima de lo que somos internamente. Este apego, alimentado por la presión social y los **estándares irreales,** puede llevarnos a una insatisfacción constante con nuestra imagen, afectando a nuestra autoestima y bienestar psicológico.

- **Apego al dinero**
  Finalmente, el apego al dinero es uno de los más universales. Creemos que la acumulación de riqueza nos proporcionará seguridad y felicidad, pero la realidad es que nunca parece ser suficiente. El dinero, cuando se convierte en un fin en lugar de un medio, puede deshumanizarnos y desconectarnos de lo que realmente importa en la vida: nuestras relaciones, nuestra salud mental y emocional, y nuestra capacidad de disfrutar el presente.

Todos estos apegos tienen una cosa en común: nos alejan de nosotros mismos y de nuestra verdadera esencia. Nos hacen creer que necesitamos algo externo para sentirnos completos, cuando en realidad la verdadera paz y libertad emocional se encuentra en nuestro interior, en la capacidad de soltar y vivir en el presente, sin miedo a la pérdida o al cambio.

«EL COSTE HUNDIDO» EN LAS RELACIONES

¿Alguna vez has seguido invirtiendo en algo solo porque «*ya le has dedicado mucho tiempo*»? Es como cuando estás viendo una serie malísima, pero piensas: «Ya voy por la mitad… ¿cómo voy a dejar de verla ahora?». Y claro, dejar una serie tiene su gracia y no muchas consecuencias, pero ¿qué pasa cuando esto mismo nos ocurre en las relaciones? Ahí la cosa se complica, y no siempre somos capaces de decir «hasta aquí».

Este fenómeno tiene un nombre técnico: **la falacia del coste hundido.** Es esa idea de que ya hemos gastado tanto tiempo, energía, emociones (y a veces hasta dinero) en alguien, que nos resulta impensable dejarlo atrás. Nos aferramos a lo que ya dimos, creyendo que rendirnos sería una especie de derrota personal, un «fallo» que preferimos evitar a toda costa. Y sí, es como cuando compras entradas para un concierto y, al llegar, te das cuenta de que la banda en directo suena fatal. Pero piensas: «*Ya he pagado, ¿cómo me voy a ir ahora?*». Así que te quedas, tapándote los oídos de vez en cuando, esperando que la siguiente canción sea mejor. Ahora bien, ¿y si te dijera que en las relaciones hacer eso puede llevarnos a una espiral interminable?

Esto no pasa solo en el amor. ¿Cuántas veces hemos seguido aguantando a ese amigo que, siendo sinceros, hace rato dejó de aportarnos algo positivo? Pero claro, «*es mi amigo de toda la vida*» o «*hemos pasado por tanto juntos*». O tal vez ocurre con un familiar con quien ya no conectas, pero sientes la obligación de esforzarte porque «*La familia es lo primero*», ¿verdad? Es fácil caer en esta trampa: seguir, insistir, y hacer la vista gorda a los problemas solo porque pensamos que ya invertimos demasiado como para echarnos atrás.

Es ahí donde está el truco de la falacia del coste hundido: cuando seguimos adelante solo porque **sentimos que ya hemos pagado con nuestro tiempo y emociones.** Como si eso, mágicamente, fuera a arreglar lo que claramente no funciona. Nos han enseñado a pensar que huir es de cobardes, que «*si lo intentamos un poco más, todo se arreglará*». Pero muchas veces, soltar es precisamente el acto más valiente.

Piensa en esa relación que sabes que no va a ninguna parte, pero te dices: «*¿Cómo voy a dejarlo ahora después de todo lo que hemos pasado?*». O en esa amistad que resta más que suma, pero que sigues sosteniendo porque lleváis años juntos. Es natural sentirse así. Aceptar que lo invertido ya no va a dar frutos duele, como duele una derrota. Pero a veces la derrota más sensata es la que nos permite ganar la batalla más grande: **la paz mental.**

Por eso aprender a soltar puede ser el mayor acto de amor propio. Porque la vida es corta como para seguir enredados en relaciones que no nos suman. Huir de lo que no nos hace bien no es cobardía; es, como diría Napoleón, **una retirada estratégica.** Y claro, esa idea suena más fácil de decir que de hacer. Porque nos duele admitir que algo en lo que hemos invertido tanto tiempo no va a prosperar. Nos han enseñado a luchar, y no nos gusta ver la huida como algo positivo. Pero ¿no sería mejor admitir que a veces la mayor ganancia es dar un paso atrás?

Así pues, la próxima vez que te encuentres atrapado en una relación de pareja, amistad o, incluso, laboral que te desgasta, piensa en el concepto del coste hundido. Y recuerda que dejar ir no es tirar por la borda lo vivido, sino hacer espacio para algo nuevo, algo que realmente te sume. No hay nada de cobarde en decidir dejar de regar una planta que ya no va a crecer. A veces, el verdadero acto de valentía es saber decir esa frase que nos decía Porky, al finalizar los capítulos de los Looney Tunes: «*esto es todo*, amigos».

CÓMO SOLTAR Y DEJAR IR

Cuando convertimos nuestras preferencias en necesidades, creamos una cadena invisible que nos ata y nos condiciona. Esta esclavitud emocional surge cuando creemos que algo externo –ya sea una relación, una situación, una posesión o incluso una emoción– es esencial para nuestra felicidad o bienestar. Y cuanto más dependemos de esa cosa, más vulnerables nos sentimos ante la posibilidad de perderla.

La clave para dejar ir, y así mejorar nuestra independencia emocional, reside en la capacidad de **transformar nuestras necesidades en preferencias.** En nuestra vida diaria, a menudo nos encontramos atrapados en la trampa de aferrarnos a cosas, personas o incluso emociones que ya no nos sirven. Para soltar podemos...

- **Hacer autoexploración**

  El primer paso para soltar es reconocer lo que estamos reteniendo. Esto implica una profunda autoexploración, en la que nos preguntamos por qué sentimos la necesidad de mantener ciertos vínculos. Tal vez sea una relación que ha llegado a su fin, una emoción persistente de tristeza o frustración, o incluso expectativas poco realistas sobre cómo debería ser nuestra vida. Al reconocer estos apegos, comenzamos a entender la carga emocional que conllevan y cómo nos afectan.

  Aceptar que algunas cosas no están bajo nuestro control es totalmente liberador. En la vida hay innumerables situaciones y personas que no podemos cambiar, y aceptar esta realidad es crucial para evitar males mayores. Muchas veces, nos encontramos atrapados en la ilusión de que debemos tener todo bajo control, lo que nos lleva a la ansiedad y al estrés. La aceptación nos permite liberarnos de la necesidad de aferrarnos a lo que no podemos cambiar, abriendo así un espacio para ocuparlo con nuevas oportunidades y experiencias.

- **Autoconciencia**

La autoconciencia juega un papel esencial en el proceso de soltar. Prácticas como **la meditación y la atención plena** nos ayudan a observar nuestros pensamientos y emociones sin juzgarlos. Esta observación nos permite distanciarnos de los apegos emocionales y verlos como meras experiencias pasajeras en lugar de identidades fijas. La autoconciencia nos ofrece la capacidad de observar nuestras reacciones, permitiéndonos tomar decisiones más informadas y menos impulsivas sobre lo que elegimos aferrarnos.

- **Desafiar nuestras creencias limitantes**

Otro aspecto importante es desafiar nuestras creencias limitantes. A menudo, nos aferramos a ciertas cosas porque creemos que son necesarias para nuestra felicidad o identidad. Preguntarnos por qué sentimos esta necesidad puede revelarnos creencias subyacentes que pueden no ser ciertas. Por ejemplo, si creemos que necesitamos la aprobación de los demás para sentirnos valiosos, podemos encontrar que este apego nos limita y nos causa sufrimiento. Cuestionar estas creencias puede ser liberador y abrir la puerta a nuevas formas de pensar sobre nosotros mismos y nuestras vidas.

- **Establecer nuevas perspectivas**

Además, es esencial establecer nuevas perspectivas. Cuando comenzamos a dejar ir, podemos reenfocar nuestra atención hacia lo que realmente importa. Dar las gracias por lo que tenemos y por las experiencias que vivimos nos ayuda a apreciar la vida en el presente. Esto no significa ignorar el pasado, sino más bien reconocer que el pasado ya no nos define y que nuestras experiencias pueden ser valiosas sin necesidad de estar atados a ellas.

- **Practicar el perdón**

Tanto hacia nosotros mismos como hacia los demás, es un componente esencial en el proceso de soltar. A menudo, nos centramos en el rencor y el resentimiento, que actúan como un lastre emocional. Perdonar no significa justificar el dolor que hemos experimentado, sino liberarnos de su peso. El perdón es un regalo que nos hacemos a nosotros mismos, una forma de liberarnos de la carga emocional que llevamos.

- **Tomar decisiones activas**

En ocasiones, soltar puede implicar tomar decisiones activas. Esto significa alejarse de relaciones tóxicas, cambiar de trabajo o simplemente establecer límites saludables en nuestras vidas. Aprender a decir no es una habilidad importante que nos ayuda a proteger nuestro bienestar emocional y a priorizar lo que realmente importa.

- **Cultivar la flexibilidad**

  También es esencial. La vida está llena de cambios e incertidumbres, y aprender a ser flexible y adaptarse ante las circunstancias es fundamental. La rigidez nos ata a nuestras expectativas y puede generar una gran ansiedad. Al practicar la flexibilidad, aprendemos a aceptar los cambios que se dan a lo largo de la vida, lo que nos permite enfrentarnos mejor a lo inesperado y encontrar paz en la incertidumbre.

- **Explorar nuevas experiencias**

  Es un buen método para distraer nuestra mente de los apegos. Al abrir nuestros horizontes y probar nuevas actividades, tener nuevos intereses o conocer a otras personas, comenzamos a ver el valor en lo efímero. Cada nueva experiencia puede enseñarnos algo valioso, ayudándonos a crecer y aumentar nuestra perspectiva.

- **Buscar apoyo profesional**

  Por último, no debemos dudar en buscar apoyo profesional si nos resulta difícil soltar algo. La terapia nos ofrece herramientas y un espacio seguro para explorar nuestros sentimientos, ayudándonos a comprender mejor nuestras luchas internas y guiándonos en el proceso de dejar ir.

ROMPER CON UNA AMISTAD

Romper una amistad es un proceso al que nadie se quiere enfrentar, pero cuando llega el momento, te das cuenta de que, aunque no es fácil, puede ser lo mejor para ambos. Es como tratar de deshacer un nudo complicado en una cuerda. Pasas un montón de tiempo tirando de él, intentando que se afloje, pero el nudo sigue ahí, inamovible. Un día, después de muchas dudas, decides cortarlo. Aunque sabes que no es lo ideal, es la única forma de avanzar, de liberarte.

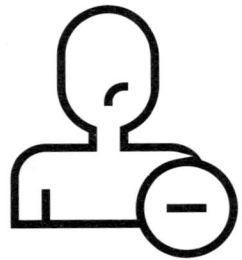

La culpa es lo primero que aparece cuando piensas en terminar una amistad. Te preguntas: «¿Lo estoy haciendo mal?», «¿Cómo se va a sentir esta persona?». Es como si un peso cayera sobre ti, porque nadie quiere hacerle daño a quien ha sido parte de tu vida. Pero en esos momentos, hay algo importante que recordar:

no todas las amistades están destinadas a durar para siempre. A veces, por más que te duela, tienes que cortar ese lazo porque ya no está funcionando.

Es una sensación incómoda, como si estuvieras haciendo algo contra tu naturaleza. La ansiedad aparece en tu estómago, en el pecho, y te preguntas si realmente deberías hacerlo. ¿Y si después te arrepientes? ¿Y si la otra persona no lo entiende? Pero **tienes que ser honesto contigo mismo.** No puedes seguir en una relación que ya no te beneficia solo porque sientas que es lo «correcto». ¿A quién estás cuidando más, a ti o a los demás? A veces, para poder ser fiel a los demás, necesitas ser primero fiel a ti mismo.

Y aunque la cultura nos empuje a buscar relaciones que duren toda la vida, a veces esa expectativa es la que nos paraliza. Nos enseñan a valorar la lealtad, la permanencia, pero olvidamos que **no todas las relaciones tienen que ser eternas** para ser importantes. Algunas amistades simplemente cumplen su propósito en un momento determinado, y luego es el momento de dejar ir.

Piensa en el momento en que decides cortar ese nudo: el cuerpo responde como si estuviera en alarma. Sientes un remolino de emociones. ¿Por qué? Porque **el apego no se va de un día para otro.** La oxitocina, la hormona de los abrazos, de la conexión, empieza a hacer su trabajo y te hace sentir que estás rompiendo algo sagrado. Pero lo cierto es que lo que estás haciendo no es romper, sino liberarte. Ese nudo ya no te permite avanzar, te mantiene atado, te impide respirar. Y aunque el proceso sea doloroso, te das cuenta de que cortar esa cuerda es lo que te da la libertad de seguir adelante.

No te engañes pensando que va a ser fácil. Las primeras veces que pongas límites, va a doler. Puede que en la primera conversación sobre la ruptura sientas que todo tu cuerpo está en tensión, como si estuvieras cometiendo un error. **La ansiedad** de no querer herir al otro te va a acompañar, y ese es el momento en el que más necesitas paciencia contigo mismo. Nadie nace sabiendo cómo cortar nudos emocionales sin que duela un poco. Es un proceso de aprendizaje, de práctica, y de tolerancia a la tensión.

A medida que vayas avanzando en ese proceso, te darás cuenta de que tu capacidad de poner límites crece. Al principio es como una montaña rusa de emociones, pero luego, poco a poco, te vas acostumbrando a la idea de que decir no… no te convierte en una mala persona. Lo que te convierte en una persona auténtica es ser capaz de reconocer cuándo algo ya no te llena y tener la valentía de comunicarlo. Porque, si te pones a pensar, ¿realmente te gustaría seguir en una amistad que ya no te hace bien, solo por miedo a ser percibido como el villano? A veces, ser el «malo» de la película es lo más saludable que puedes ser para todos.

Y no, no estamos hablando de cortar relaciones de manera abrupta o irresponsable. Ser **asertivo** y **claro** es crucial. Puedes explicar por qué sientes que lo mejor es tomar distancia, y si es necesario, puedes hacerlo con empatía, sin tratar de suavizar el mensaje, pero con respeto. Decir algo como: «Creo que lo mejor es que nos tomemos un tiempo sin vernos tanto», aunque directo, es más honesto que simplemente desaparecer. Aunque esa conversación inicial sea incómoda, es mejor enfrentarse a la incomodidad que dejar que la amistad se marchite lentamente sin decir nada.

Y luego, lo más importante: aceptar que **no todo el mundo tiene que seguir en tu vida para siempre**. Cuando lo haces, te das cuenta de que no se trata de perder a alguien, sino de ganar espacio para las personas que realmente te aportan algo. La vida es corta, y no hay tiempo para tener 50 amigos cercanos. **Robin Dunbar** explica, en su **teoría sobre las relaciones sociales,** que el cerebro humano solo puede mantener relaciones cercanas con unas 150 personas como máximo. De las cuales, una o dos personas son tu mejores amigos, cinco son los más íntimos y quince son buenos amigos. ¿Por qué gastar esa energía en una amistad que ya no te hace sentir bien? Es más sano ser selectivo y rodearte de quienes realmente te aportan algo. Si te fijas en eso, en vez de lamentarte por lo que dejas atrás, te darás cuenta de que lo que dejas es solo el peso de algo que ya no te pertenece.

Es posible que el camino no sea sencillo, y que, en algunos momentos, sientas que todo está en duda. Pero al final, lo que decides cortar es solo el peso de algo que te ha impedido crecer. En lugar de aferrarte a lo que ya no te sirve, es mejor hacer espacio para lo que realmente importa: **tu bienestar.** Y si dejas que el tiempo haga lo suyo, te darás cuenta de que lo que en su momento parecía una pérdida se convierte en una liberación.

PERDONARSE Y PERDONAR

¿Por qué nos cuesta tanto perdonar? A veces, parece que sujetamos el dolor con la misma fuerza con la que agarramos lo que más queremos. Perdonarse a uno mismo o a los demás no es solo cuestión de **dejar ir una emoción;** implica enfrentarse a nuestra idea sobre quiénes somos, qué esperamos de los demás y cómo lidiamos con el apego.

Cuando te culpas por algo, no solo estás revisitando un error. Estás luchando contra la imagen que tenías de ti mismo: alguien que no debería haber fallado, que debería haber sido mejor, que debía ser perfecto. La culpa, en estos casos, no es más que una sombra de nuestras **expectativas no cumplidas.** Y ahí es donde entra el perdón: no como una excusa, sino como una reconciliación contigo mismo. Es mirar ese error y decir: *«He fallado porque soy humano. Pero puedo hacerlo mejor».* En ese momento, la culpa se transforma en responsabilidad. No es negar lo que pasó; es usarlo para construir algo diferente.

¿Te ha pasado que, al pensarlo en frío, tu mayor resentimiento hacia alguien tiene más que ver con la conexión que tenías con esa persona que con el daño en sí? Es como si el rencor fuera el eco de una relación rota. Querías que fuera algo para ti: un amigo leal, una pareja ideal, un familiar comprensivo, y no cumplieron con ese papel. Esa expectativa no cumplida duele, y el rencor se queda ahí como un recordatorio constante. Pero el problema es que **el rencor no arregla nada;** solo fortalece las cadenas que nos atan al pasado.

El apego tiene un papel crucial en cómo enfrentamos estas emociones. Desde niños, aprendemos a buscar en los demás validación, seguridad, cariño. Y aunque el apego es natural, también puede volverse tóxico si no lo gestionamos. ¿Cuántas veces hemos sentido que el perdón significa debilidad porque creemos que nos hace vulnerables? ¿Y cuántas veces hemos retenido el rencor porque pensamos que nos protege de volver a ser heridos? Pero lo cierto es que aferrarnos al dolor no nos protege, solo nos impide avanzar.

Las historias que leemos o vemos en películas están llenas de ejemplos de cómo el rencor se alimenta del apego roto. Piensa en *El conde de Montecristo.* Edmundo Dantés no puede dejar atrás la traición de sus amigos porque en ellos había depositado toda su confianza. La narrativa cultural de la venganza nos resulta tan atractiva porque refleja esa misma lucha interna: ¿qué hacemos con el dolor cuando nuestras expectativas son destruidas? Pero, a diferencia de la ficción, la vida real no nos da el alivio de un final épico. Más bien, como decía el viejo proverbio, «cuando preparas una venganza, cava dos tumbas».

Lo más difícil de todo es que el perdón, tanto hacia nosotros mismos como hacia los demás, **no tiene garantía de justicia.** No es un contrato donde el daño desaparece. Perdonar no borra el pasado, pero sí te permite caminar hacia un presente menos cargado. Gandhi decía que **el perdón es un acto de fortaleza,** y tenía razón. No es para los débiles porque requiere soltar lo que nos da una falsa sensación de control: la culpa, el rencor y el apego.

Entonces, ¿por dónde empezar? Primero, **identifica** lo que sientes. Si es culpa tuya, **pregúntate:** ¿Estás siendo justo contigo mismo? ¿Estás usando ese error como un látigo o como una herramienta para aprender? Si es rencor, examina el apego que lo alimenta. Tal vez esperabas algo que esa persona no podía darte, y ahí es donde está el verdadero dolor. Reconocerlo no lo hace más fácil, pero sí más claro.

Escribe lo que sientes, como si hablaras con alguien en quien confías. O mira a tu reflejo y, por una vez, no seas el juez implacable que siempre encuentra fallos. Habla contigo como lo harías con un amigo: con comprensión, con ánimo de construir, no de destruir. Si el rencor es el problema, visualiza lo que podrías ganar al soltarlo: paz, energía o libertad.

La idea de perdonar –y perdonarte– no es hacer las paces con quien te dañó o justificar tus propios errores. Es soltar el peso de lo que no puedes cambiar para abrazar lo que sí. Es un proceso, no un destino. Y quizás, al final, el mayor regalo del perdón no sea la reconciliación con otros, sino **la reconciliación contigo mismo.** ¿No crees que eso ya vale el esfuerzo?

LA SOLEDAD VIENE A VERTE

La soledad, a menudo temida y rechazada, es tanto un desafío como una oportunidad: un maestro incómodo que, al ser aceptado, nos enseña a conocernos de verdad y a encontrar fuerza en nosotros mismos.

La soledad es un concepto que suena a novela de Gabriel García Márquez y a domingo por la tarde; siempre ha tenido mala prensa. Es ese invitado que nadie espera pero que, tarde o temprano, aparece. A veces entra de puntillas, casi sin que lo notes. Otras, llega como un elefante en una cacharrería, tumbando todo a su paso. Pero ¿y si dejamos de verla como un enemigo? ¿Qué pasaría si, en lugar de luchar contra ella, intentáramos entenderla?

Nietzsche, siempre tan poético y dramático, decía: **«El hombre más fuerte es el que está dispuesto a estar solo».** Claro, es fácil decirlo si vives en una época sin redes sociales, donde no tienes que ver cómo todos publican sus vacaciones perfectas mientras tú miras tu nevera vacía. Pero Nietzsche tenía un punto: enfrentarte a tu soledad te obliga a conocerte de verdad, sin adornos ni filtros. Es como limpiar tu cuarto cuando no tienes más excusas. Lo que encuentras puede no ser bonito, pero es tuyo.

Sin embargo, no toda soledad es igual. Hay una que eliges, como cuando decides apagar el móvil y desconectarte del ruido del mundo para encontrarte contigo mismo. Es esa soledad que **Thomas Mann** describía como **un refugio,** un espacio donde puedes pensar sin interrupciones. Es el silencio necesario para escuchar las ideas que siempre estaban ahí, pero que el bullicio de la vida había silenciado.

Y luego está la otra, la que no pides, la que te cae encima como un aguacero inesperado. Es esa soledad que se siente **como una habitación vacía,** aunque estés rodeado de gente. **Bertrand Russell** hablaba de esto al decir que la soledad es inevitable, pero no necesariamente mala. Puede ser dolorosa, sí, pero también nos une, porque todos, en algún momento, hemos sentido ese vacío.

En el mundo de hoy, la soledad ha tomado nuevas formas. A veces la encuentras en medio de una crisis global, como cuando nos encerramos en casa durante una pandemia y descubrimos que el silencio puede ser ensordecedor. Otras, se esconde detrás de las pantallas, en las conversaciones que no llenan y los *likes* que no abrazan. Pero no toda soledad necesita ser «*curada*». Algunas veces, lo único que necesita es ser reconocida, aceptada y, en el mejor de los casos, transformada.

Porque aquí está el secreto: la soledad no es solo un estado. Es un reflejo, un maestro incómodo que **tiene mucho que enseñarte** si te atreves a escuchar. Tal vez descubras que hay más fuerza en estar contigo mismo de lo que imaginabas. O tal vez simplemente encuentres la paz de saber que, como todos, a veces estás solo. Y eso también está bien.

¡CUÁNTO HEMOS CAMBIADO!

¿Te acuerdas cuando parecía que la vida venía en pares? Durante mucho tiempo, la cultura reforzó lo que algunos llaman el **síndrome del Arca de Noé.** Todo estaba **diseñado para las parejas,** como si la felicidad solo pudiera llegar de la mano de otro. Las películas románticas, los anuncios de perfumes y hasta los amigos bienintencionados parecían susurrarte al oído que estar solo era un fracaso, una fase que debías superar cuanto antes. Pero esa narrativa está cambiando. Vivir solo ya no es una «sala de espera» entre relaciones, sino una elección de vida completamente válida.

Ir solo a una boda o a un restaurante, por ejemplo, solía ser casi un acto de valentía. Era como entrar a un territorio diseñado para dos, donde cada silla vacía parecía un recordatorio de que estabas rompiendo el molde. Lo mismo pasaba con los viajes; si no ibas en pareja o acompañado de amigos, te enfrentabas al temido suplemento por habitación individual o a la eterna pregunta: «*¿Por qué no invitas a alguien?*». Pero algo ha cambiado.

Las mesas para uno ya no son una rareza. De hecho, algunos restaurantes ofrecen espacios especialmente diseñados para quienes **disfrutan de su propia compañía,** con vistas únicas o rincones acogedores que invitan al disfrute personal. Las bodas también han comenzado a abrazar esta nueva realidad, con más invitados llegando sin la presión de un acompañante, listos para disfrutar de la música, la comida y la compañía, sin el peso de cumplir expectativas sociales.

En los viajes, las opciones para los solitarios se han disparado. Agencias y plataformas promocionan retiros individuales, cruceros para viajeros en solitario y aventuras diseñadas para **fomentar la conexión personal** más que la romántica. Y en los hoteles ya no te miran raro si pides una habitación individual.

No es difícil entender por qué. Vivir solo trae consigo una libertad que a veces parece un lujo. Puedes desayunar a las tres de la tarde, organizar tus días según tus propias reglas, o cambiar los muebles de lugar a las dos de la madrugada sin pedir permiso. Es un tipo de **independencia** que se siente profundamente reconfortante, casi como un acto de rebeldía contra un mundo que durante mucho tiempo insistió en que la vida debía compartirse siempre con alguien más.

Pero aquí está lo paradójico: mientras esta independencia se celebra como la cúspide del éxito personal, la sociedad actual nos bombardea con mensajes que la elevan casi a **la categoría de ideal supremo.** Desde campañas de publicidad que glorifican el *self-care* y el tiempo a solas, hasta *influencers* que documentan con precisión casi obsesiva cada momento de su vida independiente, parece que ahora estar solo es sinónimo de tener el control de todo. «Libérate de las cadenas emocionales», «sé tu propia prioridad», nos dicen. Y claro, ¿quién no quiere eso?

Sin embargo, este mensaje es tramposo. La soledad, aunque suele ser buena y necesaria en ciertas etapas de nuestra vida, no siempre será la elección perfecta. La misma independencia que se aplaude como símbolo de éxito puede, a veces, traer consigo un eco vacío, especialmente cuando te das cuenta de que, por muy autosuficiente que seas, **seguimos siendo seres sociales.**

El problema no es la soledad en sí, sino la expectativa de que vivir solo debería ser siempre maravilloso, siempre empoderante. No lo es. Como todo en la vida, tiene matices, contradicciones y días en los que, aunque disfrutes desayunar a las tres de la tarde, darías cualquier cosa por alguien con quien **compartir** ese momento.

Hay noches en las que **el silencio pesa.** Cumpleaños en los que el único «¡*Felicidades!*» es un mensaje automatizado de alguna tienda. Momentos en los que, tras un día complicado, te das cuenta de que no hay nadie para preguntarte cómo te fue. La soledad puede ser tanto un refugio como un desafío. Pero aquí está el truco: lo que realmente importa no es si estás solo o acompañado, sino cómo te sientes contigo mismo.

No es lo mismo estar solo que sentirse solo. Puedes vivir en un apartamento para ti y disfrutar de tu compañía, o compartir la cama con alguien y sentirte completamente aislado. Es más, una encuesta reciente reveló que más del 60 % de las personas dicen sentirse solas, incluyendo aquellas que están en pareja. Es una paradoja: ¿cómo es posible sentirse desconectado mientras se está rodeado de gente? Quizá porque, en el fondo, hemos cargado a las relaciones con expectativas imposibles. Nos aferramos a la idea de que una sola persona debería ser capaz de satisfacer todas nuestras necesidades emocionales, cuando en realidad necesitamos redes, no pilares únicos.

Hoy más que nunca, vivir en soledad es una experiencia que podemos moldear según nuestras necesidades y deseos. **No tiene que ser una condena ni un refugio.** Puede ser un periodo para redescubrirnos, para disfrutar la libertad de tomar nuestras propias decisiones sin pedir permiso, y para redefinir lo que significa la verdadera felicidad.

La soledad no es una enemiga, pero tampoco es siempre fácil. Hay días en los que pesa, claro que sí. Pero también hay días en los que la libertad de estar contigo mismo te hace sentir invencible. Como todo en la vida, tiene matices, y aprender a vivir bien con ellos es, quizá, uno de los mayores regalos que puedes darte. Porque, al final, si no puedes disfrutar de tu propia compañía, ¿cómo esperas que alguien más lo haga?

Estar solo no es el problema. El verdadero desafío es aprender a estar bien con uno mismo, a valorar la independencia sin renunciar a la conexión con otros, y a construir una vida que sientas completa, sin importar quién esté o no esté a tu lado.

SENTIMIENTO DE SOLEDAD

La soledad no es solo estar solo; es ese vacío extraño que se siente incluso estando rodeado de gente. ¿Alguna vez has estado en una fiesta llena de caras conocidas y, aun así, has notado que no podías conectar con nadie? Ese tipo de soledad es, a veces, más aguda que estar completamente solo. Es como si todos estuvieran hablando, pero ninguno realmente estuviera escuchando. Y es que **la soledad en compañía** tiene algo de cruel, como si te dijera: *«A pesar de que estás rodeado de personas, sigues sintiendo que te falta algo».* ¿No es frustrante? Pero esta forma de soledad tiene algo de revelador, algo que nos dice que algo no está funcionando como debería.

Vivimos en una cultura en la que las relaciones parecen más bien contratos por obra y servicio de duración limitada, en lugar de vínculos profundos y sinceros. Amigos que vienen y van como la moda de temporada, parejas que son más **acuerdos** sociales que conexiones reales. Nos casamos, tenemos familias y trabajos, pero ¿realmente lo hacemos por nosotros? La respuesta, a veces, es un rotundo no. Lo hacemos porque «toca». Es como si estuviéramos siguiendo una receta que alguien nos ha dado, pero no tiene nada que ver con nuestras necesidades reales. Nos sentimos atrapados en esas rutinas y, de repente, la soledad se cuela en esos espacios, gritándonos que falta algo esencial.

La soledad, lejos de ser un enemigo, **es una alarma.** Y sí, suena molesta, pero tiene un propósito claro: algo no está bien. Nos está diciendo que los vínculos que tenemos no son los correctos, que quizás estamos demasiado cómodos en relaciones que no nos alimentan. Es como ese despertador que suena a las siete de la mañana: no es agradable, pero te hace despertar y ponerte en marcha. Es nuestra oportunidad de mirar hacia adentro y  preguntarnos si las personas que tenemos a nuestro alrededor realmente son las que nos nutren, o si estamos solo siguiendo la corriente. La soledad, entonces, se convierte en la oportunidad de comenzar un cambio, aunque no lo veamos de inmediato.

Y aquí es donde, paradójicamente, la soledad tiene algo de positivo. Cuando te desconectas de la necesidad constante de estar con los demás para «no sentirte solo», te das permiso de pensar. ¿Cuánto tiempo llevas sin tener un momento para ti? El tiempo a solas puede ser el catalizador para explorar lo que realmente quieres en la vida, lo que te hace feliz, lo que te apasiona. La soledad, lejos de ser una condena, **se convierte en una oportunidad** para conocerte y hacer crecer tus propios proyectos, lejos del ruido del mundo exterior.

La libertad que viene con la soledad es también un lujo del que pocos se atreven a disfrutar. ¿Cuántas veces te has sentido presionado por tu pareja, tus amigos o tu familia para hacer algo que no querías hacer? La soledad te da el

espacio para ser auténtico, para hacer lo que realmente te nace, sin expectativas ajenas. En esos momentos, puedes ser tú, sin miedo al juicio. Y créeme, aunque suene como algo muy *New Age*, esa es la verdadera magia de la soledad: **conectar contigo mismo sin distracciones,** sin tener que cumplir con lo que otros esperan de ti.

A lo largo de la vida, todos pasamos por esas etapas de crisis: en las amistades, en las relaciones familiares, en la pareja. Hay quienes centran su mundo en las personas de toda la vida, solo para descubrir que esas relaciones han cambiado, o quizás ya no son tan profundas como pensaban. La soledad puede ser, en este contexto, el primer paso para revisar qué queremos realmente de los demás. ¿Quiénes son las personas que realmente suman en nuestra vida? Y lo más importante, ¿por qué a veces seguimos con personas que solo están ahí cuando nos conviene, pero no cuando realmente los necesitamos? Ahí es donde la soledad tiene algo que enseñarnos: nos ayuda a darle un nuevo significado a nuestras relaciones.

Si algo nos enseña la soledad, es que no hay que conformarse con menos de lo que mereces. No se trata de tener miles de amigos, o una pareja para llenar el vacío. Se trata de tener a las personas que realmente te aportan algo significativo. Y cuando aprendes a disfrutar de tu propia compañía, cuando eres capaz de estar solo sin sentir que te falta algo, te das cuenta de que la soledad no es el problema, sino la falta de conexión genuina. Así que la próxima vez que sientas esa punzada de soledad, recuerda: es solo una señal de que algo está pidiendo tu atención. Y es una oportunidad para cambiar lo que no te sirve.

LA SOLEDAD NO DESEADA

La soledad, esa sensación que nos envuelve como un manto gris, puede llegar de formas impredecibles y, muchas veces, no deseadas. Nos encontramos con ella, a veces sin previo aviso, cuando las circunstancias nos colocan en un lugar donde conectar con los demás parece una utopía lejana. Ya hemos hablado de esa soledad que parece acurrucarse en nosotros, aun cuando estamos rodeados; esa desconexión interna que no tiene que ver con la falta de personas, sino con la falta de comprensión o de un espacio donde realmente encajemos. Pero ahora quiero hablarte de otro tipo de soledad, una mucho más amarga, una que no es elegida sino impuesta, una que nos llega a través de las decisiones ajenas o de la vida misma, y que a menudo nos deja con el sabor amargo del vacío.

La **soledad impuesta** no es solo un sentimiento, es una situación. Y es difícil de abordar porque lleva consigo una carga de emociones que escapan a nuestro control, un cúmulo de matices complejos que nos pueden hacer sentir como si estuviéramos atrapados en un lugar del que no podemos salir. Nos encontramos ante circunstancias en las que las decisiones de otros, o factores externos que no podemos controlar, nos arrastran a un aislamiento no deseado. Puede ser la distancia de un amigo que sigue otro camino en la vida, o un cambio radical en nuestra familia o entorno social. En esos momentos, la soledad no solo se siente, se experimenta como una **condena silenciosa,** como un eco vacío que resuena más fuerte cuanto más intentamos huir de él.

El caso del *«hombre del agujero»* es un ejemplo de este tipo de soledad. Vivió una vida de aislamiento en la selva amazónica, apartado de la civilización, enfrentándose a un mundo que él veía como una amenaza constante. La tragedia de perder a su tribu lo obligó a sumergirse en una soledad forzada, en un espacio donde la vida era una lucha por la supervivencia. Lo irónico de su situación es que, aunque la soledad era una condena, también le ofreció la oportunidad de encontrar una forma de existir a su manera, de sobrevivir en medio de un mundo hostil, según sus propias reglas.

Pero, en su aislamiento, no se limitó solo a sobrevivir. El hombre del agujero, lejos de estar derrotado por la soledad, desarrolló una relación muy «íntima» con la selva, su refugio y su protectora. A pesar de ser víctima de violencia y vivir bajo constante amenaza, encontró formas ingeniosas de adaptarse, de sobrevivir y, aun así, mantenerse fiel a sus raíces, a su cultura. Es un recordatorio de cómo la soledad impuesta puede llegar a ser un **campo fértil para la resiliencia.** Y, sin embargo, ¿cómo de diferente sería su historia si hubiera tenido la oportunidad de «conectarse» con otros, de construir puentes en lugar de refugiarse en su agujero? ¿Podría la soledad haber sido una elección diferente si hubiera habido más manos dispuestas a alcanzarlo?

Vivimos en una sociedad cada vez más **individualista.** El ritmo de vida parece empujarnos a un aislamiento que no buscamos, pero que, acabamos experimentando. Las decisiones personales, como no seguir el camino común de los demás, pueden separarnos de nuestros grupos, dejándonos con una sensación de desarraigo. ¿Y qué pasa cuando este desarraigo es lo único que nos queda? Cuando las conexiones que nos definían se disuelven, ¿cómo encontramos un propósito que no dependa de otros, sino de nosotros mismos? Y, aún más importante, ¿cómo podemos empezar a **construir relaciones de nuevo,** no desde la necesidad de llenar el vacío, sino desde el deseo genuino de conectar?

Japón, por ejemplo, ha visto nacer ministerios dedicados a combatir la soledad. Este fenómeno no solo es un eco de la soledad individual, sino un reflejo de una sociedad que se ha vuelto tan autosuficiente que las redes de apoyo se han debilitado. La soledad impuesta está llevando a muchas personas a una **existencia de ostracismo,** a luchar solas contra un monstruo invisible que parece crecer con cada paso. La pregunta que queda en el aire, al observar este fenómeno, es: ¿cómo podemos reconciliar la necesidad de independencia con el deseo de pertenecer?

El hombre del agujero nos recuerda que la soledad impuesta no tiene por qué ser nuestra condena final. La verdadera fortaleza no radica solo en aprender a sobrevivir en aislamiento, sino en encontrar una forma de volver a estar juntos, de reconstruir esos puentes que nos unen. Porque, al final, puede que la mayor resistencia que mostremos no sea la de aislarnos, sino la de **aprender a relacionarnos** nuevamente, incluso en un mundo que a menudo parece alentarnos a caminar solos. La lección está clara: la soledad impuesta puede ser transformada si decidimos abrazar la posibilidad de conectar.

LA SOLEDAD QUE ELEGIMOS

Lo interesante de la soledad elegida, esa que decidimos buscar por nuestra propia voluntad, es que no siempre es tan temida como solemos creer. A veces, lejos de ser algo negativo, puede ser una oportunidad para encontrar algo muy valioso: nuestra **paz interior,** y más aún, nuestra propia voz. Porque, ¿alguna vez te has detenido a pensar que la soledad no tiene que ser un vacío? Puede ser todo lo contrario: un espacio lleno de posibilidades, donde podemos 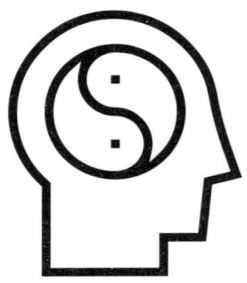 enfrentarnos a nuestros miedos, a nuestras dudas, y, sí, a veces también encontrar las respuestas que buscamos, respuestas que solo nosotros podemos descubrir.

Es en esos momentos en los que estamos solos, sin las distracciones del exterior, cuando podemos realmente escuchar esa voz interior que, en el bullicio cotidiano, solemos ignorar. No hablo de una voz mística ni de alguna revelación grandiosa, sino de esa claridad que aparece cuando, por fin, nos damos el tiempo y el espacio para escucharnos sin las prisas ni las presiones del mundo. Es en esos momentos cuando realmente nos encontramos con nosotros mismos.

En la literatura, este tipo de soledad se presenta muchas veces somo como un refugio, un espacio de **introspección y autoconocimiento** que permite a los personajes encontrar su verdadero yo. Un claro ejemplo de esto es Santiago, el protagonista de *El viejo y el mar*, de **Ernest Hemingway.** En su lucha contra el marlín (el pez gigante), Santiago no solo se enfrenta a un reto físico, sino que se embarca en un viaje interior. Su soledad en el mar es una oportunidad para conectar con la naturaleza, para reflexionar sobre su vida y su lugar en el mundo. Rodeado por la vastedad del océano, Santiago siente la libertad que le otorga la soledad. ¿No es interesante pensar que, a veces, es en la soledad donde realmente podemos escuchar nuestra voz interior?

Pero no solo Santiago vive esta experiencia. Pensemos en *La soledad del corredor de fondo*, de **Alan Sillitoe,** donde el joven protagonista se encuentra en un mundo que parece no entenderlo. A través del *running*, él elige la soledad como un medio para escapar de las expectativas y presiones de la sociedad. En su aislamiento, encuentra un **sentido de propósito** y un momento para reflexionar sobre su vida, sus decisiones y su futuro. La soledad se transforma en un acto de resistencia, una forma de tomar el control de su destino. ¿Quién de nosotros no ha soñado a veces con un respiro, una pausa para ordenar nuestros pensamientos?

Estos personajes literarios reflejan la riqueza y complejidad de la soledad elegida. Aunque cada uno enfrenta sus propios desafíos, hay una belleza en el acto de elegir estar solo. Nos brinda la oportunidad de despojarnos de las distracciones externas y de mirar hacia adentro. En un mundo donde a menudo estamos rodeados de ruido y distracciones, esa soledad puede ser un **espacio sagrado para la reflexión y el crecimiento personal.** Tal vez en algún momento has optado por un tiempo a solas para sanar, reflexionar o simplemente desconectar. Es un acto que, aunque puede parecer intimidante, en realidad nos hace mucho bien. A veces, la soledad elegida nos ayuda a redescubrir quiénes somos realmente y qué es lo que verdaderamente queremos.

La soledad no tiene por qué ser sinónimo de tristeza o desesperanza. Al igual que Santiago, o el corredor de fondo, podemos encontrar en la soledad un aliado en la búsqueda de conexión con nosotros mismos. Cuando elegimos estar solos, descubrimos que podemos estar bien así. Y no es un detalle menor; es la base de relaciones más auténticas, menos dependientes. ¿Por qué? Porque al aprender a estar solos, dejamos de buscar que otros llenen lo que nos falta.

EL MIEDO A LA SOLEDAD

Este relato de Jorge Bucay se utiliza con frecuencia para ilustrar el poder de la dependencia emocional. Se trata de una historia sencilla pero profunda, que nos habla de cómo terminamos atrapados en situaciones que podríamos dejar atrás si no fuera por nuestros propios miedos. Este relato es conocido como *El elefante encadenado*, y nos invita a reflexionar sobre los lazos invisibles que, a veces, nos impiden avanzar. Dice así:

«Cuando yo era chico, me encantaban los circos. Y lo que más me fascinaba de los circos eran los animales. Como otros niños, me llamaba la atención el elefante, que, como después supe, era el animal favorito de todos los niños. Durante la función, la enorme bestia hacía despliegue de su tamaño, peso y fuerza descomunal... Pero después de su actuación y hasta un rato antes de volver al escenario, el elefante quedaba atado a una pequeña estaca clavada en el suelo, con una cadena que sujetaba una de sus patas.

«Sin embargo, la estaca era solo un minúsculo pedazo de madera, apenas enterrado unos centímetros en el suelo. Y aunque la cadena era gruesa y poderosa, me parecía obvio que un animal capaz de arrancar un árbol de cuajo con su fuerza podría, con facilidad, liberarse de esa estaca y huir.

«—¿Por qué no se escapa? —preguntaba a los adultos.

«Me decían que el elefante no se escapaba porque estaba amaestrado.

«Hice la pregunta obvia: —Si está amaestrado, ¿por qué lo encadenan?

«Nunca recibí una respuesta coherente. Con el tiempo, olvidé la pregunta, y me resigné a aceptar la respuesta que más me convencía: el elefante no se escapaba porque estaba amaestrado. Un par de años después, descubrí que alguien había sido lo suficientemente sabio para encontrar la respuesta:

«El elefante del circo no escapa porque ha estado atado a una estaca parecida desde que era muy, muy pequeño.

«Cerré los ojos e imaginé al pequeño recién nacido, atado a la estaca. Estoy seguro de que en aquel momento el elefantito empujó, tiró y sudó tratando de soltarse. Y, a pesar de todos sus esfuerzos, no lo consiguió, porque aquella estaca era, en ese momento, demasiado fuerte para él. Imaginé que se dormía agotado y que al día siguiente lo volvía a intentar, y al otro día, y al siguiente... Hasta que un día, un terrible día para su historia, el animal aceptó su impotencia y se resignó a su destino.

«Este elefante enorme no se escapa porque cree que no puede. Tiene grabado el recuerdo de su impotencia, aquella impotencia que sintió poco después de nacer. Y lo peor es que jamás se ha vuelto a cuestionar seriamente ese recuerdo; jamás intentó poner a prueba su fuerza otra vez».

Esta historia nos habla de cómo podemos quedar atrapados en situaciones que no nos hacen bien, simplemente por miedo a afrontar lo desconocido.

Lo que le ocurre al elefante es similar a lo que les ocurre a muchas personas. El miedo a la soledad y la dependencia emocional van de la mano, y entender esto nos permite ver por qué a veces seguimos teniendo relaciones que, en realidad, no nos aportan nada.

Es curioso cómo, desde la infancia, se puede forjar esta dependencia emocional. Aquellos que no recibieron el afecto suficiente o vivieron sobreprotegidos pueden crecer buscando en los demás esa seguridad que sienten que les falta. Esto explica por qué a menudo **idealizamos a las personas** en nuestras vidas, proyectando en ellas cualidades que, en realidad, necesitamos aprender a encontrar en nosotros mismos. En lugar de construir una relación desde el amor y el respeto mutuo, caemos en un apego que nos hace sentir que necesitamos a la otra persona para ser completos. Esto no solo ocurre en las relaciones de pareja, sino también en la amistad y las relaciones familiares. Muchas veces, sin darnos cuenta, caemos en un apego que nos hace sentir que necesitamos a otra persona para sentirnos valiosos, y esto nos parece «normal».

Las personas que tienen este tipo de dependencia necesitan la atención, el afecto y la validación externa de los otros, y esto los lleva a tener que soportar relaciones insatisfactorias, incluso destructivas. Aquí entra en juego el concepto de «necesidad de aprobación» de **Albert Ellis,** fundador de la **Terapia racional emotiva conductual (TREC)**, que explica cómo las creencias irracionales —como pensar que necesitamos ser amados o aceptados— nos llevan a depender de la aceptación de los demás para sentirnos completos.

Quienes sienten esta dependencia experimentan un gran vacío y mucha ansiedad al alejarse de su persona de referencia; la idea de estar solos, de enfrentar la vida sin una red de seguridad emocional externa, los asusta profundamente y les crea estrés. Esa angustia les hace quedarse en relaciones donde sienten que deben complacer al otro, dejando de lado sus necesidades. Así, la dependencia se convierte en una cadena invisible, similar a la del elefante, que les impide ser libre y ser ellos mismos.

LAS RAZONES DEL MIEDO A LA SOLEDAD

El miedo a la soledad puede tener muchas causas, y sus raíces se entrelazan con experiencias psicológicas, sociales y personales. Aunque cada caso es único y merece una atención individualizada, existen razones comunes que llevan a muchas personas a experimentar esta sensación. La soledad despierta en nosotros una ansiedad intensa, una preocupación constante y, en algunos casos, un temor profundo a enfrentarnos a los momentos en los que estamos solo en compañía de nosotros mismos. Veamos las principales causas del miedo a la soledad:

- **Ansiedad por separación**

  A veces, el miedo a estar solo surge de una **ansiedad por separación.** Cuando alguien se siente solo, se activa una sensación similar a la de una separación dolorosa, como si se estuviera perdiendo algo importante o estuviera quedando desprotegido. Esta ansiedad se puede manifestar a través de síntomas físicos, como palpitaciones o dificultad para respirar, y suele ir acompañada de pensamientos intrusivos sobre ser querido o aceptado. En estos momentos de angustia, será muy útil intentar técnicas de respiración profunda o de autocuidado, como abrazarse o repetir palabras de calma. La meta es encontrar una forma de tranquilizarnos sin tener que depender de la presencia de los demás.

- **Temor al abandono**

  Otro motivo del miedo a la soledad es el **temor al abandono o al rechazo.** Cuando alguien experimenta miedo de ser abandonado o rechazado por sus seres queridos, la soledad se asocia con una sensación de vulnerabilidad extrema. Esto puede llevar a buscar compañía todo el rato para evitar revivir el dolor de viejas heridas, como rupturas sentimentales o decepciones de amistades que se distanciaron. En este caso, para romper esta  asociación negativa, se pueden planear momentos especiales de autocuidado o actividades de ocio, como ver una película, leer un libro o salir a pasear. Al hacer esto, la soledad pasa de ser una imposición a convertirse en una elección, un tiempo valioso para reflexionar y reconectar.

- **Miedo a no superar un reto**

  Para otros, el miedo a la soledad se mezcla con el **temor a lo que pueda suceder cuando ellos no están presentes.** Crecer en un ambiente sobreprotector lleva a que una persona sienta que no es capaz de enfrentarse a ciertas situaciones por su cuenta. Si este es el caso, los pequeños retos pueden ser una gran herramienta para transformar la relación con la soledad. Al plantearse metas alcanzables y celebrar esos logros, uno empieza a descubrir su propia fortaleza y a desafiar la creencia de que solo es capaz en compañía de otros.

- **Aburrimiento**
  La soledad también puede despertar **aburrimiento en quienes han crecido rodeados de gente** todo el rato y haciendo cosas continuamente. Esto es común en personas que no han aprendido a disfrutar de su propia compañía y necesitan estar rodeadas de estímulos para sentirse bien. Para superar esta sensación, una buena estrategia es preparar una lista de actividades agradables para realizar a solas, como cocinar, leer, pintar o escuchar música. Antes de buscar la compañía de otros por puro aburrimiento, intentar ocupar ese tiempo en algo que te guste puede transformar la soledad en una oportunidad para el disfrute personal.

- **Miedo a la desconexión digital**
  Por último, en una **sociedad tan hiperconectada** como la actual, a muchas personas les angustia perder esa conexión con el mundo. El miedo a estar solo a veces proviene del temor a «quedarse fuera» de las conversaciones o eventos importantes, y el miedo de perderse algo relevante. Esta situación se puede controlar aprendiendo a establecer límites en el uso de redes sociales.

LA SOLEDAD, NUESTRA COMPAÑERA DE VIAJE

La soledad es una compañera complicada, que a menudo se presenta cuando menos la esperamos. Nos resulta tan familiar como incómoda, y no importa cuántas personas tengamos a nuestro alrededor, siempre tiene la capacidad de hacernos sentir profundamente solos. Si bien ya hemos hablado de cómo la soledad puede ser deseada y otras veces indeseada, hay algo que nos conecta en todos esos momentos: nuestra relación con ella. La soledad no es solo un estado en el que nos encontramos, sino **una vivencia** que cambia con cada etapa de nuestra vida. De hecho, la soledad tiene algo muy especial: se adapta, se transforma, y nos desafía a lo largo de los años. Su significado varía según la etapa en que nos encontremos, y lo que antes podría parecer una amenaza, con el tiempo se puede convertir en una oportunidad. Veamos cómo se presenta según la etapa vital:

- **En la infancia**
  De niños, la soledad se presenta como una sensación extraña cuando no eres elegido para el equipo de fútbol o, peor aún, cuando los adultos se

olvidan de que estamos ahí, mirando por la ventana. Para un niño, la soledad no es solo estar físicamente solo, es un sentimiento de no ser visto, de no ser comprendido. Y aunque esto puede parecer el fin del mundo, en realidad es el principio de algo muy valioso: los niños, cuando aprenden a abrazar su soledad, se convierten en unos verdaderos inventores de mundos. Ya sea creando amigos imaginarios o inventando historias interminables, la soledad les ofrece la oportunidad de **volar libremente en su mente,** de encontrar consuelo en su propia compañía. Con el acompañamiento adecuado, los pequeños aprenden que no tienen que temerle a la soledad, sino más bien aprender a disfrutar de ella, a encontrar en ella una riqueza interior que les servirá toda la vida.

• Durante la adolescencia

La adolescencia, por otro lado, se encarga de llevar la soledad a un nivel diferente de intensidad. Si alguna vez pensaste que los dramas de la adolescencia eran solo cosa de películas, deja que te diga que la soledad aquí toma un matiz épico. La lucha por encajar, las comparaciones con los demás, el sentir que no somos lo suficientemente buenos... todo esto se mezcla para crear una sensación de desconexión interna. El adolescente puede sentirse como **un extraño en su propio cuerpo,** como si no perteneciera a ninguna parte, mientras busca desesperadamente encontrar su lugar en el mundo. Y sí, la soledad puede ser una pesada carga en este momento. Pero lo curioso es que, aunque parezca un vacío sin solución, también es una invitación a explorar quién eres realmente. La soledad en la adolescencia no solo refleja lo que nos falta, sino lo que podemos encontrar dentro de nosotros: esa chispa única que nos hace ser quienes somos, más allá de las expectativas ajenas.

• En la adultez

Luego llega la adultez, donde la soledad se convierte en una experta en el arte del sigilo. Ya no es tan obvia como antes. La soledad adulta no te da un golpe en la cara, sino que se infiltra en tu vida a través de las largas horas de trabajo, las responsabilidades, las prisas y la constante sensación de estar corriendo de un lado a otro. Nos olvidamos de lo verdaderamente relevante: de la gente que importa, de las conversaciones realmente sustanciales. Aquí, la soledad no es tanto la ausencia de otros, sino **la desconexión** con ellos. Y lo peor de todo: la desconexión con nosotros mismos. A veces estamos tan ocupados cumpliendo con los demás, que olvidamos qué nos hace sentir completos. La soledad adulta es como una alarma silenciosa, que nos recuerda que, por muy atareados que estemos, necesitamos una conexión genuina con los demás para sentirnos bien. Es una llamada de atención para hacernos parar, respirar y preguntarnos si lo que realmente nos llena es lo que estamos persiguiendo o si, por el contrario, hemos estado persiguiendo algo que nos aleja de lo que verdaderamente importa.

- **Con la vejez**

Y, por último, llega la vejez, esa etapa en la que la soledad ya no se disfraza de nada. Se presenta con toda su crudeza, como una amiga que llega para quedarse, trayendo consigo la muerte de seres queridos, la pérdida de movilidad y la sensación de que la vida está pasando sin nosotros. No obstante, en lugar de verla como una enemiga, podemos empezar a entenderla como una **compañera de reflexión.** La soledad en la vejez, lejos de ser un castigo, puede convertirse en un espacio de introspección. Es el momento en el que nos detenemos a mirar atrás, a reflexionar sobre nuestra historia y, lo más importante, a aprender a disfrutar de las pequeñas cosas que antes tal vez pasaban desapercibidas. Aquí, la soledad puede ser tan rica como un buen café mientras observas el paisaje, una caminata sin prisas por el parque o una tarde de lectura en silencio. La vejez nos enseña que las conexiones más profundas no siempre vienen de lo externo, sino de lo que hemos cultivado en nuestro interior a lo largo de los años.

A lo largo de la vida, la soledad nunca desaparece; se adapta a lo que somos y a lo que necesitamos en cada momento. A veces nos hace sentir vulnerables, pero, si aprendemos a mirarla de frente, descubrimos que no estamos tan solos como pensábamos. **La soledad es un espejo,** uno de esos espejos que no refleja solo lo que falta, sino lo que tenemos dentro. Así que la próxima vez que te encuentres con ella, recuerda que, a lo largo de toda tu vida, la soledad no será solo una compañera incómoda, sino también una maestra, una oportunidad de conocerte mejor y, quién sabe, una amiga que te ayudará a encontrar lo que realmente importa. Porque al final del día, la soledad solo está aquí para que podamos darnos cuenta de que, tal vez, nunca estuvimos realmente solos.

LA SOLEDAD POSITIVA. TU VOZ INTERIOR

Hay algo extraño, casi desconcertante, en el silencio absoluto. Ese instante en que todo el ruido exterior desaparece y, de repente, te encuentras cara a cara con tu propia mente. Para algunos, es un respiro; para otros, un territorio desconocido que preferirían evitar a toda costa. Y no es difícil entender por qué. Vivimos en un mundo que parece tenerle pavor a la soledad, como si estar solo fuera un síntoma de algo roto. Pero ¿y si la soledad que tantas veces intentamos esquivar tuviera el potencial de ser nuestro mayor aliado?

Estamos obsesionados con «estar conectados». Si no estamos hablando, estamos escribiendo. Si no estamos escribiendo, estamos leyendo lo que otros han escrito. Y si no estamos haciendo ninguna de las anteriores, probablemente estamos revisando si alguien, en algún lugar, nos está prestando atención. Es agotador, pero está tan normalizado que ni siquiera lo cuestionamos. Todo a nuestro alrededor nos invita a **evitar el vacío:** las redes sociales nos recompensan con «me gusta», los anuncios nos venden compañía y los algoritmos saben cómo llenar hasta el último minuto de nuestra soledad con entretenimiento instantáneo.

Pero en este mundo de **ruido constante,** la soledad ha quedado injustamente relegada a un rincón oscuro. Esa pausa, ese espacio donde todo se detiene, ha sido tachado de incómodo, innecesario, incluso peligroso. Sin embargo, la historia y la ciencia parecen contarnos otra versión. Piensa en Thoreau, el hombre que decidió abandonar la sociedad y retirarse a una cabaña junto al lago Walden para vivir en soledad. Durante dos años, dos meses y dos días, dejó atrás las distracciones del mundo y se entregó a algo que describió como «vivir deliberadamente». ¿El resultado? Reflexiones que han resonado durante generaciones. No fue solo un acto de desconexión, sino un reencuentro consigo mismo.

Y no es el único. Virginia Woolf, con su icónica idea de «una habitación propia», defendió la importancia de tener un espacio personal para pensar, crear y simplemente ser. Einstein, por su parte, solía caminar solo durante horas, y esos momentos aparentemente banales le ayudaron a resolver algunos de los problemas más complejos de la física moderna. Incluso Mary Shelley, mientras se retiraba del bullicio cotidiano, encontró en la soledad el caldo de cultivo para escribir *Frankenstein*.

No es casualidad que estas grandes mentes encontraran en la soledad una herramienta para la creatividad y el autodescubrimiento. Según la ciencia, hay una razón detrás de esto. El cerebro, cuando no está ocupado con tareas inmediatas, activa lo que los investigadores llaman la **red neuronal por defecto**. Es un sistema que se pone en marcha cuando dejamos de hacer cosas para simplemente estar. Durante esos momentos, el cerebro reorganiza recuerdos, resuelve problemas y genera nuevas ideas. Es como si tu mente tuviera su propio taller de mantenimiento, trabajando silenciosamente para ayudarte a conectar los puntos que, de otro modo, pasarían desapercibidos.

Sin embargo, no todas las soledades son iguales. Para muchas personas, estar solos no es un refugio, sino un campo de batalla. Esa **voz interior** que aparece en el silencio puede ser una compañera amable, pero también un crítico feroz. Seguro que te ha pasado: estás tranquilo, disfrutando del momento y, de repente, tu mente decide desempolvar todos los errores del pasado. Es como si tu cerebro, aburrido, pensara: *«¿Sabes qué sería divertido? Recordarte ese e-mail* vergonzoso que enviaste en 2014».

Lo interesante es que esta relación con nuestra voz interior no es solo emocional, sino también biológica. Marian Rojas, psiquiatra y escritora, explica que lo que nos decimos a nosotros mismos tiene un impacto directo en nuestro cuerpo. Las **palabras negativas** elevan los niveles de cortisol, la hormona del estrés, mientras que un diálogo interno amable puede generar un efecto reparador. Básicamente, nuestras células nos escuchan, incluso cuando no creemos estar diciendo nada importante.

Aquí es donde la soledad, bien entendida, se convierte en un arte. Porque no se trata únicamente de estar solo, sino de cómo te relacionas contigo mismo en esos momentos. Cuando Thoreau se sentó junto al lago Walden o cuando Einstein caminaba en solitario, no estaban huyendo de algo, sino acercándose a algo más grande: su propia voz. Y, en ese proceso, encontraron no solo respuestas, sino preguntas que los llevaron más lejos de lo que jamás imaginaron.

En los últimos años, hemos aprendido más sobre cómo funciona nuestro cerebro cuando no hacemos nada. Y lo que hemos descubierto es fascinante. Durante esos momentos de inactividad, cuando creemos que estamos perdiendo el tiempo, el cerebro está haciendo precisamente lo contrario: está trabajando duro, creando conexiones, activando la creatividad y fortaleciendo nuestra identidad. Por ello, actividades como cocinar, cuidar plantas o simplemente mirar por la ventana pueden parecer triviales, pero tienen gran impacto en nuestra capacidad para pensar y sentir.

La soledad, cuando se vive desde este lugar, deja de ser un castigo para convertirse en una invitación. Es un espacio donde puedes explorar tus pensamientos sin interrupciones, donde puedes dejar que las ideas fluyan sin la presión de tener que compartirlas de inmediato. No tienes que ser un genio como Einstein o un escritor como Woolf para beneficiarte de esto. A veces, basta con apagar el teléfono, caminar sin un destino fijo o sentarte en silencio y observar cómo tu mente empieza a **divagar.**

Tal vez la próxima vez que sientas esa incomodidad del silencio, en lugar de buscar algo para llenarlo, te atrevas a quedarte quieto. Sí, puede que al principio sea incómodo. Puede que te enfrentes a una voz interior que no siempre es amable. Pero también puede que descubras algo que no sabías sobre ti. Porque, al final, la soledad no es solo un momento de pausa; es una oportunidad para escuchar lo que siempre ha estado ahí, esperando a que te detengas lo suficiente para prestarle atención.

CONSTRUIR UNA RED DE APOYO

A veces, nos dejamos llevar por esa vieja creencia de que «más es más», especialmente en un mundo que nos bombardea constantemente con la idea de que la cantidad es sinónimo de éxito. Es algo que aprendemos desde pequeños: más amigos, más contactos, más seguidores, más notificaciones. Cada vez que miramos las redes sociales, nos encontramos con imágenes de vidas aparentemente perfectas, rodeadas de personas que nos muestran cómo deberían ser nuestras relaciones. Pero ¿cuántos de esos amigos o seguidores están realmente ahí cuando necesitamos un hombro en el que apoyarnos? ¿Cuántos de ellos podrían ser una verdadera red de apoyo emocional? La verdad es que, en nuestra sociedad, la cantidad se convierte en una medida de lo que «deberíamos» tener, pero rara vez nos invita a reflexionar sobre la calidad.

La realidad es que la cantidad no siempre se traduce en algo real, ni mucho menos en algo útil. Y ahí es donde el concepto de «más es más» empieza a fallar. Con el tiempo, **las relaciones superficiales** que parecen ser numerosas pueden dejarnos con la sensación de estar más aislados que nunca. Tener muchos contactos o estar rodeado de personas puede ser reconfortante por un rato, pero si esas conexiones no tienen profundidad, es como si estuviéramos viviendo en una burbuja, rodeados de gente, pero sin poder compartir verdaderamente quienes somos. Y lo peor es que, cuando nos sentimos así, la tentación de seguir buscando más se vuelve más fuerte. Más *likes*, más seguidores, más comentarios... más y más de lo que no necesitamos.

Y aquí es donde entran **las redes de apoyo reales,** aquellas que no se miden por la cantidad, sino por la calidad de las relaciones. ¿Te has parado a pensar alguna vez en la diferencia entre estar rodeado de mucha gente y estar rodeado de gente que realmente te comprende? El mayor reto al que nos enfrentamos hoy en día, en medio de toda esta acumulación de «más», es reconocer que no necesitamos más, sino lo adecuado. No se trata de llenar nuestro espacio de personas con las que tengamos poco en común, sino de encontrar a aquellos que realmente nos ayuden a crecer, que nos apoyen y nos acepten tal como somos, con todas nuestras complejidades y vulnerabilidades.

Aquí entra otra pieza clave: **rodearse de personas positivas.** Vivimos en un mundo en el que las malas noticias y las opiniones negativas parecen ocupar siempre el primer plano. En medio de todo esto, tener personas que nos aporten optimismo, que nos impulsen a seguir adelante incluso cuando nos sentimos débiles, es fundamental. No se trata de rodearse de personas que ignoran la realidad o que minimizan los problemas, sino de aquellas que, aun reconociendo las dificultades, eligen ver el lado positivo, que saben que cada reto es una oportunidad de aprender y crecer. Son esas personas las que tienen la capacidad de motivarnos sin presionarnos, que nos ofrecen su apoyo incondicional sin imponernos su forma de ser.

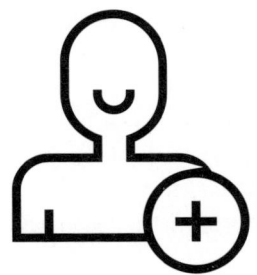

La importancia de estas **conexiones positivas** es que tienen un papel importante en nuestra visión del mundo. Nos muestran que, aunque el camino sea difícil, siempre hay algo por lo que estar agradecido. Nos enseñan que el optimismo no significa ignorar los problemas, sino tener la confianza de que podemos enfrentarlos. ¿Y cómo podemos cultivar estas relaciones? Primero, reconociendo que nuestra energía también atrae a las personas que nos rodean. Si constantemente nos encontramos con personas que nos desmotivan o nos absorben emocionalmente, tal vez sea el momento de reflexionar sobre qué estamos proyectando y qué tipo de relaciones estamos buscando. La clave está en rodearnos de aquellos que, al igual que nosotros, buscan construir algo positivo, que están dispuestos a crecer junto a nosotros, sin que eso signifique sacrificarnos o perder nuestra autenticidad.

Es cierto que no siempre podemos elegir a todas las personas que forman parte de nuestras vidas, pero sí podemos ser más selectivos en cuanto a la energía que permitimos que entre en nuestro espacio emocional. Las actividades en grupo pueden ser una excelente herramienta para encontrar estas personas positivas.

Ya sea en una sesión de terapia grupal o haciendo deporte, es más probable que conectemos con personas que comparten nuestras luchas, pero también nuestras aspiraciones. Al participar en estos espacios, no solo estamos construyendo una red de apoyo, sino también rodeándonos de personas que pueden llenarnos de **energía positiva** y de alguna manera ayudarnos a cambiar nuestra perspectiva sobre los retos de la vida.

Entonces, ¿por qué seguimos obsesionados con la idea de «tener más»? Quizás porque, de alguna manera, nos da una sensación de control. La idea de que, si tenemos más amigos, más seguidores, más *likes*, tenemos más poder o más valor. Pero la verdad es que, al final, esa acumulación de «más» no es lo que realmente nos nutre. Lo que realmente importa son esas relaciones profundas, esas que se construyen con el tiempo y la vulnerabilidad, esas que no se basan en un intercambio superficial, sino en un entendimiento mutuo y en el respeto por el espacio emocional del otro.

Entonces, cuando te encuentres inseguro, preguntándote si estás haciendo lo suficiente por conectar, tal vez sea el momento de reflexionar: ¿estoy buscando más solo porque la sociedad me lo dice, o realmente necesito algo más profundo? No te equivoques, la calidad de tus relaciones no se mide por la cantidad de personas que te rodean, sino por la capacidad de cada conexión para ayudarte a sentirte visto y comprendido, sin necesidad de estar constantemente validando tu existencia a través de la aprobación externa.

Al final, todo se reduce a un simple hecho: **el valor de una red de apoyo no está en la cantidad** que te rodea, sino en el «quién» está ahí para ti cuando realmente lo necesitas. Así que la próxima vez que te encuentres buscando lo que la sociedad te dicta, recuerda que, a veces, menos es más. Más profundo, más real.

¿PUEDES DARME UN ABRAZO?

Todos conocemos esa sensación. Te sientes solo, perdido en tus pensamientos, como si el mundo siguiera girando sin ti. Quizás es un lunes gris o un viernes por la tarde, cuando el silencio en tu casa se vuelve insoportable. La soledad aparece sin avisar, se acomoda en tu pecho y te deja ahí, esperando que alguien, en algún momento, venga a rescatarte. ¿Y qué es lo que deseas en ese momento? Un abrazo. Esa sensación de que, por un instante, el mundo se reduce a ese gesto que no necesita palabras, que solo te envuelve, y te hace sentir que estás en casa.

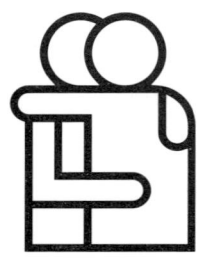

Es curioso cómo algo tan simple como un abrazo puede tener tanto poder. De hecho, la ciencia lo respalda: los abrazos no solo son una válvula de escape emocional, sino que tienen un **impacto real** en nuestro cuerpo. Cuando nos abrazamos, nuestro cuerpo libera oxitocina, la «hormona del amor», esa que también se dispara cuando sentimos una conexión profunda con alguien o cuando nacen los lazos afectivos. Un abrazo de 20 segundos puede reducir los niveles de ansiedad y estrés. ¡Y eso no es todo! También se liberan dopamina y serotonina, hormonas que nos hacen sentir bien y nos reconfortan.

La soledad, a veces tan opresiva, se convierte en un reto más cuando nadie está cerca para brindarte ese simple gesto. Piensa en ese momento en el que te sientes abatido, cuando todo parece ir mal, y te preguntas por qué el universo no te manda un abrazo. Es en esos momentos cuando valoramos el poder de un abrazo sincero, uno que no se limita a un gesto físico, sino que es un bálsamo para las heridas invisibles. Porque cuando estamos tristes o desbordados, lo que más necesitamos no es una charla interminable, sino el simple acto de **ser sostenidos** por alguien que nos envuelve en su calor y nos dice, sin palabras, *«no estás solo»*.

Es más, cuando la vida se vuelve un poco más difícil y surgen los conflictos personales, ese abrazo se convierte en un **refugio.** Un estudio de la Universidad de Pittsburgh descubrió que cuando alguien experimenta un conflicto, si recibe un abrazo, sus emociones negativas no aumentan tanto si no lo reciben. El abrazo actúa como un amortiguador que suaviza las caídas emocionales. Y es que cuando los sentimientos negativos comienzan a invadirnos, ese pequeño acto de cariño tiene el poder de reconfigurar nuestra respuesta emocional.

¿Qué pasa cuando no recibimos esos abrazos? La soledad puede volverse un monstruo mucho más grande, ¿verdad? Un abrazo no es solo un gesto bonito, es una necesidad. Y cuando estamos alejados de las personas que queremos, ese contacto físico se vuelve vital. No es solo una caricia en el alma, es una necesidad biológica. Es el mejor antídoto contra la soledad.

Los abrazos no son solo una cuestión emocional. Son, como decía antes, un asunto de química. En momentos de desesperación, el cuerpo nos pide abrazos porque su efecto va más allá de la sensación de calidez. Ese contacto físico genera una respuesta fisiológica que regula nuestra presión arterial, reduce los niveles de cortisol (esa molesta hormona del estrés), y nos ayuda a equilibrar nuestro sistema nervioso. Cuando nos sentimos frágiles, esa sensación de seguridad que nos proporciona un abrazo puede ser la clave. Nos recuerda que, a pesar de las tormentas emocionales, estamos sostenidos, tanto física como emocionalmente.

PARTE 2

EL SER INDIVIDUAL

EL PODER DE SER QUIEN ERES

Hoy te sientes distinto / Porque eres distinto
Lo que fue siempre lo mismo y cambió / Permanecía oculto en ti
Y ahora está tan claro / Es un día soleado y no hay confusión
E. BUNBURY (DESPIERTA)

¿**C**uántas veces te has sentido perdido, sin saber realmente quién eres o por qué no encajas con lo que los demás «entienden» de ti? En la vida, todos atravesamos momentos de confusión donde parece que nos falta algo, como si estuviéramos buscando un propósito fuera de nosotros mismos, en otros, en lo que nos dicen que debemos ser. La verdad, sin embargo, es que muchas veces lo que necesitamos no es hacer más o ser lo que otros esperan. Lo que realmente necesitamos es **mirar hacia adentro.**

A veces, ese proceso de autodescubrimiento no es fácil, y nos lleva por caminos inciertos. Muchas veces nos vemos rodeados de consejos y sugerencias sobre lo que deberíamos ser, pero eso solo nos deja más confundidos.

Si nos dedicamos a cuestionarnos constantemente y en lugar de confiar en nuestras propias posibilidades estamos siempre pidiendo a otros que nos validen, quedamos a merced de las opiniones ajenas. Es decir, al final haremos lo que ellos quieran que hagamos sin observar qué queremos hacer de verdad, siguiendo consejos y normas que nos indican el camino. Es verdad que tener esa guía es tranquilizador, pero no va a solucionarnos nada, ya que estaríamos viviendo la vida de otra persona.

En el relato que se añade a continuación, el árbol protagonista se debate entre seguir uno u otro consejo para alcanzar una supuesta perfección muy alejada de sus expectativas reales:

«Había una vez, en un lugar que podría ser cualquier rincón del mundo, un hermoso jardín lleno de manzanos, naranjos, perales y bellísimos rosales. En este jardín, la alegría reinaba, y todos los árboles se sentían satisfechos y felices. Sin embargo, había uno que se destacaba por su profunda tristeza: un árbol que no daba frutos.

»—No sé quién soy –se lamentaba el árbol, sintiéndose perdido en su desdicha.

»—Lo que te falta es concentración –le decía el manzano– Si realmente lo intentas, podrás tener deliciosas manzanas. ¿Ves qué fácil es?

»—No lo escuches –exigía el rosal– Es mucho más sencillo tener rosas. ¿Ves qué bellas son?

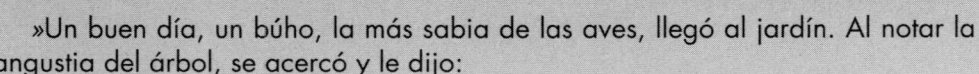

»Desesperado, el árbol intentaba seguir los consejos de sus compañeros, pero, a pesar de sus esfuerzos, no lograba ser como los demás. Esto solo aumentaba su frustración.

»Un buen día, un búho, la más sabia de las aves, llegó al jardín. Al notar la angustia del árbol, se acercó y le dijo:

»—No te preocupes, tu problema no es tan grave; es el mismo que enfrenta muchísima gente en la Tierra. Es la manera en cómo enfocas lo que te hace sufrir.

»—No dediques tu vida a ser como los demás quieren que seas. Sé tú mismo. Conócete a ti mismo tal como eres. Y para lograrlo, escucha tu voz interior.

»Y con esas palabras, el búho se marchó, dejando al árbol con muchas preguntas.

»—¿Mi voz interior...? ¿Ser yo mismo...? ¿Conocerme...? —se cuestionaba el árbol, sumido en la desesperación.

»El árbol se dedicó a reflexionar durante un buen rato. Finalmente, de repente, comprendió. Cerrando los ojos y los oídos, abrió su corazón y escuchó su voz interior, que le decía:

»—Tú jamás darás manzanas porque no eres un manzano, ni florecerás cada primavera porque no eres un rosal. Eres un roble, y tu destino es crecer grande y majestuoso. Dar cobijo a las aves, sombra a los viajeros y belleza al paisaje. Eso es quién eres. ¡Sé lo que eres!».

A lo largo de nuestras vidas, hay diversos factores que influyen en la manera en que nos percibimos y nos comportamos. Desde la infancia, nuestros padres, familiares y amigos juegan un papel crucial en la formación de **nuestra identidad.** Pero no son los únicos; los medios de comunicación, la publicidad y las redes sociales también ejercen una presión significativa sobre nosotros. Este entorno a menudo nos obliga a esforzarnos para adaptarnos a **moldes predefinidos,** a buscar la aprobación y a encajar en lo que creemos que los demás esperan de nosotros.

Ese deseo de ser aceptados y queridos puede llevarnos a una lucha interna por ser quienes no somos realmente. Este proceso genera un profundo malestar psicológico y un sufrimiento que puede manifestarse en múltiples formas: ansiedad, inseguridad, baja autoestima y, en algunos casos, depresión. Cuando nos alejamos de nuestra esencia y comenzamos a ponernos máscaras para agradar a los demás, perdemos una parte fundamental de nosotros mismos.

La única vía hacia el bienestar radica en la aceptación de la propia identidad. Ser uno mismo es, en efecto, la única posibilidad de experimentar la vida de manera plena y satisfactoria. Este viaje de autoconocimiento es crucial; hay que dedicar tiempo para descubrir quiénes somos realmente, qué nos gusta, cuáles son nuestros valores y qué nos apasiona.

Debemos evitar la trampa de **la comparación,** que solo alimenta la insatisfacción y el malestar. En lugar de medirnos con los estándares impuestos por la sociedad o por nuestros círculos sociales, debemos centrarnos en lo que realmente nos hace sentir bien.

Pregúntate: ¿qué me gusta? ¿qué me hace sentir pleno? ¿cuáles son mis sueños y deseos? Al explorar estas preguntas, te verás liberado de las limitaciones que otros han impuesto sobre ti. Cuando finalmente aceptas y **abrazas tu verdadero yo,** descubrirás la alegría y la libertad que provienen de ser auténtico. Es un camino que requiere valentía y esfuerzo, pero los beneficios son incomparables. Ser uno mismo es, sin duda, la mejor forma de disfrutar de la vida.

ERES EL PROTAGONISTA DE TU VIDA

Parafraseando a medias a David Bowie, podríamos ser héroes, pero no solo por un día, como dice la canción, sino para toda la vida. Porque ser un héroe en la vida real no implica hazañas épicas ni salvar al mundo en un acto deslumbrante. Ser héroe es, en realidad, un compromiso profundo con uno mismo: tomar el control, ser el **protagonista** de tu propia historia y vivir con autenticidad. Ser héroe significa tener la valentía de ser quien realmente eres, de dejar atrás el miedo a no encajar en moldes ajenos, y de ser capaz de enfrentarte a los desafíos de la vida con fuerza.

A lo largo de nuestra vida, solemos pensar que somos actores secundarios en lugar de los verdaderos protagonistas, como si todo lo que nos sucede dependiera de otros o del destino. Pero, en realidad, cada uno de nosotros tiene el poder de escribir su propia historia.

El psicólogo **Jerome Bruner** explicó que las personas entendemos la vida de dos maneras diferentes. Algunas veces usamos un enfoque más lógico y analítico, viendo la vida como una serie de problemas que necesitamos resolver. Otras veces, nos dejamos llevar por las emociones y vivimos nuestras experiencias como si fueran capítulos de una historia, con momentos buenos y malos. En este último caso, **interpretamos cada etapa** de nuestra vida a través de lo que sentimos, como si fuera un libro que estamos escribiendo y que todavía tiene páginas en blanco por llenar.

El problema es que, aunque nos guste pensar en la vida como una historia, muchas veces no nos vemos a nosotros mismos como los protagonistas. En lugar de llevar las riendas, nos sentimos atrapados por lo que los demás hacen o por las circunstancias que nos rodean. **Albert Ellis,** otro psicólogo, decía que solo empezamos a vivir plenamente cuando aceptamos que somos responsables de nuestra propia vida. No podemos culpar a nuestros padres, a la política o a la suerte por lo que nos pasa. En el momento en que entendemos esto, nos damos cuenta de que tenemos el control para cambiar nuestro destino.

Ser el protagonista de tu vida significa aceptar que tú tienes el poder de decidir qué viene después, sin importar cuán difíciles hayan sido los capítulos anteriores. A veces, nos quedamos atascados en momentos dolorosos o complicados, como si no pudiéramos avanzar. Pero eso no es verdad. El dolor o el sufrimiento son solo partes de la historia, no todo el libro. **Michael White y David Epston,** creadores de la **terapia narrativa,** nos enseñan que siempre podemos empezar un nuevo capítulo. No importa cuán mal hayan ido las cosas, siempre tenemos la oportunidad de cambiar el rumbo.

Ser un héroe, por tanto, no significa hacer cosas extraordinarias, como descubrir una cura o cruzar un desierto. Significa tomar decisiones que te ayuden a avanzar, ser consciente de que tú decides cómo reaccionar ante lo que te pasa. Todos nos cruzamos con dificultades, pero eso no significa que tengamos que quedarnos atrapados en ellas. Podemos reescribir nuestra historia una y otra vez.

El verdadero reto es aceptar cada parte de nuestra historia, incluso los momentos duros, y seguir adelante. Es hora de dejar atrás lo que ya no nos sirve, cerrar esos capítulos, y escribir otros que estén llenos de fuerza, autenticidad y esperanza.

NUESTRO ROL CAMBIA INEVITABLEMENTE

La vida nos asigna roles desde el momento en que nacemos. El primero y más fundamental es el de hijo, ese papel con el que nos acostumbramos a ver el mundo, aprendiendo de quienes nos rodean, dejándonos guiar y formando nuestra identidad. Pero ¿alguna vez te has parado a pensar en cómo, poco a poco, dejamos de ser solo hijos? ¿En qué momento empezamos a tener otros papeles? Es un proceso natural, casi inevitable, que trae consigo el reto de encontrar un equilibrio entre lo que queremos ser y lo que necesitamos ser para los demás.

El psiquiatra **Eric Berne,** en su **teoría de los «roles» y «guiones» en la vida,** describe cómo todos tenemos un papel en nuestras relaciones, como si fuéramos actores en una obra en constante cambio. Al principio, el guion es claro: somos los hijos, los que no toman decisiones. Pero el libreto no es tan fijo como creemos, y con el tiempo, sin apenas darnos cuenta, va cambiando. ¿Qué sucede cuando el hijo empieza a tomar decisiones por sí mismo? ¿O cuando, de repente, se convierte en el adulto que da consejos, que cuida, que guía? Es ahí cuando entra en juego la interpretación que elegimos dar a nuestro papel.

Esta transición a roles «mixtos» puede ser complicada, pero también es una **oportunidad única de evolución.** Es un momento en el que puedes decidir cómo interpretarlo: si como una carga que simplemente aceptas, o como una oportunidad para crecer y aprender nuevas formas de relacionarte. La elección es, en muchos sentidos, tuya. Y aunque la vida nos impone responsabilidades que a veces parecen venir sin aviso, siempre tenemos la libertad de definir cómo vivirlas. Esa interpretación es la que puede hacer que estos roles sean más llevaderos o que, por el contrario, se vuelvan pesados y hasta agobiantes.

Pero con esta **libertad de elegir** viene también una responsabilidad que no podemos ignorar. Aceptar un rol en su totalidad implica aceptar las consecuencias que trae consigo. Por ejemplo, si decides ser independiente y separarte económicamente de tus padres, esa elección tendrá sentido cuando te haces cargo de todas las implicaciones: pagar tus propios gastos, administrar tu dinero y aceptar el coste de tu autonomía. Elegir un papel sin **asumir las responsabilidades** que conlleva es quedarse a medias y, al final, termina por hacer que tanto la autonomía como la relación sean incompletas. Esta congruencia entre lo que decidimos y lo que asumimos es la base de cualquier rol que queramos desempeñar, y es lo que nos permite vivir de acuerdo con nuestros valores y con autenticidad.

Asumir un papel más activo en la vida de nuestros padres no significa reemplazarlos. Es natural que en algún punto la dinámica se transforme, especialmente cuando los padres se van haciendo mayores, o cuando nos enfrentamos a cambios significativos como la separación o pérdida de uno de ellos. Estos momentos nos mueven a replantearnos nuestro papel: ya no somos los niños que solo reciben; ahora somos adultos que tienen algo que ofrecer. Sin embargo, ayudar no significa sustitución. Si un padre o una madre ya no está y decides apoyar más a tu familia, no estás ocupando el lugar de nadie. Estás **ajustando tu rol,** y eso es parte de la evolución.

¿Y cómo se maneja esta mezcla de roles sin perdernos a nosotros mismos en el camino? Aquí entra la importancia de elegir conscientemente los límites de ese rol. Puede ser que decidas estar disponible para tus padres en momentos clave, pero eso no quiere decir que debas abandonar tus propio proyecto de vida, tus amigos, o tus propios hijos. Elegir conscientemente cómo interpretas tu rol es lo que te permitirá mantener tu identidad mientras cumples con las responsabilidades que la vida te trae.

Es fácil sentirse atrapado en una especie de **conflicto interno** cuando intentamos poner en una balanza las demandas de nuestra familia con nuestros propios deseos. La culpa y el deber son dos emociones que suelen aparecer. Pero aquí es donde debemos tener en cuenta un principio esencial: la ayuda que brinda-

mos a los demás es verdadera cuando nace desde un lugar de equilibrio y no de sacrificio constante. Cuando decides cómo quieres jugar tu papel es cuando estás tomando el control de tu historia. Puede que en algunos momentos esto signifique decir algo parecido a: «hoy no puedo, pero mañana estaré aquí», o poner en práctica la habilidad de decir no sin sentirte mal. Esto no es un tipo de egoísmo, sino, como decimos los psicólogos, una forma de autoconservación, algo que te ayuda a estar emocionalmente disponible sin perderte de vista a ti mismo.

Este enfoque consciente hacia el cambio de roles no solo facilita las transiciones familiares, sino que también nos libera de la presión de «hacerlo todo bien» o de cumplir con expectativas que pueden ser demasiado altas. Y si alguna vez sientes que el rol que te corresponde te abruma, recuerda que hay opciones. Pregúntate: ¿esto es lo que realmente quiero hacer? ¿O estoy actuando solo por inercia o por la presión de cumplir? Reflexionar sobre estas preguntas te ayudará a decidir si quieres asumir ese rol completamente o buscar apoyo en otras personas. A veces, simplemente **reconocer que necesitamos ayuda** es suficiente para aligerar el peso y hacer que el camino sea más llevadero.

La clave, entonces, es recordar que, aunque los roles pueden parecer inamovibles, tenemos la capacidad de moldearlos a lo largo de nuestras vidas. Es posible que en algún momento te toque actuar como un cuidador, en otro como un consejero, y luego, tal vez, volver a ser simplemente hijo. Pero cada fase es una oportunidad para aportar lo mejor de ti, a tu manera y sin dejar de lado quién eres. Porque, en el fondo, el verdadero crecimiento está en aprender a equilibrar lo que hacemos por los demás con aquello que necesitamos para nosotros mismos, eligiendo con responsabilidad y consciencia en cada etapa de nuestra vida.

LAS CRISIS VITALES

¿Alguna vez has tenido esa sensación de vacío que parece no llenarse con nada? Ni el dinero, ni el éxito, ni siquiera las distracciones pueden saciar esa necesidad profunda de encontrar un sentido más grande. Quizá no lo sabías, pero eso que sientes es más común de lo que parece. La verdad es que las crisis vitales nos visitan a todos, en cualquier momento y a cualquier edad. Y lo más curioso de todo es que, lejos de ser algo negativo, estas crisis pueden ser **una oportunidad para crecer y transformarnos.**

¿Conoces la famosa «crisis de los 40»? Esa que se presenta como un hito en la vida de cualquier persona, ese momento en el que parece que el mundo se para y empiezas a cuestionar si realmente has vivido como querías. Pero la realidad es que la crisis no tiene una edad exacta. Hay crisis de los 20, de los 30, de los 50… Seguro que la que más te suena es la tuya, y puede que llegue sin previo aviso, incluso cuando menos te lo esperas.

Erikson, un psicólogo que entendió bien este fenómeno, describió estas crisis como momentos clave en los que las personas se enfrentan a importantes transformaciones. Son momentos en los que se nos desafía a **reevaluar** lo que hemos hecho hasta ahora, a cuestionar nuestras decisiones y a replantearnos nuestro camino. A veces, incluso puede sentirse como si todo lo que habías construido se estuviera derrumbando. Y, aunque eso suene aterrador, en realidad es una señal de que estás listo para algo nuevo. ¡Sí, has oído bien! Las crisis son una especie de **reset emocional,** una oportunidad para volver a empezar.

Es fácil pensar: *«¿Qué he hecho con mi vida?»*, sobre todo cuando estás atrapado en una rutina que no te llena. Muchas veces, hemos vivido según las expectativas de los demás. Hemos tomado decisiones basadas en lo que se espera de nosotros, ya sea en la familia, en el trabajo o en las relaciones. Y lo peor de todo es que, al principio, puede parecer la opción más fácil. Pero llega un momento, generalmente entre los 30 y 50 años, en el que te preguntas: *«¿Y yo? ¿Qué quiero yo realmente?»*.

No te juzgues. Vivir así no es un error. No cometemos un error queriendo agradar o cumplir con lo que otros esperan de nosotros. De hecho, muchas veces esa es la forma en la que mejor funcionamos, porque buscamos pertenecer, ser aceptados. Pero ¿qué pasa cuando ya no nos sentimos cómodos en ese papel? Es cuando el vacío empieza a aparecer, cuando nos damos cuenta de que ni el dinero, ni el éxito, ni el entretenimiento nos llenan como antes. Y no pasa nada. Todos pasamos por eso en algún momento. Es parte del proceso. Nos pasa a todos, no importa el entorno en el que estemos o lo que creamos que hemos logrado.

Ahora bien, ¿cómo vas a afrontar eso? Lo primero es **normalizarlo.** Las crisis no son algo malo. Son solo momentos en los que se nos invita a detenernos, a pensar, a reflexionar. Y no es un proceso fácil ni rápido. Puede que te sientas perdido al principio, pero esa sensación de estar fuera de control es, en realidad, una puerta abierta hacia una nueva forma de ver la vida. ¿Y sabes qué? Este proceso de autodescubrimiento nunca tiene fecha de caducidad. Nunca es tarde para empezar.

Hay algo en particular que es crucial en estos momentos de crisis, y es aprender a apagar el piloto automático. ¿Cuántas veces hemos vivido la vida sin cuestionar lo que realmente queremos? La **rutina** nos atrapa y vamos por ahí cumpliendo con lo que se espera de nosotros. Pero cuando estás en una crisis, es el momento perfecto para frenar y preguntarte: «*¿Qué quiero realmente para mí?*». No lo que los demás esperan, no lo que la sociedad dicta, sino lo que, en lo más profundo de tu ser, anhelas.

Parece sencillo, ¿verdad? Pero, en la práctica, nos cuesta. Y es que, muchas veces, lo primero que viene a la mente es lo que no queremos. «Estoy harto de mi trabajo», «no quiero seguir viviendo de esta forma» … Pero si sigues enfocándolo así, todo lo que haces es aumentar el vacío. El truco está en **cambiar el foco,** en pensar: «*¿Qué es lo que sí quiero?*». A veces, la respuesta está mucho más cerca de lo que crees.

Recuerda que estas crisis no son un castigo ni una señal de que has hecho algo mal. Son la oportunidad de **tomar el control de tu vida,** de liberarte de lo que no te pertenece y de empezar a construir lo que realmente quieres. Entonces, ¿por qué no aprovechar este espacio para empezar de nuevo? Si en este momento te sientes perdido, no te preocupes. Todos hemos estado ahí. Lo importante es que, al final del día, tienes el poder de cambiar, de reinventarte y de empezar a vivir de acuerdo a los que tú quieres. Las crisis, lejos de ser un obstáculo, son simplemente la antesala de un nuevo comienzo.

SER NORMAL

¿Qué significa ser normal? Piensa en ello por un momento. Quizás lo primero que te venga a la mente sea algo relacionado con **encajar,** pasar desapercibido, o hacer lo que hace la mayoría. Ahora bien, ¿de verdad queremos eso? Ya lo decía Carl Jung: «La conformidad es el refugio de quienes temen conocerse a sí mismos». Y tenía razón: ser «normal» a veces significa renunciar a ser el protagonista de tu propia vida.

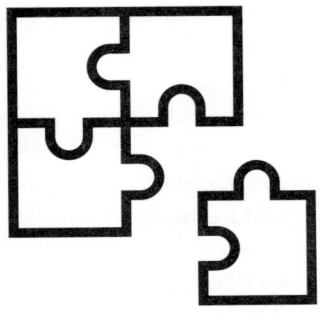

Desde la psicología social, lo «normal» no es más que un consenso arbitrario. **Sergey Moscovici**, psicólogo francés reconocido por sus estudios sobre las minorías, señaló que las normas sociales no surgen de verdades universales, sino de lo que la mayoría considera adecuado. Dicho de otro modo, «normal»

es simplemente lo que hacen los demás. ¿Te has fijado en cómo incluso en algo tan cotidiano como usar un traje en la oficina, las decisiones se toman casi por inercia? Nadie te obliga, en la empresa no hay ninguna norma que lo obligue, pero ahí estás tú, eligiendo entre azul marino o gris, porque es lo que hacen todos tus compañeros.

¿Por qué nos afecta tanto? Moscovici explica en sus estudios que las minorías que se salen del molde se enfrentan a una presión constante. Al principio, la incomodidad es inevitable; nuestras hormonas están diseñadas para **mantenernos dentro del grupo.** Somos criaturas sociales, y el rechazo activa los mismos mecanismos que el dolor físico. Pero aquí viene lo interesante: esas minorías coherentes tienen el poder de transformar las normas. Al ser evaluadas constantemente, desarrollan una claridad y una solidez interna que las hace ser protagonistas de su propia historia.

Ahora bien, ¿cómo se traduce esto en tu vida? Imagina que, en lugar de vivir según lo que los demás esperan, decides ir siguiendo tu propio camino. Como en cualquier historia, habrá momentos difíciles: críticas, miradas extrañas, incluso dudas internas. Pero, con el tiempo, vivir en coherencia contigo mismo trae recompensas que van más allá de lo social. **David Weeks,** quien estudió a las personas excéntricas, descubrió que estas personas suelen ser más felices, tener mejores relaciones con sus amigos y se sienten más satisfechas con sus vidas.

¿Y sabes por qué? Porque ser auténtico te ahorra energía. Fingir, en cambio, es agotador. Es como tratar de interpretar un papel secundario, cuando lo que de verdad quieres es tener el papel principal. Oscar Wilde lo resumió de forma brillante: «Sé tú mismo, los demás puestos ya están ocupados».

EL EGO

¿Quién eres de verdad? No lo que dices en tu perfil de redes sociales ni lo que creen tus amigos cuando te ven siempre tan seguro de ti mismo, sino quién eres en esos momentos tranquilos, cuando nadie te mira. Esa pregunta, tan simple y tan complicada, tiene mucho que ver con el ego, esa construcción que, aunque parezca que siempre estuvo ahí, es más moderna de lo que podrías imaginar.

Si viajáramos a la Edad Media, nos encontraríamos con personas que no estaban obsesionadas con la idea de «conocerse a sí mismas». No tenían libros de autoayuda, ni espejos decorativos en casa, ni mucho menos frases motivacionales en las paredes. En aquel entonces, lo importante era ser parte de algo más

 grande: la comunidad, la religión, la familia. Y luego, llegó el Renacimiento, esa explosión de arte y ciencia que cambió el juego. Con Miguel Ángel pintando el techo de la Capilla Sixtina y Da Vinci diseñando inventos imposibles, surgió una nueva idea: «Yo soy importante, único, especial».

Claro, no hay nada de malo en quererse un poco, ¿verdad? Pero ese **«yo especial»** empezó a inflarse con el tiempo. Entre confesiones religiosas, revoluciones industriales y redes sociales (porque sí, todo esto tiene su continuidad lógica), el ego pasó de ser una chispa que te hace sentir humano a convertirse en una hoguera que a veces quema. Hoy vivimos en una cultura que nos dice que debemos destacar, ser mejores que los demás y, a la vez, no pasarnos de listos para que la gente no nos mire mal.

Por supuesto, no en todas partes funciona igual. Si le preguntas a alguien en China quién es, probablemente te diga algo como: *«Soy parte de mi familia»* o *«Soy como los demás»*. En Occidente, la respuesta casi siempre empieza con un «Yo»: «Yo soy creativo», «Yo soy bueno en esto» o, incluso, «Yo soy terrible en aquello». Esta diferencia no es casualidad; es el resultado de siglos moldeando cómo nos vemos a nosotros mismos y cómo queremos que los demás nos vean.

El problema es que el ego puede ser tanto tu mejor amigo como tu peor enemigo. Un ego inflado nos convierte en esa persona que necesita atención constante, como un globo que no puede dejar de hincharse sin estallar. Pero tener muy poco ego tampoco es una solución mágica. ¿Te imaginas ir por la vida pensando que no eres bueno en nada, que no destacas, que simplemente no importas? Tampoco suena bien, ¿verdad? Entonces, ¿dónde está el equilibrio?

Aquí es donde entran los famosos **«tres yoes»: el yo real, el yo ideal y el yo que no queremos ser** ni en nuestros peores días. El yo real es quién eres ahora, con tus virtudes, tus defectos y esa costumbre rara que tienes de hablar contigo mismo cuando nadie te escucha. El yo ideal es la versión de ti que imaginas cuando sueñas despierto: más valiente, más exitoso, más todo. Y el yo antagonista… bueno, es ese que temes convertirte, esa parte de ti que evitarías a toda costa.

¿Sabes dónde empiezan los problemas? En la distancia. Cuanto más lejos está tu yo real de tu yo ideal, más frustrado te sientes. Si además ese yo antagonista empieza a asomarse, el miedo y la inseguridad se convierten en tus compañeros de viaje. Y no hay nada más agotador que pelear con uno mismo todos los días.

Así que aquí va un ejercicio práctico: toma un papel y haz una lista de cinco cosas en las que realmente destaques. Ojo, no hace falta que seas un genio en cada una de ellas. Piensa en lo que haces bien, ya sea preparar un café perfecto, escuchar a los demás o hacer reír a tu familia en el momento justo. Esta lista es solo para ti, así que deja las falsas modestias fuera.

Luego, haz las paces con lo que no se te da bien. No eres un desastre, solo un ser humano. La mayoría somos mediocres en el 90 % de las cosas, y eso está bien. En lugar de sentirte mal por ello, fíjate en lo que te motiva. ¿Hay algo que realmente quieras mejorar? Entonces trabaja en ello. Y si no, sigue adelante y enfoca tu energía en lo que sí importa.

El ego no tiene que ser un enemigo. Con un poco de realismo y mucho sentido del humor, puede convertirse en tu aliado. Porque, al final, no se trata de ser mejor que los demás ni de cumplir con las expectativas que otros tienen para ti. Se trata de ser lo suficientemente honesto contigo mismo para aceptar quién eres, con todo lo bueno y lo malo que eso implica.

¿Listo para ese desafío? Porque, si lo piensas bien, ese equilibrio entre quererte y reírte de ti mismo es una de las formas más liberadoras de alcanzar la independencia emocional.

NARCISISMO. CUANDO TU EGO ESTÁ INFLADO

¿Te sientes como la estrella de tu propia película? Siempre hay una cámara enfocándote, filmando cada paso que das como si fueras el centro de atención de todo. Es un sentimiento bastante común y hasta divertido en pequeñas dosis. Pero el problema surge cuando empiezas a vivir como si ese fuera el único guion que existe, como si nadie más tuviera una historia que contar. Así es como el narcisismo hace su entrada: una versión encantadora pero incómoda del ego inflado, que puede ser tan atractivo como profundamente solitario.

Para entender este fenómeno, pensemos en Kevin Pearson, de *This Is Us*. A primera vista, parece tenerlo todo: belleza, talento, fama… Pero, tras la fachada, su vida es un desfile de soledad y **vacío emocional.** Kevin no busca afecto; busca admiración. Vive pendiente de una imagen que no ha construido para sí mismo, sino para complacer a los demás. El resultado es una vida plagada de relaciones superficiales y una insatisfacción que nunca desaparece. Y aunque parezca un caso extremo, la realidad es que muchos de nosotros podemos reconocer fragmentos de esa búsqueda desesperada por validación en nuestra propia vida.

El problema no es solo personal; vivimos en una época que fomenta el narcisismo. Las redes sociales nos invitan a convertirnos en marcas personales, midiendo nuestro valor en «me gusta» y seguidores. Lo que debería ser una herramienta para conectar, a veces se transforma en un escenario donde buscamos atención constante, olvidando que la admiración nunca sustituye al afecto real. Este fenómeno no es exclusivo de la fama o de las generaciones jóvenes. La llamada «generación yo», descrita por **Jean Twenge,** refleja cómo las personas criadas con el mensaje de «tú puedes lograr lo que quieras» han llegado a priorizar la autoimportancia sobre la conexión entre las personas. ¿El resultado? Un desfile de egos que buscan ser únicos pero que, paradójicamente, terminan atrapados en patrones idénticos.

El narcisismo no surge porque sí. En muchos casos, es un **mecanismo de defensa.** Detrás del «mírame, soy increíble» se esconde un «por favor, no te acerques demasiado». El ego inflado aerostático eleva tanto al narcisista que pierde contacto con las personas a su alrededor. Aunque desde fuera pueda parecer alguien seguro de sí mismo, en realidad utiliza este ego como un escudo para protegerse de su mayor temor: la vulnerabilidad. Es el caso de Kevin, cuya necesidad de  validación constante lo empuja a buscar relaciones que lo engrandezcan, pero que nunca llegan a nutrirlo. Así, el narcisismo crea un círculo vicioso: cuanto más lo admiran, más vacío se siente.

¿Cómo puedes saber si tu ego está jugando en tu contra? No todos los narcisistas son iguales, pero hay señales claras: la necesidad constante de ser el centro de atención, la competitividad extrema que te impide celebrar el éxito de los demás, y una intolerancia a la crítica que convierte cualquier comentario constructivo en un ataque personal. También está el «experto narcisista», esa persona que, más que compartir su conocimiento, lo usa como arma para imponerse. Es el enólogo que menosprecia tus elecciones de vino o el aficionado al fútbol que no puede creer que no conozcas todas las alineaciones de tu equipo favorito.

El problema de este comportamiento no es solo que aísla a las personas a su alrededor, sino que también las aísla de sí mismas. El narcisismo les impide desarrollar una independencia emocional real. Cuando tu valor depende de la admiración externa, cualquier crítica o falta de atención puede convertirse en un golpe devastador para tu autoestima. Por eso, trabajar en este aspecto no es solo un acto de generosidad hacia los demás, sino también un regalo para ti mismo.

Una de las claves para gestionar el ego inflado es practicar la **empatía.** Intenta ver el mundo desde la perspectiva de los demás, no como un escenario en el que tú eres la estrella. Escuchar sin interrumpir puede parecer un detalle pequeño, pero tiene gran impacto. También es fundamental **cuidar las relaciones** más cercanas. Las conexiones reales no se basan en impresionar, sino en compartir vulnerabilidades. Pide a alguien cercano que te diga cómo se siente contigo y, más importante aún, escucha con una mente abierta. Reflexiona sobre tu necesidad de validación: ¿estás haciendo algo por ti o para que te aplaudan? Este pequeño ejercicio de autoevaluación puede ser revelador.

Por supuesto, el narcisismo tiene su lado oscuro, sobre todo cuando se combina con la falta de empatía y la manipulación, formando lo que los psicólogos llaman la **tríada oscura.** En este caso, el narcisista no solo busca admiración, sino que está dispuesto a aplastar a los demás para conseguirla. Sin embargo, incluso en estos casos extremos, no todo está perdido. El ego puede convertirse en una herramienta positiva si aprendemos a manejarlo. Cuando dejas de verlo como un medio para competir y lo usas para dar lo mejor de ti, el narcisismo puede transformarse en una fortaleza.

Al final, no se trata de eliminar el ego —algo imposible— sino de encontrar el famoso equilibrio. El desafío está en usar esa energía para construir relaciones profundas y auténticas, en lugar de quedarte atrapado en una búsqueda interminable de admiración. Lo que realmente importa no es cuántos «me gusta» recibes, sino cuántos vínculos reales eres capaz de crear. Así que tal vez sea el momento de bajar del pedestal en el que te encuentras y descubrir cómo de lejos puedes llegar con los pies en la tierra.

CONVIVIR CON UN NARCISISTA

¿Tienes en tu entorno a alguien que siempre tiene razón, nunca se equivoca y, si por un milagro divino lo hace, seguramente es culpa tuya? Probablemente has convivido con un narcisista. Y no, no estás solo; estas personas parecen ser imanes de atención. Su carisma inicial, su capacidad para envolvernos con palabras (a veces incluso con una sonrisa digna de película), los convierte en las estrellas de cualquier sala. Pero detrás de esa fachada brillante, ¿qué se esconde? Más importante aún: ¿cómo puedes convivir con alguien así sin perder tu paz mental ni tu sentido del humor?

El narcisista, aunque parezca el ser más seguro de sí mismo, carga con una contradicción profunda: proyecta superioridad para enmascarar una **inseguridad** que jamás admitirá como ya sabemos. En su mundo, son el centro del universo, y los demás solo orbitamos a su alrededor. Esto no significa que sean malvados o imposibles de tratar; simplemente tienen una manera de relacionarse que puede ser… agotadora.

Entonces, ¿cómo manejar la convivencia con alguien que minimiza tus logros, evita asumir responsabilidades y se resiste a cambiar? La clave, paradójicamente, no está en cambiar al narcisista, sino en aprender a convivir con él sin comprometer tu independencia emocional. Como bien señala la teoría de **Daniel Goleman** sobre inteligencia emocional, nuestra capacidad para gestionar las relaciones conflictivas está directamente relacionada con nuestro autoconocimiento y autocontrol.

Primero, acepta que no puedes «arreglarlos». Por mucho que quieras ayudarles a superar sus inseguridades (que las tienen, aunque las escondan), el cambio debe venir de ellos. Y, seamos sinceros, las probabilidades de que reconozcan la necesidad de cambiar son tan bajas como ganar la lotería sin comprar un décimo.

Lo que sí puedes hacer es **establecer límites claros.** Esto no significa enfrentarse con ellos de manera directa, porque, para ellos, cualquier crítica, por más constructiva que sea, es un ataque personal. En cambio, haz uso de la **asertividad.** Por ejemplo, si constantemente intentan imponer su visión sobre la tuya, podrías responder con algo como: «Entiendo tu punto de vista, pero yo veo las cosas de otra manera y prefiero actuar según mi criterio». Es firme, pero no agresivo.

Otra estrategia útil es el **sentido del humor.** Aunque parezca contradictorio, desdramatizar las situaciones puede aliviar tensiones. No se trata de burlarte de ellos, sino de restar peso a sus comentarios o actitudes. Por ejemplo, si insisten en recalcar su superioridad en algo, puedes responder con una sonrisa: «Bueno, supongo que todos necesitamos un superhéroe en nuestras vidas».

Eso sí, recuerda **protegerte emocionalmente.** Una forma efectiva de hacerlo es evitar tomar sus comentarios como ataques personales. En la mayoría de los casos, lo que dicen refleja más sobre ellos que sobre ti. ¿Te minimizan? Probablemente se sienten amenazados. ¿Te interrumpen constantemente? Tal vez buscan reafirmar su control en la conversación. Reconocer estas dinámicas te permitirá mantener la calma y no entrar en su juego.

Por último, considera la opción de «filtrar» tu relación. Esto no significa distanciarte por completo (a menos que sea necesario), sino limitar el tipo de interacciones que tienes con ellos. No necesitas compartir tus inseguridades o problemas con alguien que podría usarlos para su beneficio.

Convivir con un narcisista es un ejercicio constante de equilibrio y paciencia. Pero también es una oportunidad para fortalecer tu independencia emocional. Aprender a navegar estas relaciones sin perderte a ti mismo es una forma poderosa de cultivar tu propio bienestar. Y si algún día decides apartarte de su órbita, hazlo con la tranquilidad de saber que no necesitas la validación de nadie para brillar por tu cuenta.

LA INSEGURIDAD PERSONAL

¿Alguna vez te has sentido como si estuvieras siendo observado constantemente? Como si todo lo que haces estuviera siendo grabado, con un público invisible esperando que cometas un error o haciendo juicios sobre cada paso que das. Lo sé, suena incómodo, pero es exactamente lo que ocurre cuando nos dejamos atrapar por la inseguridad personal. Nos preocupamos tanto por lo que creemos que los demás piensan de nosotros, que terminamos actuando más como si estuviéramos en *Gran Hermano* en vez de estar viviendo nuestra propia vida.

Lo has visto, seguro. El *Show de Truman* es una película que ilustra perfectamente esta sensación. Truman Burbank vive su vida entera creyendo que es libre, que es dueño de sus decisiones, cuando en realidad está siendo grabado 24 horas por cámaras ocultas en su mundo perfecto. Desde el momento en que se despierta hasta que se acuesta, es observado por millones de  personas. Y aunque la mayoría de la gente alrededor de él tiene un papel que jugar en su vida, Truman no lo sabe. Él siente que tiene el control, pero está atrapado en una burbuja. En una burbuja creada por la mirada de los demás. Esa constante observación hace que su vida sea más una *performance* que una experiencia verdadera. Y lo peor es que cuando Truman empieza a sospechar que algo no está bien, se da cuenta de que su mundo entero ha sido construido con la idea de complacer a su audiencia, de cumplir con las expectativas de los demás. Pero ¿quiénes son esos «demás»?

Este es el núcleo de la inseguridad personal: obsesionarnos tanto con lo que creemos que los demás esperan de nosotros que nos olvidamos de lo que realmente sentimos, de lo que realmente queremos. Nos convertimos en actores de una obra que nunca escribimos. Interpretamos los papeles que creemos que se esperan de nosotros: el gracioso, el inteligente, el amable, el perfecto. Pero, al igual que Truman, olvidamos que nuestra vida no es un *show*. Nos cuesta tanto quitarnos esa máscara y dejar de **buscar la aprobación ajena** que no sabemos por dónde empezar. Algunas teorías psicológicas nos ayudan a comprender por qué nos sentimos así:

• Carl Rogers

La inseguridad personal surge cuando hay una discrepancia entre el **yo ideal** (la persona que creemos que debemos ser) y el **yo real** (quiénes somos realmente). Esta brecha nos genera ansiedad porque sentimos que no estamos a la altura de las expectativas que otros, o incluso nosotros mismos, tienen de nosotros. Es como si estuviéramos constantemente tratando de ser una versión idealizada de nosotros mismos, cuando, en realidad, lo que necesitamos es ser auténticos, tal como somos.

• Erik Erikson

En su **teoría del desarrollo psicosocial,** también destaca la importancia de encontrar nuestra identidad para superar esta inseguridad. Según Erikson, la etapa de «identidad versus confusión de rol», especialmente en la adolescencia, pero también a lo largo de toda la vida, es crucial para que podamos comprender quiénes somos y cómo nos relacionamos con los demás. Si no resolvemos esta etapa adecuadamente, podemos caer en la trampa de depender excesivamente de la validación externa, lo que nos hace vulnerables a la inseguridad. Como Truman, cuando no sabemos quiénes somos realmente, nos dejamos llevar por los papeles que otros esperan que desempeñemos.

• Albert Bandura

Su **teoría de la autoeficacia** también nos va resultar útil aquí. Bandura señala que nuestra inseguridad aumenta cuando no creemos en nuestra capacidad para enfrentarnos a las situaciones de la vida. Si no confiamos en nuestras propias habilidades, somos más propensos a depender de las expectativas de los demás, buscando su aprobación para sentir que somos «suficientes». Como en el caso de Truman, cuando no somos conscientes de nuestra capacidad para manejar la vida, la ansiedad por el juicio que nos hacen los demás crece, haciendo que nuestra existencia se convierta en una actuación, en lugar de una experiencia de verdad.

Entonces, ¿qué podemos hacer al respecto? Primero, tenemos que reconocer que esa **«audiencia imaginaria»** no tiene el poder que creemos que tiene. No son los demás quienes deciden lo que debemos ser, sino nosotros mismos. Como en el caso de Truman, el verdadero obstáculo no es el público que nos observa, sino nuestra creencia de que debemos complacerlos. Y, aunque es difícil, podemos empezar a **centrarnos en nosotros mismos.** Cada vez que te sientas observado o juzgado, intenta hacer una pausa. Pregúntate: «¿Estoy siendo yo mismo ahora?, ¿o estoy interpretando un papel para que me acepten?». Es un truco mental, un ejercicio de conciencia. Cuanto más te concentras en lo que realmente sientes y en lo que de verdad necesitas, menos espacio dejas para las expectativas de los demás.

Otro truco sencillo puede ser el siguiente: la próxima vez que te sientas rodeado de miradas invisibles, trata de no mirar directamente a los demás. Sí, como suena. No te enfoques en sus ojos. Si lo haces, tu mente comenzará a pensar que tienes que agradarles, y en lugar de ser tú mismo, intentarás darles lo que ellos creen que esperan de ti. La mirada ajena puede convertirse en una trampa. Entonces, haz lo contrario: centra tu mirada en ti mismo. En tus sensaciones. En lo que te hace sentir bien. ¿Cómo te sientes en ese momento, sin preocuparte por el juicio que te hagan? En cuanto dejes de mirar a los demás con la intención de agradar, empezarás a liberarte de la ansiedad que conlleva estar siempre a la espera de la aprobación ajena.

Es importante entender que la inseguridad personal no se va a resolver de la noche a la mañana. No es algo que se pueda simplemente «apagar». Pero cada pequeño paso hacia la **autosuficiencia emocional,** hacia la autenticidad, es un gran logro. Si lo piensas bien, si Truman hubiera aprendido a mirar más allá de su mundo perfectamente fabricado, a ver más allá de las cámaras y de los papeles que le asignaron, tal vez habría tenido la oportunidad de descubrir que su vida es mucho más que lo que los demás piensan de él. La verdadera libertad no está en el espectáculo, sino en ser uno mismo, sin necesidad de un guion que haya sido escrito antes.

Así pues, la próxima vez que sientas que estás en un *show*, pregúntate: «*¿Quién está escribiendo este guion?*». La respuesta, por sorprendente que parezca, es solo una: tú. Tómate un respiro, olvídate de las cámaras invisibles y concédele más espacio a lo que realmente te mueve. Porque lo único que importa es lo que tú piensas de ti mismo. Y, a veces, ese es el mayor acto de valentía: vivir sin el miedo constante de ser juzgado, dejando que la audiencia imaginaria se disuelva, porque la única mirada que realmente importa es la que tienes sobre ti mismo.

LOS COMPLEJOS
Si alguna vez has estado en una fiesta o reunión y te has sentido como si todos se estuvieran fijando en algo de ti que no te gusta, sabes exactamente de lo que vamos a hablar. Los complejos son esas ideas erróneas que nos formamos sobre

nosotros mismos, esas voces internas que nos dicen que algo de nosotros está mal. Pero lo curioso es que, cuanto más espacio les damos, más crecen. Y no solo crecen, se convierten en esa especie de «bicho» que nos acompaña, que nos hace pensar que todo el mundo nos está mirando por esa característica que no nos gusta.

Puede que no te guste tu altura, tu peso, tu rostro o incluso tu manera de hablar. Hay complejos evidentes, como el miedo a ser menos atractivos físicamente, pero luego están los más invisibles: los complejos emocionales. El **complejo de inferioridad,** por ejemplo, te hace sentir menos que los demás, como si estuvieras jugando en una liga diferente. O el de **superioridad,** que es como tener una capa de Supermán que te hace pensar que siempre tienes la razón (y nadie más tiene voz).

Y ni hablar del complejo de **Peter Pan:** ese miedo a madurar, a tomar responsabilidades. O el de **Cenicienta,** que surge cuando, para ser queridos, sentimos que tenemos que cumplir con las expectativas de los demás. Es como un ciclo de servidumbre emocional. Nos olvidamos de lo que realmente queremos para complacer a los demás. Y todo esto se mezcla en una espiral que, en lugar de hacernos más felices, nos deja atrapados en una espiral sin fin.

¿Por qué tenemos estos complejos? Compararnos con los demás es algo casi automático. Vivimos en un mundo lleno de referencias de lo que «deberíamos» ser, cómo «deberíamos» lucir o qué «deberíamos» hacer. Lo que no vemos es que, al poner nuestro valor en algo tan superficial, nos olvidamos de lo que realmente somos: seres únicos, con virtudes y defectos, pero, sobre todo, con una enorme capacidad de aprender y crecer.

Cuando el complejo toma el control, nos sentimos como si esa característica fuera lo único que importa, como si fuera todo lo que los demás ven de nosotros. Pero la verdad es que las personas no se fijan tanto en eso como creemos, y lo que realmente queda es cómo nos comportamos, cómo nos sentimos, cómo tratamos a los demás. La **psicología cognitiva** nos ayuda precisamente a cuestionar esos pensamientos distorsionados que nos dicen que nuestra valía depende de una sola cosa. Nos enseña a ver esas inseguridades con mayor perspectiva, a darles menos poder, y a cambiar la forma en que nos vemos a nosotros mismos.

Entonces, ¿cómo liberarse de esa carga emocional? La respuesta está en el humor y en aceptar las cosas como vienen y como son. Si logras reírte un poco de tus propios complejos, verás cómo pierden fuerza. No es burlarse, sino aligerar la carga. No se trata de ignorar lo que no te gusta de ti, sino de aprender a convivir con ello sin que te defina. Y lo más importante: deja de enfocarte solo en lo que te hace sentir vulnerable y empieza a ver lo que te hace brillar. Nadie es perfecto, pero todos tenemos algo único que ofrecer.

EL SÍNDROME DEL IMPOSTOR

Es curioso cómo podemos ser nuestros peores jueces. Logras algo importante, recibes elogios, pero, en lugar de sentirte satisfecho, sientes un vacío incómodo, como si todo hubiera sido un accidente o un favor del destino. En silencio, te preguntas cuánto tiempo pasará antes de que alguien descubra «la verdad». Así funciona *el síndrome del impostor*, esa trampa mental que nos hace creer que nuestros logros no son realmente nuestros y que, tarde o temprano, quedará al descubierto nuestra supuesta incompetencia.

Este fenómeno, identificado por las psicólogas **Pauline Clance** y **Suzanne Imes** en los años 70, no es una rareza ni una señal de debilidad. Todo lo contrario. Afecta a personas de todos los ámbitos, desde estudiantes hasta galardonados con varios premios. Maya Angelou llegó a confesar que, incluso después de escribir varios libros, temía que la gente descubriera que en realidad era un fraude. Y si alguien como ella, con tanto talento y reconocimiento, podía sentirse así, ¿qué podemos esperar los demás?

El problema no es la falta de logros, sino la desconexión entre lo que otros ven en ti y lo que tú eres capaz de reconocer. A menudo, esta sensación tiene sus raíces. Crecer en un entorno donde se premia la perfección, o donde los errores se castigan con dureza, puede sembrar la idea de que siempre debemos ser impecables. Luego está el **sesgo de la negatividad,** esa tendencia del cerebro a enfocarse en lo que hacemos mal y minimizar lo que hacemos bien. Es como si lleváramos un contador interno que registra cada fallo en negritas y cada acierto en letra invisible.

Vivir así puede ser agotador. El síndrome del impostor no solo mina tu autoestima, sino que puede convertir cada día en una batalla interna. Te esfuerzas más que nadie, no porque quieras destacar, sino porque temes que alguien descubra tus supuestas carencias. Y aunque logras cosas increíbles, no puedes disfrutarlas porque las atribuyes a la suerte, al azar o a la ayuda de otros. Aceptar un cum-

plido se percibe como un acto de traición, como si al decir «gracias» estuvieras validando una mentira.

Pero no se trata solo de perfeccionismo o inseguridad. En muchos casos, este síndrome está ligado realmente a una **falta de autoconocimiento.** Y esto es así porque las personas que lo padecen tienden a subestimar sus habilidades y a idealizar las de los demás. Ven sus propias fortalezas como algo normal o esperado, mientras magnifican cualquier error o defecto. Es como mirar el mundo a través de un espejo distorsionado: todo lo bueno en ti parece pequeño y todo lo malo parece enorme.

Por supuesto, el síndrome del impostor no es algo que desaparezca de la noche a la mañana, pero hay maneras de empezar a desmontar esa narrativa autodestructiva, como estas:

- **El banco de logros**
  Un cuaderno donde anotes cada pequeño y gran éxito, desde resolver un problema difícil hasta recibir un comentario positivo en el trabajo. Revisar esta lista en momentos de duda puede ayudarte a recordar que tus logros no son fruto de la casualidad.

- **Aprender a aceptar los elogios sin cuestionarlos**
  Cuando alguien te diga «has hecho un gran trabajo», respira, sonríe y di «gracias». Al principio puede ser extraño, incluso incómodo, pero con el tiempo tu cerebro empezará a asociar esos cumplidos con una realidad más objetiva.

- **La terapia cognitivo-conductual**
  También puede ser una gran aliada. Esta técnica te ayuda a identificar los pensamientos irracionales que alimentan el síndrome del impostor y a reemplazarlos por otros más realistas. Por ejemplo, si tu mente dice *«solo tuve suerte»*, puedes contradecir ese pensamiento con hechos concretos: *«Estudié mucho para este examen y me esforcé al máximo»*.

- **Desarrollar un poco de autocompasión**
  Piensa en cómo tratas a un amigo que comete un error: probablemente le ofreces palabras de aliento y le recuerdas sus virtudes. Ahora, imagina dirigir esa misma amabilidad hacia ti mismo. Parece sencillo, pero es un cambio radical para quienes estamos acostumbrados a ser nuestros peores críticos.

La realidad es que nadie, ni siquiera las personas más exitosas, está libre de dudas o inseguridades. Incluso los grandes líderes, artistas y científicos han sentido, en algún momento, que no eran suficientes. Pero lo que los diferencia no es la ausencia de dudas, sino su capacidad para avanzar a pesar de ellas.

La próxima vez que esa voz en tu cabeza intente convencerte de que no mereces estar donde estás, recuerda esto: no has llegado hasta aquí por casualidad. Todo lo que has logrado es resultado de tu esfuerzo, tus habilidades y tu perseverancia.

EL AUTOSABOTAJE: SOMOS NUESTROS PEORES ENEMIGOS

Hay días en los que parece que todo conspira para detenernos, pero la verdad es que, muchas veces, el verdadero obstáculo somos nosotros mismos. Es como si dentro de nuestra mente habitara alguien particularmente cruel, que analiza cada movimiento y se asegura de resaltar todos los fallos posibles antes de que siquiera ocurra algo. Esa vocecita nos dice: «No va a salir bien, ni lo intentes». Y nosotros, fieles espectadores, asentimos sin cuestionarla.

Esa costumbre de **adelantarnos al desastre** nos pone en un terreno peligroso: el del autosabotaje. Empieza con pensamientos que parecen inofensivos, como una pequeña nube gris en un cielo despejado, pero antes de que te des cuenta, se ha convertido en una tormenta que arrasa con tus planes. «No puedo con esto», te dices, y en ese momento decides abandonar. Tal vez ni siquiera lo notas, pero tu **diálogo interno** tiene un impacto enorme en todo lo que haces, o más bien, en todo lo que dejas de hacer.

A veces, nuestras creencias irracionales se suman al espectáculo. ¿Te suena esa idea de que todo saldrá mal porque siempre es así? O esa fantasía de que un día, de repente, algo increíblemente importante cambiará tu vida para siempre. Es como esperar que la piedra filosofal aparezca encima de tu escritorio un lunes cualquiera. Lo cierto es que ese momento mágico casi nunca llega, y, al quedarnos esperando, nos paralizamos. Nos sentimos como **espectadores de nuestra propia vida,** viendo pasar el tiempo sin atrevernos a dar un paso.

Y luego están las decisiones que disfrazamos de cosas imposibles. Decimos: «No he podido hacer tal cosa», cuando, en realidad, simplemente no hemos querido. Pero admitir eso es complicado. A veces, es más fácil echarle la culpa al tiempo, al cansancio o al mal clima. Porque si aceptamos que fue una elección, también debemos aceptar nuestra responsabilidad. Y seamos sinceros: ¿quién quiere cargar con eso?

El autosabotaje es un maestro del disfraz, pero casi siempre viene acompañado de **expectativas poco realistas.** Queremos hacerlo todo perfectamente, sin margen de error, como si el mundo estuviera observándonos con lupa. Es un pensamiento agotador, pero con el tiempo aprendemos algo valioso: a la mayoría de las personas les importamos menos de lo que pensamos. Están demasiado ocupadas con sus propios problemas para analizar cada uno de nuestros movimientos. Entonces, ¿por qué seguimos actuando como si estuviéramos en un escenario frente a un público exigente?

Esa presión autoimpuesta, con frecuencia, nace del miedo. Y aquí es donde la cosa se pone interesante: los miedos no son espontáneos, se aprenden. Tal vez creciste en un entorno donde expresar opiniones era peligroso, o viste cómo otros eran castigados por arriesgarse. Incluso, hoy en día algo tan cotidiano como un comentario desagradable en redes sociales puede reforzar la idea de que es mejor callar que exponerse. El miedo encuentra mil formas de instalarse en nuestra cabeza y echar raíces.

Pero no todo está perdido. Hay formas de cambiar el guion, aunque no sean mágicas ni inmediatas. Una herramienta poderosa es el lenguaje interno. Puede parecer un detalle menor, pero cambiar el «Soy un desastre» por un «Voy a intentarlo» lo hace diferente. No es cuestión de engañarte con optimismo vacío, sino de **practicar un diálogo más amable,** uno que te permita avanzar sin sentirte juzgado.

Escribir lo que piensas también puede ayudarte a salir de ese bucle. Cuando plasmas tus ideas en papel, todo parece menos caótico, más tangible. Es un ejercicio sencillo que te obliga a ser honesto contigo mismo. Quizás descubras que lo que tanto te preocupa no es tan aterrador, o que tus metas son más alcanzables de lo que parecían.

El verdadero desafío está en **reconectar con lo que te motiva.** Muchas veces, nos enfocamos en lo que estamos perdiendo en lugar de lo que podemos ganar. Si tienes que renunciar a una salida con amigos para trabajar en un proyecto personal, en lugar de lamentarte, piensa en lo que estás construyendo para el futuro. No es fácil, lo sé, pero es una perspectiva que vale la pena cultivar.

Con el tiempo, aprendemos a ser **más realistas y menos exigentes** con nosotros mismos. A entender que no todo será perfecto, y eso está bien. La clave está en dar pasos pequeños, en celebrar las victorias cotidianas y en aceptar que equivocarse no es el fin del mundo. Porque, al final del día, lo importante no es ser perfecto, sino seguir avanzando, incluso cuando la voz en tu cabeza te diga que no puedes.

Y ¿sabes qué? Esa voz, aunque parezca molesta, no tiene la última palabra. ¡La tienes tú!

LA RESILIENCIA

Resiliencia. Admitámoslo, no es la palabra más bonita del diccionario psicológico. Tiene un sonido seco, casi rudo, que no hace justicia a lo que significa. La resilencia es la capacidad de levantarse cuando la vida te da una paliza, de seguir avanzando con dignidad, aunque te estén lloviendo piedras. Se la suele comparar con el junco, esa planta que se dobla con el viento, pero nunca llega a quebrarse. La resiliencia vive justo ahí, en ese **equilibrio delicado entre la flexibilidad y la fortaleza.**

Dicen que las crisis son como un paso atrás para tomar impulso y saltar más lejos. ¿Qué opinas? Es fácil sentirse escéptico cuando estás en medio de una tormenta, pero si lo piensas, no deja de tener sentido. Cada caída, por dolorosa que sea, lleva consigo una lección, una oportunidad para aprender algo nuevo. Es como dice Enrique Bunbury en una de sus canciones:

«*Una canción triste para los momentos bajos,*
para sentirte acompañado cuando te sientes vencido.
Una canción triste para cuando estás solo,
cuando no sabes el modo de salir adelante».

Esa letra nos dice algo esencial: a veces, lo único que necesitas para resistir es sentir que no estás completamente solo. Puede ser una canción, una palabra de ánimo o simplemente el recuerdo de que ya superaste cosas difíciles antes. Porque, aunque no lo parezca, todos llevamos dentro la **capacidad de resistir.**

Recuerda la última vez que todo parecía ir en tu contra. Tal vez fue una ruptura que te dejó hecho pedazos o un proyecto que fracasó después de dedicarle meses de esfuerzo. Y, sin embargo, aquí estás. Sigues de pie, quizá con cicatrices, pero también con una fortaleza que no sabías que tenías. Eso es la resiliencia: un recurso que no siempre parece heroico, pero que está ahí, dentro de ti, esperando a que lo necesites.

Un gran ejemplo es el de Thomas Edison, quien vio cómo un incendio arrasaba con su laboratorio y años de trabajo. En lugar de hundirse en la desesperación, encontró la manera de transformar esa tragedia en una nueva oportunidad. Nos recuerda que, aunque no podemos controlar las adversidades, sí podemos decidir cómo enfrentarnos a ellas.

La resiliencia no es algo con lo que nacemos; es algo que **se aprende, se entrena y se refuerza con el tiempo.** Algunos la encuentran en el humor, otros en la introspección, y otros muchos en las conexiones con las personas que los rodean. No importa cómo lo hagas, lo importante es encontrar tu propia fórmula.

En ocasiones, la sociedad nos empuja a demostrar fuerza constantemente, pero no se trata de ser invulnerables. Se trata de ser como un junco: adaptarnos sin rompernos. Una buena forma de empezar a entrenar esta habilidad es mirar hacia atrás y recordar las veces que pensaste que no podrías más, pero aun así seguiste. Escríbelo en un papel si hace falta, para que la próxima vez que te sientas vencido puedas leerlo y decir: *«Si lo hice antes, puedo hacerlo otra vez».*

¿Y tú? ¿Qué haces cuando la vida te pone a prueba? ¿Te refugias en una canción triste, como la de Bunbury? ¿Encuentras fuerza en tus amigos o en un sueño que te empuja hacia adelante? Cada quien tiene su manera, y lo importante es descubrir cuál es la tuya.

Sí, la resiliencia puede ser incómoda, incluso agotadora, pero también es un recordatorio de nuestra capacidad para resistir. Así que la próxima vez que el mundo se te caiga encima, piensa en el junco, en la canción triste o en esa fuerza que, aunque a veces parezca escondida, siempre ha estado contigo. Y sigue adelante, porque tú puedes.

DE TODO SE SALE

Hay días en los que parece que el universo se alinea contra nosotros y nos pone en su lista negra. Te levantas y, de entrada, te golpeas el pie con la esquina de la cama. *«Un día fantástico para ser yo»*, piensas, justo antes de que el café se derrame en la camisa que elegiste porque, por una vez, querías verte presentable. Y así sigue: una cadena de pequeños desastres que te hacen pensar que la vida es, en realidad, un juego de **resistencia emocional.** Pero la buena noticia es esta: de todo se sale. Y no, no es un eslogan vacío de motivación barata. Es una verdad tan simple como poderosa. Aunque en el momento sientas que no vas a lograrlo, aquí estás, leyendo esto, después de haber superado otras mil batallas que, en su día, también parecían imposibles.

El truco no está en evitar los tropiezos, porque eso sería como pedirle al viento que no sople. La clave está en levantarse con estilo, y si es posible, con una pizca de humor. Hace unos años, leí una frase que describía la vida de una forma brillante: *«Es como una lavadora: das vueltas, te revuelcan, y al final sales limpio».* El personaje que lo decía había pasado por un divorcio, había perdido su trabajo y, si todo esto fuera poco, también se enfrentaba a problemas de salud. Sin embargo, lejos de hundirse, encontró la manera de **reconstruirse** poco a poco. ¿Qué tenía este hombre que parecía hecho de acero inoxidable? Resiliencia emocional. Esa capacidad de aguantar los chaparrones sin convertirte en alguien amargado. Su secreto era sencillo, aunque no fácil: cada vez que algo iba mal, se preguntaba: *«¿Qué puedo aprender de esto?».*

Por ejemplo, cuando perdió su trabajo, descubrió que en realidad odiaba su trabajo y que siempre había querido ser chef. Años después, montó un pequeño restaurante que, aunque modesto, le llenaba de orgullo y felicidad. Su historia me recordó algo fundamental: el caos, aunque incómodo, también enseña. En esos momentos donde parece que el mundo se cae a pedazos, ocurre algo curioso. Cuando no tenemos otra opción, solemos salir adelante con una fuerza que no sabíamos que teníamos. Pero ¿qué pasa cuando tenemos tiempo para quedarnos estancados en el drama? Ahí es donde entra la independencia emocional.

No se trata de volverte un robot que no siente nada, sino de gestionar tus emociones sin que el caos externo controle tu mundo interno. Porque, seamos honestos, no puedes evitar que la vida te tire baldes de agua fría, pero sí puedes decidir si te quedas empapado o buscas una toalla. Y en esos momentos críticos, algunas herramientas prácticas pueden ser muy útiles y, como dicen los norteamericanos en las películas, *«marcar la diferencia».* Por ejemplo, **la regla de las 24 horas:** cuando todo parece derrumbarse, date un día para sentir el caos. Llora, grita, come helado directamente del bote si hace falta. Pero al día siguiente, ponte en marcha. Escribe una lista de las pequeñas cosas que sí puedes controlar, aunque parezcan insignificantes.

Además, **cuida cómo te hablas.** ¿Te has dado cuenta de lo cruel que puedes ser contigo mismo? Si cometes un error, lo primero que piensas es algo como: *«Soy un desastre».* Ahora imagina decirle eso a un amigo. Probablemente te quedes sin amigos. En lugar de eso, cámbialo por algo más compasivo:

«Vale, la he liado, pero esto no define como soy. Mañana será otro día». Y si logras encontrar algo de **humor en el caos,** ya habrás ganado. Piensa en las veces que, con el tiempo, una anécdota horrible se convirtió en algo que contaste entre risas: *«Y ahí estaba yo, en medio de la entrevista, con la camisa llena de café y el zapato roto».* Esas historias, aunque no lo parezca, son medallas de guerra.

Nadie sale igual después de un mal momento, pero sí más fuerte. La independencia emocional no te inmuniza contra el dolor, pero te da herramientas para transitarlo con más gracia. Es como ese amigo que te da una palmada en la espalda y te dice: *«Venga, sigue, que aún te queda mucho por hacer».* Así que la próxima vez que sientas que todo está en tu contra, recuérdalo: estás diseñado para superar más de lo que crees. Y cuando salgas del lado oscuro, no solo te habrás demostrado de lo que eres capaz, sino que quizá tengas una buena historia para contar. Al final, siempre seguimos adelante. Y si puedes hacerlo con una sonrisa torcida y un café intacto en la mano, mejor aún.

TOLERAR LA FRUSTRACIÓN ES RESILIENTE

La frustración es ese entrenador gruñón que no deja de repetirnos que podemos dar más, aunque estemos a punto de colapsar. Claro, no es fácil enfrentarse a ella, pero aprender a tolerarla no solo nos fortalece: nos hace resilientes.

Piénsalo. Vivimos en una era donde todo es inmediato. ¿Tienes hambre? Pides comida con un clic. ¿Quieres ver una serie? Ahí está, completa, lista para maratonear. Pero ¿qué pasa cuando te propones correr una maratón de verdad? Ahí las cosas cambian. Te levantas temprano, te pones las zapatillas deportivas y decides que hoy correrás esos diez kilómetros. Pero ahí estás, a los diez minutos, jadeando como si hubieras corrido un maratón, con los gemelos protestando y esa vocecita en tu cabeza que dice: *«Mejor me vuelvo a casa, esto no es lo mío».* La frustración te saluda desde la esquina de esa calle donde te has parado, preguntándote si realmente **vas a rendirte** tan rápido.

Es natural: a nadie le gusta fallar. El problema es que, muchas veces, confundimos fallar con fracasar. ¿Te suena? Empezaste con toda la motivación del mundo, pero cuando las cosas no salieron como esperabas, preferiste buscar excusas en lugar de aceptar que estabas frustrado. Algo así como la zorra de la fábula de Samaniego: *«No es que quiera comer las uvas, es que no están maduras».*

Pero aquí está la esencia. La frustración no es una señal para detenernos, sino un recordatorio de que estamos intentando algo importante para nosotros. Si nunca te frustras, probablemente es porque no estás saliendo de tu zona de confort. ¿Y qué gracia tiene una vida sin desafíos?

Piensa en ese jugador de fútbol tirando un penalti en la tanda final de un partido decisivo. Su equipo confía en él, la multitud lo observa y... falla. ¿Qué hace? Podría culpar al estado del césped, al árbitro o incluso al destino. Pero los verdaderos resilientes, esos que toleran la frustración, se levantan, revisan lo que salió mal y practican el doble para la próxima vez. Porque, al final, **no importa cuánto caigas: lo que cuenta es cómo te levantas.**

Ahora, no se trata de ignorar tus emociones. Es válido sentirte triste, enfadado o incluso derrotado. Lo importante es no quedarte ahí. La frustración tiene la mala fama de ser incómoda, pero también es una maestra exigente que te enseña a **ajustar tus expectativas** y, sobre todo, a **perseverar.** No significa que debas aceptar cualquier cosa sin quejarte, pero sí que aprendas a enfocar esa energía en seguir intentándolo.

Quizá pienses: «Fácil decirlo, difícil hacerlo». Y tienes razón. Nadie dijo que manejar la frustración sería sencillo. Pero aquí hay un truco: deja de obsesionarte con la perfección. No necesitas correr diez kilómetros en tu primera semana de entrenamiento. Tal vez lo mejor que puedas hacer hoy sea levantarte del sofá y dar un paseo corto. Y ¿sabes qué? Eso también cuenta.

Así que la próxima vez que te sientas atrapado en un mar de frustración, recuerda que tolerarla no solo te ayuda a superarla, sino que construye en ti una resiliencia que te prepara para cualquier otro reto en la vida. **Aceptar que fallaste no es una derrota;** es solo el primer paso para hacerlo mejor la próxima vez. Y si necesitas motivación, piensa en esto: si la vida fuera fácil, estaríamos todos muy aburridos.

TOMAR DECISIONES CONSCIENTES

Ser el protagonista de tu vida consiste en tomar decisiones conscientes, alineadas con lo que verdaderamente somos y queremos. Desde la perspectiva de la **terapia Cognitivo-Conductual (TCC)**, el poder radica en la capacidad de reflexionar y asumir la responsabilidad de nuestras elecciones, basadas en un conocimiento profundo de nosotros mismos. Tal como señala esta teoría, el **autoconocimiento** es clave para identificar qué pensamientos nos limitan y cómo podemos transformarlos para que nuestras decisiones sean el reflejo de lo que realmente necesitamos y deseamos.

Una decisión consciente es aquella en la que no te dejas llevar por impulsos, por el miedo al «qué dirán», o por la presión de los demás. Es una decisión que nace de una reflexión interna, en la que te permites escuchar tu voz, tus necesidades y deseos más profundos. Esto también está relacionado con el concepto de *mindfulness,* que nos invita a estar presentes y a tomar decisiones desde un lugar de calma y claridad, conectados con nuestras emociones y pensamientos sin ser dominados por ellos. Tomar el control de tu vida implica aprender a tomar estas decisiones desde un lugar de **libertad y responsabilidad.**

Lo primero que debemos hacer para lograrlo es **dejar de lado el miedo a equivocarse.** A veces, no tomamos decisiones importantes por temor a cometer errores. Nos paralizamos, pensando que, si no lo hacemos «perfectamente», las consecuencias serán terribles. Pero en realidad, el error es una parte esencial del aprendizaje. La *terapia cognitivo-conductual* (TCC), desarrollada por **Aaron Beck,** nos recuerda que incluso las decisiones menos acertadas son oportunidades para aprender y crecer. Cada decisión te enseña algo valioso sobre ti mismo, y la verdadera fuerza está en cómo decides enfrentar los resultados, adaptándote y aprendiendo de la experiencia.

También tiene que haber **responsabilidad** en las elecciones. Cuando decides algo, ya sea grande o pequeño, asumes que las consecuencias son tuyas. Esto no consiste en cargar con una pesada mochila de culpas, sino en entender que, aunque no siempre puedas controlar lo que te sucede, sí puedes controlar cómo reaccionas ante ello. La TCC resalta precisamente este punto: la capacidad de **elegir cómo responder ante los desafíos** y ajustar tus decisiones a medida que avanzas, dándote el poder de ser el protagonista de tu vida.

Además, tomar decisiones conscientes requiere **paciencia y práctica.** No siempre es fácil, y a veces las decisiones más importantes implican mucha incertidumbre. Aquí es donde tener **conciencia plena** (*mindfulness*) nos enseña a aceptar esa incertidumbre sin apresurarnos, a ser pacientes y confiar en que, aunque no siempre tengamos todas las respuestas, el camino se irá aclarando conforme tomamos decisiones desde la responsabilidad.

¿CÓMO ENFRENTARSE A LA INDECISIÓN?
La indecisión, especialmente cuando tienes que elegir entre la opción A o la opción B, puede ser paralizante. A veces parece que, al tomar una decisión, te estás

jugando algo importante, y el miedo a «fastidiarlo todo» se vuelve abrumador. Este miedo es más común de lo que piensas, y tiene mucho que ver con la incertidumbre que acompaña a cualquier decisión importante.

Primero, es útil entender que **el miedo a equivocarnos** surge porque, en nuestra mente, exageramos las consecuencias negativas de una mala decisión. Nos decimos: *«¿Y si tomo la opción equivocada? ¿Y si después me arrepiento?»*. Ese tipo de pensamiento crea una presión enorme y puede hacer que quedemos estancados sin tomar ninguna decisión. Pero el punto clave es este: **ninguna decisión es perfecta**, y en la vida no hay garantías de que siempre acertemos. No obstante, podemos darte algunas directrices:

- **Acepta la incertidumbre**
  Lo primero que hay que hacer es aceptar que la incertidumbre es parte de cualquier decisión. No podemos saber con certeza cómo saldrá todo. Ni la opción A ni la opción B tienen un final escrito y predecible. Tomar una decisión no significa tener todas las respuestas, sino confiar en que, pase lo que pase, podrás enfrentar las consecuencias y adaptarte.

  Piénsalo de esta manera: aunque elijamos A y salga mal, tenemos la capacidad de **aprender** de esa experiencia. Y eso es por sí mismo algo valioso. No se trata de evitar los errores, sino de aprovecharlos para crecer. La próxima vez, con lo que hayamos aprendido, podremos tomar decisiones más claras y seguras. Y aquí viene un punto esencial: muchas veces, la verdadera lección de una mala decisión no es evitar errores futuros, sino aprender a tolerar el malestar que genera equivocarse. Este es un aspecto clave de la independencia emocional: aceptar que las emociones difíciles no son un enemigo, sino un recordatorio de que estamos vivos y evolucionando.

- **Reduce el miedo al fracaso**
  El miedo a decidir mal muchas veces proviene de una visión exagerada del fracaso. Nos imaginamos que, si elegimos mal, todo se vendrá abajo, pero en realidad la mayoría de las decisiones no son tan definitivas como creemos. La vida no se suele desmoronar por una mala elección. Por ejemplo, si tenemos que elegir entre dos trabajos y el que elegimos no resulta ser lo que esperábamos, siempre hay otras oportunidades. Y si no las hay en el momento, las habrá o las crearemos.

Es interesante cómo este miedo también tiene raíces culturales. En la sociedad moderna, el individualismo nos impone una presión excesiva para conseguir el «éxito personal». Estamos bombardeados por mensajes que nos hacen creer que nuestras decisiones siempre tienen que llevarnos hacia nuestra mejor versión. Esto, aunque motivador, también puede ser un engaño: si siempre buscamos «lo mejor», acabamos paralizados. Aprender a aceptar lo suficiente, incluso cuando no es perfecto, es una manera de recuperar el equilibrio emocional.

Una técnica útil es **imaginar el peor escenario posible** y luego preguntarte: «¿Qué haría si esto ocurriera?». La mayoría de las veces, el peor escenario no es tan terrible como lo imaginamos, y si lo es, entonces podemos desarrollar un plan de contingencia. Aquí puede ser útil recordar algo que **Manuel J. Smith** planteó en su obra *Cuando digo no, me siento culpable*: las decisiones personales no siempre agradarán a todos, pero no tienen por qué hacerlo. Si te equivocas, siempre puedes rectificar, pero lo esencial es actuar desde un lugar de autenticidad y no desde el miedo al juicio externo.

• Rompe la parálisis de la indecisión

A veces, la indecisión ocurre porque intentamos tener toda la información antes de decidir, pero eso no es siempre posible. No importa cuánto analicemos, siempre habrá algo de información que no tenemos. Por eso, es mejor **evitar la parálisis por análisis.**

Si no sabes si elegir la opción A o la opción B, empezamos por investigar un poco más sobre cada opción, o hacemos una lista de pros y contras, pero limitando el tiempo que dedicamos a esto. El simple hecho de dar un paso adelante, por pequeño que sea, ya nos pone en movimiento y reduce la ansiedad de la indecisión. En este sentido, es importante reconocer que avanzar es, en sí mismo, un acto de valentía.

• Confía en tu capacidad de adaptarte

La clave está en recordar que somos capaces de lidiar con las consecuencias de cualquier decisión. Las personas a menudo temen equivocarse porque sienten que no sabrán cómo arreglarlo después. Pero la verdad es que nos adaptamos mucho mejor de lo que pensamos. Si te das cuenta de que la opción que elegiste no era la mejor, puedes cambiar de dirección, **buscar**

otra solución o ajustar lo necesario para que la ruta a seguir sea lo más adecuada posible. Lo importante es confiar en tu capacidad para resolver los problemas que puedan surgir.

Y no, no significa que todas las soluciones sean rápidas o cómodas. A veces hay que remar un poco contra la corriente, pero eso no quiere decir que sea imposible. Es en esos momentos de adaptación cuando descubrimos una creatividad que ni siquiera sabíamos que teníamos. Es como esa vez que improvisaste una comida deliciosa con los ingredientes olvidados del fondo de la nevera. ¿Quién iba a pensar que podías hacer magia con un bote de garbanzos y un limón medio seco?

• **Desdramatiza la elección**
Finalmente, es importante recordar que **pocas decisiones en la vida son irreversibles.** Tal vez en este momento la elección entre la opción A y la opción B parezca crucial, pero con el tiempo te darás cuenta de que hay múltiples caminos hacia tus objetivos. A veces, una opción que parece «equivocada» en realidad te lleva a lugares inesperados y valiosos.

La indecisión es una trampa porque nos hace creer que estamos a punto de arruinar algo. Pero si te relajas y tomas la decisión con la información que tienes en ese momento, entendiendo que la perfección no existe, te liberarás de ese peso. A fin de cuentas, lo que realmente importa no es tanto la opción que elijas, sino **cómo enfrentas y aprendes de lo que venga después**.

LOS PATRONES DE COMPORTAMIENTO AUTOMÁTICO

Los patrones de comportamiento automáticos desempeñan un papel muy importante en la toma de decisiones que hacemos a lo largo de nuestras vidas. Estos patrones son respuestas instintivas que hemos ido desarrollando, a menudo sin ser plenamente conscientes de su influencia. Por un lado, pueden ser beneficiosos, pero, por otro, muchas veces son reacciones que no cuestionamos y que pueden llevarnos a tomar **decisiones impulsivas.** Por ejemplo, si hemos aprendido a reaccionar con impaciencia cuando nos enfrentamos al estrés, es probable que tomemos decisiones apresuradas sin considerar las posibles consecuencias. Asimismo, si hemos vivido experiencias negativas relacionadas con los cambios, es común que decidamos evitar nuevas oportunidades, incluso si estas pueden traernos grandes beneficios.

La falta de autoconocimiento es importante en este contexto. Muchos de nuestros patrones de comportamiento operan a un nivel subconsciente, lo que significa que no siempre somos conscientes de ellos. Esta falta de conciencia puede llevarnos a tomar decisiones impulsadas por el miedo, la inseguridad o la conformidad, en lugar de guiarnos por nuestros verdaderos deseos y valores. Sin este entendimiento, nuestras elecciones se convierten en reacciones automáticas en lugar de respuestas reflexivas y proactivas.

Desarrollar la **autoconciencia** es, por lo tanto, necesario para tomar el control de nuestras vidas. Implica reflexionar sobre nuestras reacciones automáticas y cómo estas afectan a nuestras decisiones. No es tan sencillo como se lee aquí, hay que hacer un ejercicio de retrospección. Al observar y reflexionar sobre nuestros patrones de comportamiento, comenzamos a identificar aquellos que nos limitan y podemos tomar decisiones más informadas y alineadas con nuestros objetivos. Este proceso de autodescubrimiento nos permite desafiar nuestras reacciones automáticas al tomar decisiones conscientes.

Por ejemplo, imagina que tiendes a evitar situaciones sociales donde hay mucha gente porque te generan ansiedad o incomodidad. En lugar de dejar que este comportamiento continúe de manera inconsciente, decides tomar una decisión consciente para enfrentarte a ello. Así, te comprometes a asistir a una fiesta, aunque te sientas incómodo. A lo largo de este proceso, es probable que experimentes un malestar inicial, pero esta elección **rompe con el ciclo de evitación** que te ha mantenido limitado. Este pequeño paso refuerza no solo tu capacidad para tolerar el malestar, sino también tu sentido de control y autonomía sobre tus decisiones.

Del mismo modo, si identificas que la procrastinación está afectando a tu productividad en el trabajo, puedes optar por descomponer tus tareas en metas alcanzables y establecer plazos más claros. Esta estrategia crea una estructura externa que te motiva a actuar, en lugar de dejarte llevar por la tendencia automática a posponer las responsabilidades. A través de estas decisiones conscientes, no solo desafías los patrones que te han mantenido atrapado, sino que también fortaleces tu sentido de responsabilidad personal. Con este tipo de actuaciones, dejas de ser un mero espectador de tus reacciones y tomas **un rol activo** en tu vida, convirtiéndote definitivamente en el protagonista indiscutible de tu propia historia.

LA IMPORTANCIA DE TENER METAS CLARAS

La importancia de tener metas claras bien definidas radica en que nos proporcionan una dirección y un propósito que guían nuestras acciones y decisiones cotidianas. Desde la perspectiva de **la terapia cognitivo-conductual (TCC)**, los objetivos actúan como un filtro que nos ayuda a evaluar nuestras decisiones, permitiéndonos ser más proactivos en lugar de reactivos. Sin una visión clara de lo que queremos alcanzar, corremos el riesgo de dejarnos llevar por las circunstancias y caer en patrones automáticos que nos alejan de lo que deseamos lograr. Establecer metas definidas es como contar con **un mapa** que nos orienta a lo largo de los desafíos y oportunidades que surgen en el camino.

Cuando decidimos lo que queremos alcanzar, podemos priorizar nuestras decisiones con mayor claridad. Esto significa que, al enfrentarnos a una elección, evaluamos cada opción en función de cómo contribuye a cumplir con nuestras aspiraciones. Este proceso está relacionado con la **reestructuración cognitiva,** en la cual las metas nos permiten alinear nuestras decisiones con lo que realmente valoramos. Por ejemplo, si tu objetivo es mejorar tu salud, las decisiones relacionadas con la alimentación, el ejercicio y el descanso se hacen más fáciles, ya que puedes alinearlas con tu deseo de bienestar. Esto no solo facilita el proceso de toma de decisiones, sino que también incrementa nuestra motivación para actuar, como propone la **teoría de metas y logros de Edwin Locke.** Al alcanzar objetivos a corto y largo plazo, experimentamos una sensación de satisfacción que refuerza nuestra autoestima y confianza. Cada pequeño éxito refuerza nuestra creencia en nuestra capacidad para alcanzar metas mayores, creando un ciclo positivo que fomenta la proactividad y la toma de decisiones acertadas.

Tener objetivos bien definidos también ayuda a mantener la concentración y la disciplina. En un mundo lleno de distracciones y demandas externas, es fácil desviarse. Las metas específicas nos recuerdan el propósito de nuestras acciones y nos proporcionan una razón para seguir adelante, incluso cuando las circunstancias se vuelven difíciles. Esta capacidad de mantener la concentración está estrechamente relacionada con la **teoría de la autoeficacia de Albert Bandura,** quien sugiere que, a medida que alcanzamos pequeños logros, nuestra autoconfianza y autoestima aumentan. Cada éxito refuerza nuestra creencia en nuestra capacidad para alcanzar objetivos más grandes, creando un ciclo positivo que promueve la proactividad y la toma de decisiones acertadas.

Además, este tipo de metas nos permite ser más resilientes frente a las dificultades. Según la **psicología positiva de Martin Seligman,** cuando estamos alineados con nuestras aspiraciones, los contratiempos se perciben como oportunidades de aprendizaje en lugar de fracasos. Este cambio de perspectiva nos ayuda a adaptarnos y ajustar nuestros planes sin perder de vista lo que queremos lograr. En lugar de quedarnos atrapados en la indecisión o el miedo al fracaso, tener metas claras nos permite tomar decisiones informadas y conscientes que nos mantendrán en el camino hacia el éxito, sin importar las circunstancias.

MANTENER LA CALMA EN OBJETIVOS A LARGO PLAZO

Tener un objetivo a largo plazo suena ambicioso y hasta inspirador, ¿no? Algo así como subir una montaña llena de nieve con una antorcha en la mano. Pero, en la vida real, no hay batallas épicas de película, ni esa sensación constante de adrenalina. Lo que sí hay, muy probablemente, es una larga lista de «pendientes» y semanas en las que parece que todo se mueve a paso de caracol. Entonces, ¿cómo mantener la calma sin tirar la toalla antes de llegar a la cima?

Para empezar, aceptemos una verdad sencilla pero incómoda: la motivación a largo plazo es, en el fondo, una especie de mito. A nivel biológico, nuestro cuerpo no está diseñado para mantenerse motivado durante meses o años con el mismo entusiasmo. Las hormonas que regulan la motivación (la adrenalina, la oxitocina, la noradrenalina) son como los fuegos artificiales: tienen un **efecto corto y explosivo,** pero no aguantan la distancia de un maratón. Por eso cuando, por ejemplo, Rafa Nadal se enfrentaba a un torneo como Roland Garros, no estaba pensando en acumular títulos; su enfoque se centraba en ese primer *set*, en el siguiente punto. En su mente, cada partido era una meta en sí mismo, y si ha llegado a 14 títulos de ese Grand Slam, es porque lo ha hecho partido a partido, no en un único impulso.

Ahora bien, a diferencia de Nadal, probablemente no te enfrentas a un torneo de tenis. Quizá tus retos tienen más que ver con aprobar una oposición, montar una empresa o, quién sabe, aprender a tocar el saxofón. Todos sabemos que habrá días en los que sientas que avanzas, y otros en los que te preguntes: «*¿Por qué me he metido en esto?*». Aquí es donde entra en juego esa capacidad de gestionar la frustración y la impaciencia, algo mucho más útil que una motivación inquebrantable.

Para entenderlo mejor, imagina que estás cocinando un guiso a fuego lento que va a suponer muchas horas. Por mucho que te acerques a la olla cada cinco minutos, removiendo y probando, el tiempo no va a pasar más rápido ni el guiso va a estar listo antes. Lo mismo ocurre con nuestros **objetivos a largo plazo.** A veces, no queda otra que «dejarlo en el fuego» y encontrar la forma de sobrellevar el tiempo que te toma. La clave está en seguir adelante, aunque el camino parezca lento y repetitivo. Al fin y al cabo, avanzar en este tipo de objetivos no siempre se mide en saltos grandes, sino en esos días en los que, simplemente, consigues no abandonar.

Además, debemos estar listos para enfrentarnos a los famosos «atajos». La **multitarea,** por ejemplo, es una trampa que parece atractiva pero que muchas veces termina por desgastarnos más rápido. Es un error común pensar que podemos dividirnos en mil partes para ser productivos en mil cosas a la vez. El problema es que esto agota y no nos lleva a ninguna parte. Imagina correr una maratón intentando dar saltos de aquí para allá, de un lado de la pista al otro; el desgaste sería brutal, y ni siquiera avanzarías en la dirección correcta. En estos casos, concentrarse en lo que importa y dejar lo demás de lado es casi un acto de resistencia mental.

¿Y si el entorno no ayuda? Quizá tengas cerca a alguien que, de cuando en cuando, te suelta frases del tipo: «*¿Estás seguro de que esto vale la pena?*» o «*¿Y si no consigues nada después de tanto esfuerzo?*». Bueno, las dudas de los demás son algo común y, aunque a veces resultan inevitables, podemos aprender a escucharlas sin dejar que nos afecten. Nadie dijo que sería fácil; el arte de mantenerse concentrado requiere una especie de **sordera selectiva** hacia los comentarios desalentadores.

Finalmente, volvamos al tema de la paciencia y cómo cultivar una especie de **«fe» en el proceso.** Muchos dicen que «*cuando uno quiere algo, el universo conspira para ayudar*». Yo diría que el universo no conspira para nadie; eso es pura fantasía. La verdad es que, en el camino hacia tus metas, solo tienes lo que está a tu alcance: tu esfuerzo, tu compromiso, y esa tozuda capacidad de mantenerte firme. Y sí, habrá días en los que sientas que no avanzas, pero también esos en los que te des cuenta de que estás más cerca de lo que creías. Y en esos momentos, toda la espera, la paciencia y las ganas de seguir adelante, valen la pena.

DA VALOR A LAS PEQUEÑAS METAS

¿Te has dado cuenta de cuántas veces posponemos nuestra felicidad hasta que alcancemos esa gran meta? Como si la vida solo valiera la pena cuando logramos algo épico o digno de portada. Pero ¿y si nos enfocáramos en esas pequeñas metas que, aunque no llamen la atención, construyen nuestro día a día? **Michel Onfray,** filósofo francés, sugiere que estamos atrapados en una cultura del «deber» y de expectativas rígidas, lo que nos impide ver los logros pequeños como algo valioso. ¿Por qué cuesta tanto sentirnos bien por lo que ya hemos alcanzado, aunque sea poco?

Parte del problema es que, en el mundo actual, encontrar un sistema de recompensa válido se ha vuelto complicado. Parece que todo tiene que ser «políticamente correcto»: si decides premiarte comiendo una *pizza*, puede que te sientas culpable por no haber escogido un «paseo saludable» o una «meditación». Y, a veces, esas alternativas son más discurso que realidad. En vez de andar buscando el premio «ideal» que está de moda, ¿por qué no tener nuestros propios pequeños refuerzos? Cosas que realmente nos motiven. Sí, puede costar trabajo encontrar estas cinco o seis cosas que te sirvan de refuerzo, pero son las que verdaderamente te van a ayudar a sentirte bien en el día a día, sin depender de los grandes logros.

Pensemos en lo cotidiano: te propones estudiar para un examen que abarca 30 temas. Sabes que necesitas saberte todos, pero… ¡vaya trabajo cuesta! Entonces decides avanzar de a poco: «Hoy estudiaré dos temas y luego me veré un capítulo de mi serie favorita». Este pequeño premio puede no parecer gran cosa, pero funciona como una motivación. En cada logro, por pequeño que sea, hay una satisfacción al alcance. Así que… ¿por qué no celebrarlo?

Cuando somos niños, nuestras metas son mucho más simples. Nos basta con aprender a montar una bicicleta o a conseguir un buen resultado en un partido. La satisfacción está en el proceso, en lo inmediato. Pero a medida que crecemos, nuestras metas se complican. Queremos un ascenso en el trabajo, una casa propia, las vacaciones perfectas. Y la vida empieza a girar en torno a esos grandes logros, mientras los **pequeños momentos** se desvanecen en la distancia. Ahí viene el peligro: nos volvemos tan buenos postergando la recompensa, que dejamos de darnos la oportunidad de disfrutar de los pequeños logros del día a día.

Uno de los errores más comunes es **idealizar esas grandes metas** como si toda nuestra felicidad dependiera de ellas. En el momento en que decimos «cuando consiga ese ascenso» o «cuando compre mi casa soñada», estamos creando la idea de que todo depende de un futuro incierto. Es una trampa cómoda para el cerebro, porque así vamos demorando la vida mientras esperamos un «refuerzo» lejano que, en realidad, podría no llegar. Y, mientras tanto, nos perdemos la oportunidad de sentirnos bien en el camino. Un ejemplo clásico que todos nos hemos dicho alguna vez: «Cuando me toque la lotería...». Claro, es posible, pero también es probable que nunca suceda. ¿Qué pasaría si, en lugar de esperar que ocurra algo improbable, nos enfocamos en disfrutar y dar valor a nuestras metas más cercanas? Podríamos empezar a celebrar cada paso como un logro en sí mismo y no solo como un medio para llegar a ese «gran final».

Es importante también entender la **diferencia entre deseos y metas.** Un deseo suele ser algo pasivo, una idea de lo que nos gustaría lograr sin necesariamente comprometernos en el proceso. Las metas, por el contrario, son dinámicas y ajustables; se pueden definir como caminos que construimos paso a paso y que, a medida que avanzamos, pueden también transformarse. Por eso, establecer metas que podamos alcanzar en el corto plazo, sin depender del reconocimiento externo, nos permite sentirnos realizados sin quedar atrapados en la expectativa de un gran logro lejano.

¿Te has dado cuenta de la diferencia que hay entre decir «tengo que» y «quiero»? Es curioso cómo el lenguaje afecta a nuestra motivación. Cada vez que decimos «tengo que», nos ponemos en una posición de obligación, como si no tuviéramos elección. Pero, en realidad, la mayoría de las cosas que hacemos son decisiones que elegimos tomar, aunque a veces no lo veamos así. Empezar a **reemplazar los «tengo que» por «quiero»** cambia radicalmente nuestra motivación.

Prueba con algo sencillo: escribe una frase que empiece con «tengo que», como por ejemplo: «tengo que aprobar este examen». Luego, léela y cambia el «tengo» por «quiero», *de este modo*: «Quiero aprobar este examen». ¿Notas la diferencia, verdad? El «quiero» nos da fuerza, nos recuerda que somos dueños de nuestras decisiones y, al mismo tiempo, hace que sea más fácil premiarnos cuando alcanzamos esa meta. No necesitamos esperar el gran momento, sino que podemos sentirnos bien en el camino.

Entonces, te pregunto: ¿te premias por esos logros cotidianos? Porque a veces creemos que solo lo «grande» merece ser celebrado. ¿Y si empezamos a ver cada paso como un logro? Date permiso para valorar tus pequeñas metas, incluso aquellas que no llaman tanto la atención, y descubre cómo cambia tu perspectiva sobre las metas y el sentido de satisfacción en el día a día.

¿PLANIFICAS TODO O IMPROVISAS?

¿Alguna vez has seguido una receta de cocina y te has dado cuenta de que faltaba justo un ingrediente? Tal vez has pensado: *«¿Y ahora qué hago?»*. Pues, en esos momentos, las personas se dividen en dos grandes bandos: los que salen corriendo al supermercado porque la receta debe ser exacta y los que dicen «bah, lo cambio por esto y ya veremos qué pasa». Ahí tienes, en un ejemplo muy simple, el eterno **dilema entre planificar y dejarse llevar.**

Planificar es como seguir una receta detalladamente. Nos da seguridad, nos permite adelantarnos a los imprevistos y, en cierto modo, nos da tranquilidad. Imagina que tienes todo organizado para tus próximas vacaciones: las rutas, el alojamiento, los restaurantes. Solo que a veces, en el camino, descubres una playa escondida o un festival, y tu agenda estructurada es más como una barrera que como un aliado.

Por eso, muchas veces nos encontramos ante el dilema de si realmente es bueno planificar o si estamos perdiendo algo al seguir todo tan al pie de la letra. La planificación, cuando está bien hecha, nos ayuda a optimizar el tiempo y a mantener la mente despejada. Al tener todo claro, podemos tomar decisiones con más calma, sin la presión de estar resolviendo todo sobre la marcha. Pero… ¿y si algo no sale como lo esperábamos? Ahí es donde entra la improvisación, esa **habilidad de adaptarse al cambio** y reaccionar ante lo inesperado.

Imagina que estás cocinando esa receta de la que hablábamos y te falta un ingrediente. Estás ahí, mirando la despensa, y, en lugar de desesperarte, piensas: *«¿Qué más puedo usar para conseguir el mismo resultado?»*. Y ahí está el truco. Improvisar no significa tirar todo por la borda; es más bien adaptarse a lo que tienes y confiar en tu **creatividad.** Este mismo principio se puede aplicar a tu vida diaria: tener un plan es genial, pero saber adaptarte cuando las circunstancias cambian es aún mejor.

Ahora bien, ¿quién no se ha sentido alguna vez atrapado por sus propios planes? Hay personas que tienen todo bajo control: agenda organizada, tareas al día, y todo en su lugar. Pero cuando algo rompe esa estructura, incluso lo más pequeño, el día entero puede irse al traste. Es como si, al caer una ficha del dominó, todas las demás también se cayeran. Esto puede generar frustración, estrés y hasta mal humor.

Por otro lado, tenemos a las personas más espontáneas, las que prefieren ir por la vida sin grandes planes. No necesitan saber qué harán mañana porque disfrutan del momento y de la sorpresa. Claro, esto tiene sus ventajas, como disfrutar de la libertad y la flexibilidad, pero también puede ser muy agotador. Sin un plan, hay decisiones que surgen de la nada, y si no se tienen claros ciertos límites, podemos encontrarnos corriendo de un lado a otro sin avanzar. La verdad es que cada uno de nosotros tiene una tendencia natural.

¿Qué pasa entonces cuando tratamos de equilibrar estas dos fuerzas tan opuestas? La respuesta no es sencilla, pero lo cierto es que lo fundamental es encontrar el **punto medio.** La planificación aporta esa seguridad y orden mental que todos necesitamos de vez en cuando. ¿Quién no ha sentido la calma que da saber lo que va a hacer el día siguiente, tener su agenda organizada, y sentir que todo encaja? Esto no significa que debas vivir a la sombra de una lista interminable de tareas, pero un poco de estructura puede ser un gran alivio, sobre todo en un mundo tan acelerado.

Así que, ¿qué tal si probamos un enfoque diferente? En lugar de ver la planificación como algo rígido, podemos adoptarla como una guía, un mapa por el que transitar, pero dejando espacio para lo inesperado. No tienes que seguir cada paso al pie de la letra. Puedes estructurar tu día, pero, al mismo tiempo, dejarte llevar por lo que surja. Tal vez cocines una receta y, en lugar de aferrarte al plan, juegues con los ingredientes. La vida es un poco así. A veces, todo lo que necesitas es un toque de improvisación para darle ese sabor único.

Lo bueno de equilibrar ambos mundos es que puedes disfrutar de lo mejor de los dos. La planificación aporta tranquilidad, reduce el estrés y te permite tener una visión clara de tus objetivos. La improvisación, por su parte, te da libertad, flexibilidad y la posibilidad de abrazar lo que la vida te ofrece sin miedo. Así que la próxima vez que te enfrentes a un día lleno de tareas y compromisos, recuerda que puedes planificar, pero también puedes improvisar. Solo asegúrate de saber cuándo es el momento de seguir el guion y cuándo es el momento de dejarte sorprender.

ACEPTAR LAS DECISIONES DE LOS DEMÁS

Aceptar las decisiones de los demás puede ser un desafío mayor de lo que parece. Nos dicen que debemos ser comprensivos y dejar que cada persona aprenda de sus propios errores, lo cual suena bien en teoría. Sin embargo, ¿qué pasa cuando esas decisiones nos afectan directamente? Imagina que tienes un amigo con un historial de decisiones impulsivas, y su última ocurrencia fue dejar su trabajo para «encontrarse a sí mismo» viajando sin un plan claro.

Al principio, crees que es una buena oportunidad y le das tu apoyo. Pero al cabo de un mes, se le acaba el dinero y te pide quedarse en tu casa «unos días» hasta que se recupere. Accedes, creyendo que es algo temporal, pero los días se convierten en semanas y, poco a poco, te das cuenta de que tu presupuesto se está viendo afectado. En ese punto, te preguntas: ¿aceptar las decisiones de alguien implica renunciar a mi tranquilidad?

Aquí es donde entran en juego **las *red flags*** o banderas rojas. Aceptar las decisiones de los demás no significa hacernos responsables de sus consecuencias. Las banderas rojas son esas señales que, si estamos atentos, nos avisan que algo no está bien para nosotros. En el caso de tu amigo, una de las primeras banderas rojas pudo haber sido su decisión impulsiva de renunciar sin un plan. Otra, el hecho de pedirte ayuda sin mucha claridad sobre cómo y cuándo resolvería su situación. Estas banderas actúan como recordatorios internos de que necesitamos reflexionar hasta dónde estamos dispuestos a llegar, y en qué momento es necesario priorizarnos.

Aceptar y poner límites son acciones que necesitan coexistir para no perdernos en el proceso de aceptación. Porque, aunque aceptar las decisiones de los demás es una forma de respeto, también es importante recordar que aceptar no es sinónimo de asumir las consecuencias de esas decisiones. No se trata de volverse indiferente o egoísta; aceptar también significa entender que tenemos límites, y que nuestra estabilidad emocional y financiera son importantes.

Es fácil caer en la trampa de confundir aceptación con resignación. La resignación nos lleva a pensar *«bueno, así son las cosas»*, mientras dejamos que la frustración se acumule, con la esperanza de que la situación se resuelva sola. Esto es como ver un barco que se hunde y cruzar los dedos para que, de alguna forma, se mantenga a flote. La resignación termina drenándonos y haciéndonos sentir impotentes, mientras que aceptar realmente significa ver la situación con claridad y decidir si estamos dispuestos a tolerarla. Aceptar es un acto de responsabilidad personal: evaluar qué queremos y qué no, y actuar desde esa claridad.

Entonces, ¿cómo se ponen límites sin comprometer la relación? A veces, queremos ser comprensivos y ayudar a alguien que atraviesa un momento difícil, lo que nos lleva a soportar más de lo que deberíamos. Pero poner límites, lejos de perjudicar una relación, puede fortalecerla. Cuando decimos algo como *«no puedo hacerme cargo de esta parte de tu vida»*, estamos demostrando afecto de una forma más saludable. Establecemos que la relación no puede depender de que solo uno asuma todas las cargas. No se trata de rechazar a la persona, sino de rechazar una dinámica que nos está haciendo daño a ambos.

En el caso de tu amigo, podrías decirle: «*Me alegra que estés buscando lo que te hace feliz, pero necesito que encuentres otras opciones para alojarte, porque también tengo mis propios compromisos*». Este mensaje no será fácil de escuchar para él, y es probable que su reacción inicial no sea la mejor. Pero establecer ese límite no es solo **un acto de autocuidado;** también le brinda la oportunidad de asumir responsabilidad sobre su situación. A veces, esa negación que damos con empatía y claridad ayuda a la otra persona a dar un paso que tal vez no había considerado.

En estos casos, las banderas rojas son nuestros mejores aliados. Son esas pequeñas alertas que, en lugar de ignorar, necesitamos atender. Cuando empezamos a sentirnos incómodos, frustrados o incluso enfadados, es porque hemos dejado pasar demasiadas señales de que necesitamos un cambio. Aunque solemos etiquetar estas emociones como negativas, muchas veces son la señal de que debemos hacer ajustes. Ese malestar no está  ahí para que reaccionemos desde el enfado, sino para darnos claridad sobre qué queremos y qué no en nuestras vidas. Nos recuerdan que es necesario cuidar nuestro bienestar, y que está bien decir no cuando algo no nos sienta bien.

Aceptar las decisiones de los demás no debería implicar renunciar a nuestra paz. Al final, las *red flags* y los límites no son herramientas de rechazo, sino formas de cuidar nuestras relaciones y de asegurarnos de que seguimos en ellas de manera saludable.

HASTA QUÉ PUNTO DEPENDES DE LOS DEMÁS

Vivimos rodeados de gente que, de una forma u otra, nos clasifica en grupos y nos coloca etiquetas. Desde que somos pequeños, nos encasillan en categorías que, en teoría, deberían ayudar a definirnos: «el empollón», «la deportista», «los populares». A medida que crecemos, esas etiquetas solo se multiplican. Ahora bien, ¿alguna vez te has preguntado hasta qué punto estos grupos y etiquetas nos condicionan? ¿Estamos realmente construyendo una identidad propia o solo seguimos al rebaño? Y lo más importante, ¿hasta qué punto dependemos emocionalmente de los demás para sentirnos completos?

Uno de los experimentos más interesantes sobre **el poder de los grupos y las etiquetas** es el famoso experimento de la *cueva de los ladrones*, llevado a cabo por el psicólogo **Muzafer Sherif** en los años 50. La idea era simple: tomar a un grupo de niños en un campamento de verano, dividirlos en dos equipos al azar y observar qué pasaba. Pronto, surgieron dos bandos que se odiaban sin apenas conocerse. No importaba el motivo de la separación, solo bastaba con tener un «nosotros» y un «ellos» para que se formara una **rivalidad** intensa. Este fenómeno parece una cosa de niños, pero si nos fijamos bien, vemos que algo similar ocurre entre los adultos continuamente.

¿No nos pasa lo mismo cuando nos identificamos con un equipo de fútbol, una ideología política o incluso una marca de teléfono? Sin darnos cuenta, acabamos defendiendo a «los nuestros» y despreciando al «otro grupo» sin detenernos a pensar si esa división tiene algún sentido. En redes sociales, esta tendencia está a la orden del día. Los algoritmos que nos muestran contenido similar a nuestras preferencias nos encierran en **burbujas ideológicas.** Así, cada grupo defiende su verdad absoluta mientras bloquea o ignora cualquier perspectiva diferente. Es como si estuviéramos en el recreo cuando íbamos al colegio, divididos en bandos, mirando al otro lado del patio con una mezcla de desdén y superioridad.

¿Y qué hay de las etiquetas que definen quiénes somos? Otro experimento, realizado por la profesora **Jane Elliott** en los años 60, es un buen ejemplo de cómo **las etiquetas** influyen en nuestra percepción. En un ejercicio lleno de polémica, Elliott le dijo a su clase de primaria que los niños de ojos azules eran más inteligentes que los de ojos marrones. En cuestión de minutos, los de ojos azules comenzaron a ver a sus compañeros de ojos marrones como inferiores. Lo más inquietante es que al día siguiente invirtió los roles, y los niños de ojos marrones adoptaron la misma actitud de superioridad sobre los de ojos azules. Este experimento es desconcertante no solo por la rapidez con la que los niños adoptaron las etiquetas, sino por lo fácil que es manipular nuestra percepción de los otros basándonos en características superficiales.

Este tipo de dinámicas reflejan la forma en que funcionamos como sociedad: etiquetamos y juzgamos sin mucha reflexión. Basta con que alguien nos diga que un grupo es «menos válido» para que de inmediato empecemos a ver al otro como un rival o, peor aún, como una amenaza. Y si bien estos ejemplos pueden parecer extremos, son un reflejo de algo muy común: nuestra tendencia a dejar que otros definan lo que pensamos y sentimos.

Entonces, ¿dónde queda la independencia emocional en medio de esta guerra de bandos? Alcanzar la independencia emocional implica algo más que alejarnos físicamente de los grupos. Significa aprender a cuestionar la dependencia emocional que tenemos hacia esas etiquetas y grupos que nos definen, y detenernos a preguntar: *«¿Realmente pienso así, o solo estoy repitiendo lo que todos en mi círculo creen?».*

Ser emocionalmente independiente no significa dejar de formar parte de grupos, pero sí nos da la capacidad de **pensar por nuestra cuenta.** Es poder observar una discusión en redes sociales y, en lugar de reaccionar instintivamente, preguntarnos si nuestro punto de vista se sostiene o si simplemente estamos repitiendo lo que dice nuestra «tribu». Y aquí viene lo curioso: a veces, tener un criterio propio puede ser un acto de rebeldía, porque desafía la expectativa de «ser como los demás» para sentirnos aceptados.

Hoy en día, la **polarización en redes sociales** nos invita a tomar partido constantemente, a posicionarnos en uno de los extremos. Parece que hay poco espacio para la reflexión o la autocrítica, y eso puede llevarnos a depender emocionalmente de las ideas y opiniones del grupo —algo de lo que se aprovechan los políticos constantemente— Pero la independencia emocional nos permite algo diferente: nos da el valor para cuestionarnos, para ser nosotros mismos sin preocuparnos de agradar a todos. Es como un recordatorio de que **no somos nuestras etiquetas,** de que no tenemos que llevar esa «camiseta del equipo» las 24 horas del día.

¿Y qué ganamos al desarrollar esta independencia? Tal vez nos liberamos de la necesidad de agradar a toda costa y de estar siempre en un bando. Nos permite ver al otro, incluso al «otro equipo», con **menos prejuicios y más curiosidad.** Esto se parece a lo que ocurrió al final del experimento de la cueva de Sherif: dos grupos inicialmente enfrentados que, al tener que colaborar en una meta común, empezaron a dejar de lado sus rivalidades y a ver al «otro» sin tanto prejuicio. Esa cooperación forzada hizo que ambos equipos se conocieran desde otra perspectiva, logrando que, poco a poco, el odio inicial se transformara en respeto y, en algunos casos, en amistad.

Entonces, ¿qué nos enseña esto sobre la independencia emocional? Que liberarnos de las etiquetas y del «nosotros contra ellos» nos da la **libertad de construir nuestra identidad,** una que no dependa de bandos o etiquetas, ni de la constante necesidad de aprobación de los demás, sino simple y llanamente, la nuestra. Nos volvemos capaces de reconocer a los demás, no como adversarios ni como reflejos de nosotros mismos, sino como personas, con sus historias y sus propias complejidades.

TODO ME SIENTA MAL

A veces parece que llevamos un radar emocional que capta cada palabra o gesto de los demás y, como una gran antena, nos ponemos a analizar todo en un momento: «¿Me está criticando?», «¿Eso ha sido una indirecta?», «¿Por qué ha dicho eso de esa manera?». Y, de repente, todo lo interpretamos –una situación o comentario– como si estuviera dirigido directamente a nosotros de manera negativa o crítica. En otras palabras, nos sentimos atacados o juzgados, aunque en realidad no siempre sea el caso. Pero ¿qué pasa realmente en nuestra mente cuando nos sentimos así? Y, sobre todo, ¿cómo podemos aprender a soltar un poco la cuerda?

Para empezar, **el «yo interior»** juega un papel clave cuando nos sentimos así. Ese «yo interior» que, muchas veces, puede ser un poquito intenso y sobre todo muy autocrítico. Si alguna vez te has pillado a ti mismo pensando que todos están hablando sobre tus errores o que tus amigos están anotando cada pequeño detalle de lo que dices, ya sabes de qué estoy hablando. **La autoestima** es el epicentro de este fenómeno: cuando no nos sentimos seguros con nosotros mismos, esa voz interna que todos tenemos hace su aparición y pone una lupa sobre nuestras acciones, haciendo que cualquier comentario, por inofensivo que sea, parezca un ataque directo. Y es que, al no sentirnos tan seguros, todo se interpreta a través del filtro de nuestra propia vulnerabilidad.

El entorno también tiene mucho que ver. Las situaciones que nos generan inseguridad –como un nuevo trabajo, una reunión familiar con esa persona que siempre tiene algo que decir, o un círculo de amigos algo tajante– actúan como gasolina que enciende esa pequeña chispa de sensibilidad. Entonces, lo que hacemos es poner la lupa a todo lo que nos rodea, interpretando cada gesto o palabra con sospecha, buscando pistas que validen nuestros temores. Y claro, esto es agotador. Es como vivir constantemente **en modo de alerta,** esperando que algo nos haga sentir que estamos siendo criticados o rechazados.

Lo curioso es que, cuando nuestra mente da vueltas sobre lo que acaba de ocurrir, entramos en un ciclo donde «rumiamos» esas ideas sin parar. Es como ver una película una y otra vez, pero en lugar de una comedia o drama, es una película en la que tú eres el protagonista que siempre está sufriendo. Las emociones empiezan a girar en círculos, y cuanto más analizamos la situación, más se agranda el problema en nuestra cabeza. Esta tendencia a **estar a la defensiva** llega a ser tan fuerte

que, sin darnos cuenta, dejamos de ser capaces de ver las cosas con claridad, perdemos la creatividad, la capacidad de disfrutar del presente y, lo peor de todo, nuestro sentido del humor se desvanece.

Ahora bien, ¿cómo podemos manejar mejor todo esto y evitar caer en la trampa de que todo nos siente mal? La primera herramienta es tener un buen **sentido del humor,** especialmente con nosotros mismos. Aceptar que todos tenemos defectos es liberador, y si encima le añadimos un toque de ironía, la cosa mejora muchísimo. Reírnos de nosotros mismos y ver las situaciones con un poco de ligereza nos ayuda a no tomarnos las cosas tan a pecho. Después de todo, no siempre somos el centro de atención en las conversaciones ajenas, ni todo lo que dicen los demás tiene que ver con nosotros. A veces es solo una cuestión de perspectiva: aprender a dar menos importancia a esos pequeños comentarios o gestos que, en otro momento, habríamos interpretado como un ataque.

Otra herramienta es poner un límite a nuestras interpretaciones. A veces, lo mejor que podemos hacer es aprender a **relativizar las cosas.** Pregúntate si, dentro de unos meses, lo que ahora te afecta tanto realmente tendrá alguna relevancia o si se convertirá en una simple anécdota. Cuando te das cuenta de que las cosas no tienen la importancia real que les estás dando, es como si te quitaras un peso de encima. No todo merece una respuesta emocional tan intensa, y la clave está en saber cuándo dejar ir lo que nos perturba.

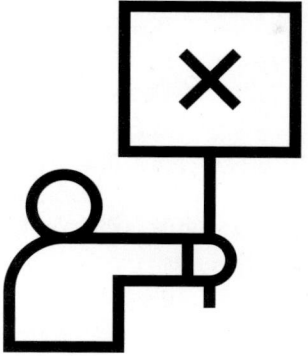

EL ARTE DE DECIR NO

Siento decirte, / Que no, que no, que no, que no, que no
Que no, que no, que no / Siento decir que no.
XOEL LÓPEZ (QUE NO)

Decir *no* es todo un arte. Es una palabra corta, sencilla y directa, pero ¿por qué a veces pesa tanto en la lengua? Nos enseñan a ser amables, a complacer, a no incomodar, y terminamos atrapados en una maraña de compromisos que no siempre nos pertenecen. Pero, a veces, lo más valiente y necesario que podemos hacer es parar, mirar a los ojos y decirlo sin rodeos: «No».

Como canta Xoel López en esa sencilla y poderosa frase: «Siento decirte, que no, que no, que no». Cada no lleva consigo una declaración de honestidad, una reafirmación de lo que somos y de lo que no estamos dispuestos a ser. Ahora bien, ¿cómo llegamos a ese punto? ¿Cómo aprendemos a cruzar nuestros propios abismos emocionales sin tambalearnos?

La historia que sigue no habla solo de maestría o habilidad, sino del equilibrio interno que necesitamos para plantarnos ante las expectativas ajenas y mantenernos firmes. Porque decir no en absoluto es un rechazo al otro, sino un acto de **respeto hacia uno mismo.** Te invito a reflexionar, porque quizás esta lectura te dé el empujón que necesitas para pronunciar ese no que llevas tiempo guardando.

«Había una vez, en un remoto monasterio zen, un joven arquero conocido por su inigualable precisión. Practicaba día y noche, convencido de que la perfección técnica era el camino hacia la verdadera maestría. Los monjes del monasterio admiraban su dedicación, aunque le advertían que no solo la técnica era importante, sino también la calma interior. Un día, mientras el arquero practicaba, un anciano monje se le acercó y le dijo:

»—Joven, veo que eres muy habilidoso con el arco. Sin embargo, me pregunto si tu habilidad se mantendría en cualquier circunstancia. ¿Podrías demostrármelo?

»El arquero, lleno de confianza, aceptó el desafío. El monje le pidió que disparara una flecha al centro de un blanco colocado al borde de un precipicio. El arquero, aunque un poco nervioso, tomó su arco y disparó, acertando en el blanco sin ningún problema.

»—Ahora –dijo el monje– sigamos a otro lugar.

»Guiado por el monje, el arquero llegó a un estrecho puente colgante que cruzaba un profundo abismo. El monje colocó un nuevo blanco en el centro del puente y le pidió al arquero que disparara nuevamente.

»El arquero, al ver el inestable puente y el abismo, sintió miedo. Sus manos temblaban y no podía mantener el arco firme. Intentó disparar, pero la flecha se desvió lejos del blanco.

»El monje, viendo esto, sonrió y le dijo:

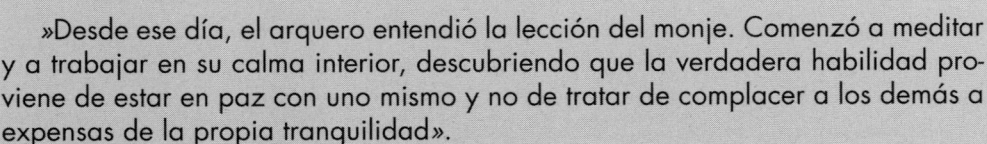

»—La verdadera maestría no solo reside en la habilidad técnica, sino en la tranquilidad de la mente y en la capacidad de decir no a la presión externa. La paz interior te permitirá mantener tu habilidad en cualquier situación.

»Desde ese día, el arquero entendió la lección del monje. Comenzó a meditar y a trabajar en su calma interior, descubriendo que la verdadera habilidad proviene de estar en paz con uno mismo y no de tratar de complacer a los demás a expensas de la propia tranquilidad».

Ahora, piensa en ese amigo o conocido que siempre está dispuesto a ayudar. Probablemente es una de las personas más amables que conoces. Siempre puedes contar con él o ella cuando lo necesitas, aunque eso signifique dejar de lado sus propios planes o actividades. Esta persona, como el arquero del cuento, siempre dice sí con confianza, convencida de que complacer a los demás es lo correcto, aunque implique un **sacrificio personal.**

Quizás te veas reflejado en este comportamiento. Cuando alguien te pide ayuda, ¿dejas lo que estás haciendo y respondes con un «¡claro!» sin pensarlo dos veces? Este hábito, aunque nacido del deseo de ser amable, puede llevarte a un terreno muy peligroso: el agotamiento emocional, el estrés y, en última instancia, la infelicidad.

Como le sucedió al arquero, anteponer constantemente las necesidades de otros a las nuestras puede desestabilizarnos. Si siempre decimos sí, sin considerar lo que realmente necesitamos, cruzamos nuestros propios límites, sacrificando nuestro bienestar en el proceso. A veces, como en el caso del arquero en el puente colgante, la presión externa y el miedo a no tener el beneplácito de los demás nos hacen tambalear. Pero es precisamente en esos momentos cuando es más importante detenerse, respirar, y decir no.

LA AUTOESTIMA Y EL NO

Decir no debería ser tan simple como un monosílabo, ¿verdad? Pero, en la práctica, es un drama en varios actos: dudas, balbuceos y, al final, un sí que nunca quisiste dar. Esta lucha interna tiene mucho que ver con cómo valoramos nuestra autoestima y lo complicado que es mantenerla intacta en un mundo que parece premiar el sacrificio constante.

William James planteaba que la autoestima surge de lo que logramos. **Virginia Satir,** por otro lado, hablaba de nuestra dignidad para ser amados. Ambas ideas, juntas, dibujan un panorama interesante: no importa cuánto tengas o hagas: si no te sientes digno de ser querido, tu autoestima cojea. Y cuando no confías en tu propio valor, decir no puede parecer una tarea titánica.

Pongamos un ejemplo. Tu vecino te pide que le cuides el perro el fin de semana porque se va de viaje y no puede llevárselo. Sabes que ya tienes planes, pero, antes de que puedas pensarlo, la palabra sí se escapa de tus labios. Ahora estás atrapado por tu respuesta, preguntándote por qué no fuiste más firme. ¿Es que acaso temes que te consideren egoísta?

Este miedo está enraizado en una idea errónea: que lo que valemos está atado a lo que hacemos por los demás. Pero detente un momento. ¿Quién te enseñó eso? Es probable que ni siquiera lo recuerdes, porque estas creencias se cuelan desde pequeños, como si fueran parte del aire que respiramos. Te dicen que ser «bueno» implica siempre estar disponible, siempre decir que sí, incluso cuando eso te pase factura. Pero ¿qué hay de ti? ¿Dónde queda tu bienestar en esa ecuación?

Aquí entra la autoestima. No es un lujo ni un capricho; es el motor que impulsa todas tus decisiones, incluso las más pequeñas. Cuando tienes una **autoestima saludable,** no necesitas complacer a todos para sentirte valioso. Sabes que tu valor no está en juego solo porque alguien no esté contento contigo. Y esto es crucial para aprender a decir no sin que el mundo se te venga encima.

No es fácil, claro. Decir no puede hacerte sentir incómodo a ti y a los demás. Pero también es liberador. Por supuesto, habrá quien no lo entienda. Algunas personas se sorprenden o incluso se ofenden cuando empiezas a priorizarte. Sin embargo, la reacción de los demás no define tu decisión. Es normal **sentir culpa** al principio, como si estuvieras haciendo algo malo. Pero esa culpa es solo el eco de esas creencias antiguas, esas que te enseñaron a ponerte siempre en segundo plano.

¿Y sabes qué? Cuando practicas esto, algo curioso sucede. Te das cuenta de que las personas que realmente te valoran no se alejan por un no. De hecho, muchas veces lo entienden y lo respetan, porque saben que un sí que sale desde la honestidad vale mucho más que uno forzado.

La autoestima no es un premio que ganas por ser perfecto. Tampoco es un escudo que te protege de todas las críticas. Es más bien una raíz que te mantiene firme cuando las cosas se tambalean. Y decir no es como regar esa raíz, recordándote a ti mismo que mereces respeto, incluso el tuyo propio.

Pero no nos engañemos: trabajar la autoestima no es como pulsar un botón y ya. Es **un proceso continuo,** con avances y retrocesos. Algunos días te sentirás imparable, capaz de decir no con la misma facilidad con la que respiras. Otros días, caerás en viejos hábitos y aceptarás cosas que no querías. Y está bien. Lo importante no es ser perfecto, sino ser consciente de ti mismo, de tus límites y de tus necesidades.

La próxima vez que te encuentres en una encrucijada, recuerda esto: no le debes un sí a nadie si eso significa traicionarte. Tu tiempo, tu energía y tus emociones son valiosos. Aprende a cuidarlos, porque cuando lo haces, no solo te beneficias tú. También ofreces a los demás una versión más auténtica y equilibrada de ti mismo. ¿Y no es eso lo que todos buscamos en el fondo?

EL MIEDO A DECEPCIONAR

El miedo a decepcionar a los demás es una de esas emociones que todos hemos experimentado en algún momento de nuestra vida. A veces, puede ser tan fuerte que nos lleva a tomar decisiones contrarias a lo que realmente queremos o necesitamos. Este miedo puede surgir en diferentes contextos: en nuestras relaciones personales, en el ámbito laboral, o incluso en las expectativas que sentimos que nuestra familia o amigos tienen sobre nosotros.

Muchas personas, por ejemplo, se encuentran atrapadas en trabajos que no les apasionan o mantienen relaciones que no les satisfacen por completo, simplemente por temor a que, si toman una decisión diferente, decepcionarán a quienes les rodean. Tal vez tienes un amigo que ha dedicado años a una carrera que realmente no le gusta, pero sigue adelante **por no defraudar** a sus padres o porque le preocupa cómo será percibido por los demás si decide cambiar de rumbo.

Este miedo a decepcionar no surge de la nada. Desde pequeños, solemos aprender que cumplir con las expectativas de los demás nos garantiza aceptación y reconocimiento. Nos enseñan que ser buenos hijos, buenos estudiantes, buenos amigos o buenos compañeros de trabajo implica decir sí a todo, aunque eso signifique dejar nuestras propias necesidades en segundo plano. El problema es que, a largo plazo, vivir de esta manera nos genera frustración, agotamiento y, en muchos casos, un profundo malestar interno.

La **culpa** es otro factor que alimenta este miedo. Nos sentimos en deuda con las personas que nos han apoyado o que esperan algo de nosotros. Pensamos que decir no o tomar una decisión que se salga de lo que esperan es ser egoístas o desagradecidos. Y, aunque la culpa puede tener un papel positivo cuando nos ayuda a ser conscientes de nuestros errores, también puede convertirse en un obstáculo cuando nos impide actuar de acuerdo con lo que realmente deseamos.

Otro elemento clave en este miedo es la **vergüenza.** No queremos que los demás nos vean como personas incapaces de cumplir con sus expectativas o de ser lo que ellos esperan de nosotros. Por ejemplo, si en el trabajo siempre has sido visto como alguien que puede con todo, decir no a una nueva tarea podría hacerte sentir avergonzado, como si estuvieras defraudando la imagen que los demás tienen de ti.

Pero ¿cómo podemos enfrentarnos a este miedo y comenzar a priorizar nuestras propias necesidades? Lo primero es reconocer que no podemos complacer a todo el mundo todo el tiempo, y que está bien poner límites. Aprender a decir no de manera asertiva no significa ser egoísta, sino **cuidar de uno mismo.** Decir no cuando realmente no podemos o no queremos hacer algo es un acto de respeto hacia nuestras propias capacidades y deseos.

El miedo a decepcionar es algo muy humano, pero no debe ser el motor de nuestras decisiones. Al tomar consciencia de nuestras propias necesidades y aprender a gestionarlo, podemos liberarnos de esa carga y empezar a vivir alineados con lo que realmente queremos.

CONSECUENCIAS DE VIVIR CON EL MIEDO A DECEPCIONAR

Identificar cómo el miedo a decepcionar afecta a nuestra vida es el primer paso para liberarnos de sus efectos. Todos queremos ser aceptados y valorados por los demás, pero cuando esa necesidad empieza a interferir con nuestro bienestar, es momento de replantearnos nuestras prioridades.

Las consecuencias de vivir con el miedo a decepcionar a los demás pueden ser más profundas de lo que parece a simple vista. Aunque muchas veces intentamos minimizar este miedo o lo justificamos como una forma de «ser amables» o «cumplir con nuestras responsabilidades», la verdad es que este temor puede generarnos gran malestar emocional. A continuación, vamos a explorar algunas de las formas en que este miedo puede impactar en nuestra vida.

ANSIEDAD Y ESTRÉS CONTINUOS

Cuando vivimos constantemente con el miedo a decepcionar, se vuelve una carga que nos acompaña en todas nuestras decisiones. Al principio, parece que intentar cumplir con lo que los demás esperan de nosotros es una buena idea, ¿verdad? Nos hace sentir útiles, conectados, parte de un grupo. Sin embargo, cuando ese deseo de no fallar a los demás se convierte en el centro de todo lo que hacemos, las consecuencias pueden ser mucho más profundas de lo que pensamos.

Uno de los efectos más claros es la ansiedad. Esa sensación permanente de que no puedes cometer errores, que siempre tienes que estar al nivel, que cualquier pequeño fallo será un reflejo de tu incapacidad. Y esa **presión constante,** con el tiempo, se traduce en **síntomas físicos.** Tu cuerpo responde como si estuviera en alerta todo el tiempo: tu corazón se acelera, empiezas a sudar más de lo normal, sientes que te falta el aire, o te das cuenta de que tus músculos están siempre tensos, como si estuvieras a punto de enfrentarte a una amenaza real. Pero lo más desgastante de todo es que esta amenaza no es externa; viene de dentro de ti, de esa voz interna que te repite que no puedes fallar.

Aquí es donde ponemos el foco en la **teoría del estrés de Hans Selye,** que distingue entre el **estrés agudo,** una respuesta puntual que nos activa ante una amenaza concreta, y el **estrés crónico,** que es lo que ocurre cuando esa sensación de amenaza no desaparece. Selye lo describió como una respuesta general de adaptación, pero cuando estamos bajo estrés crónico –como el que genera el miedo a decepcionar– nuestro cuerpo y nuestra mente empiezan a pagar el precio. El sistema inmunológico se debilita, nos volvemos más vulnerables a enfermedades y nuestro bienestar emocional se deteriora.

Por ejemplo, ponte en el lugar de esa abuela que, por miedo a decepcionar a su hijo, acepta cuidar de sus nietos más tiempo del que realmente puede hacerlo. Al principio, cree que decir sí a todo lo que les piden sus hijos hará que la vean más generosa y comprometida. Pero con el tiempo comienza a sentir la presión. Aceptar más horas significa menos tiempo para ella misma, menos descanso y una constante sensación de estar agobiada. Las actividades que antes disfrutaban con sus nietos se convierten en tareas agotadoras.

El cansancio se acumula, y con él llegan los síntomas: insomnio, irritabilidad y, en algunos casos, problemas físicos como dolores de cabeza o malestar estomacal. Es como si el cuerpo estuviera gritando: «¡Esto es demasiado!». En lugar de ser un tiempo para disfrutar, las visitas se convierten en un deber, y el miedo a decepcionar a su familia intensifica la carga emocional. Con esto se hace evidente que el equilibrio entre ayudar y cuidar de sí misma es crucial, no solo para su bienestar, sino también para poder dar lo mejor a quienes aman.

Este patrón de comportamiento también tiene mucho que ver con lo que los psicólogos llamamos **ansiedad anticipatoria.** La mente no solo está preocupada por lo que ocurre en el presente, sino que también se adelanta al futuro, imaginando posibles escenarios de fracaso, rechazo o crítica. Por ejemplo, alguien que teme decepcionar a su jefe podría pasarse la noche antes de una presentación repasando cada detalle, imaginando cómo podría salir mal o cómo los demás lo van a juzgar. Esto no solo genera un estrés innecesario, sino que hace que esa persona llegue a la presentación agotada mental y físicamente, aumentando la posibilidad de cometer errores, lo que refuerza su creencia de no ser suficiente.

Es fundamental entender que no todo el mundo tiene las mismas expectativas sobre nosotros que nosotros mismos. A menudo, somos mucho más duros con nuestras propias acciones de lo que los demás lo son. Esto lo explica el fenómeno del **sesgo de proyección,** que hace que creamos que los demás piensan lo mismo que nosotros sobre una situación. Si nosotros estamos pensando que hemos fallado o que no somos suficientes, asumimos que los demás también lo ven así. Pero la realidad es que, en la mayoría de los casos, las personas que nos rodean no están poniendo tanta atención en nuestros errores como nosotros creemos.

Es necesario hacer un alto en el camino y preguntarnos: ¿de dónde viene este miedo a decepcionar? ¿Es algo que hemos aprendido en nuestra infancia, cuando buscábamos constantemente la aprobación de nuestros padres? ¿O es algo que se ha reforzado con el tiempo, en el entorno laboral, con amigos o en nuestras relaciones?

Reconocer que no podemos controlar cómo nos ven los demás y que el error es parte del proceso es el primer paso para liberar ese peso. Como decía la psicóloga **Kristin Neff** en su **teoría sobre la autocompasión,** ser amables con nosotros mismos en los momentos de error o fracaso nos permite vivir con más tranquilidad. La clave está en entender que no somos perfectos, que en muchas ocasiones no vamos a cumplir con lo que otros esperan, pero que eso no nos define como personas.

Por ejemplo, cuando alguien se enfrenta a una petición que le genera estrés y decide decir no, es posible que al principio sienta culpa. Sin embargo, con el tiempo, comienza a comprender que decir no en absoluto implica decepcionar a los demás, sino que es un acto de autocuidado. Este enfoque no es egoísta; al contrario, es una manera de asegurar que nuestras relaciones sean más equilibradas.

DETERIORO DE LA AUTOESTIMA

Vivir con miedo a decepcionar a los demás puede deteriorar nuestra autoestima. Este miedo, que puede surgir de la presión social, expectativas familiares o la autoexigencia, nos lleva a evaluarnos de manera implacable. Entramos en un ciclo de **autocrítica constante,** donde sentimos que nunca somos lo suficientemente buenos, que siempre hay algo que nos falta.

Piensa en Carla, una joven que siempre se esfuerza por cumplir con las expectativas de su jefe y su familia. Aunque ha logrado varios éxitos en su carrera, cada vez que recibe un cumplido, siente que no se lo merece. Esta sensación de insuficiencia la lleva a trabajar horas extra, ignorando su bienestar y descuidando sus relaciones personales. A medida que se esfuerza por alcanzar **estándares inalcanzables,** su autoestima empieza a deteriorarse. Cada error se convierte en una prueba de su «falta de valía», lo que refuerza su autocrítica.

El psicólogo **Albert Bandura** nos ayuda a entender este fenómeno definiendo lo que es **la autoeficacia.** Según Bandura, la autoeficacia es la creencia en nuestras propias capacidades para realizar tareas específicas. Cuando vivimos con miedo a decepcionar y nos evaluamos críticamente, nuestra autoeficacia disminuye, lo que afecta a nuestra motivación y nuestro rendimiento. Nos sentimos incapaces de enfrentar nuevos desafíos, y esto se traduce en una baja autoestima.

Este ciclo de autocrítica nos lleva a minimizar nuestros éxitos y a enfocarnos en lo que creemos que no hemos logrado. Por ejemplo, si una persona obtiene una buena calificación en un examen, podría pensar: «fue solo suerte», en lugar de reconocer su esfuerzo y dedicación. Este tipo de pensamiento negativo contribuye al deterioro de la autoestima.

Además, **la teoría de la disonancia cognitiva** de **Leon Festinger** también puede jugar un papel importante en este contexto. Cuando nuestras creencias sobre nosotros mismos no se alinean con nuestras experiencias reales (como obtener buenos resultados), sentimos disonancia y, a menudo, elegimos modificar nuestra percepción de nosotros mismos para resolver esa incomodidad. Esto puede llevar a una visión aún más negativa de nuestra autoestima, ya que preferimos creer que no somos lo suficientemente buenos en vez de aceptar que hemos tenido éxito.

EVITACIÓN Y AISLAMIENTO

Cuando este miedo se vuelve muy intenso, muchas personas empiezan a evitar ciertas situaciones. Esto puede suceder tanto en el ámbito personal como en el profesional. Tal vez dejemos de aceptar invitaciones sociales por **temor a no encajar** o evitemos nuevas responsabilidades en el trabajo por miedo a no estar a la altura. Con el tiempo, esta evitación nos lleva al aislamiento, algo que solo refuerza sentimientos de soledad y desconexión.

PERFECCIONISMO

El perfeccionismo es una trampa sutil y dañina en la que muchas personas caen cuando temen decepcionar a los demás. Este impulso de querer hacer todo de manera impecable puede parecer positivo a simple vista, ya que muchas veces se asocia con la ambición y el deseo de superación. Sin embargo, cuando nos encontramos atrapados en esta búsqueda de la perfección, podemos establecer estándares imposibles de alcanzar, lo que no solo incrementa nuestra ansiedad, sino que también puede llevarnos a la parálisis.

Ponte por un momento en el lugar de Laura, una diseñadora gráfica con mucho talento. Laura siempre ha sido admirada por su trabajo, y esa admiración la lleva a establecer **expectativas muy altas** para cada proyecto que comienza. La presión por no decepcionar a sus clientes le hace sentir que cada diseño tiene que ser una obra maestra. Sin embargo, esta búsqueda de la perfección le provoca un estrés constante.

Laura comienza a **procrastinar,** posponiendo el inicio de sus proyectos porque teme no cumplir con sus propios estándares. Cada vez que se sienta a trabajar, se siente abrumada por la idea de que cualquier error podría llevar asociada una crítica negativa. Esto la paraliza, y a menudo acaba entregando trabajos en el último minuto, lo que incrementa aún más su ansiedad y frustración.

Gordon Flett y **Paul Hewitt** nos ayudan a comprender mejor este fenómeno gracias a su **teoría del perfeccionismo.** Ellos sugieren que existen diferentes tipos de perfeccionismo: el orientado a uno mismo, el dirigido a los demás y el perfeccionismo social. Laura se encuentra atrapada en una combinación de perfeccionismo orientado a uno mismo (donde se establece estándares extremadamente altos) y perfeccionismo social (donde siente la presión de cumplir con las expectativas de los demás). Esta mezcla puede resultar en un círculo vicioso que alimenta su ansiedad y deteriora su bienestar emocional.

Esto no solo influye en la salud mental de Laura, sino también en su vida personal. Al estar tan concentrada en alcanzar la perfección, comienza a descuidar sus relaciones. Sus amigos la invitan a salir, pero ella siempre rechaza las ofertas, diciendo que tiene que trabajar. Cuando finalmente entrega su trabajo, a menudo no se siente satisfecha, porque siempre hay algo que podría haber hecho mejor. Esto la lleva a un estado de **frustración y agotamiento emocional.**

A nivel físico, el perfeccionismo puede manifestarse en problemas de salud. La presión y el estrés pueden provocar insomnio, dolores de cabeza y otros síntomas físicos. Un estudio publicado en la revista *Personality and Individual Differences* encontró que las personas con altos niveles de perfeccionismo son más propensas a experimentar ansiedad y depresión. Laura, al igual que muchas personas atrapadas en esta trampa, empieza a sentir que no puede escapar de un ciclo interminable de insatisfacción y agotamiento.

FALTA DE AUTENTICIDAD

A menudo, nos enfocamos tanto en satisfacer las expectativas de quienes nos rodean que comenzamos a actuar de maneras que no reflejan realmente quiénes somos. Esta adaptación a lo que creemos que otros esperan de nosotros puede parecer una estrategia para mantener la paz y ser aceptados, pero con el tiempo nos llevará a una **desconexión total** de nuestras verdaderas necesidades y deseos.

Imagina que trabajas en una empresa de *marketing*. Desde que comenzaste tu carrera, has sentido la presión de encajar en un entorno muy competitivo. Observas a tus compañeros y notas que todos parecen ser extrovertidos, decididos y siempre dispuestos a hablar en reuniones. Para encajar, empiezas a imitar este comportamiento, aunque en realidad eres más reservado y reflexivo. En lugar de compartir tus ideas con sinceridad, sientes que estás obligado a seguir la corriente que se ha creado en tu entorno laboral.

A medida que pasa el tiempo, comienzas a sentirte cada vez más desconectado de ti mismo. A menudo te miras en el espejo y no reconoces a la persona que ves. Tu autenticidad, que alguna vez fue tu fortaleza, se ha desvanecido. **Kernis** y **Goldman**, con **su teoría de la autenticidad,** resaltan que ser auténtico implica ser fiel a uno mismo y a tus propios valores, pensamientos y emociones. Cuando te desvías de esta autenticidad, el costo emocional puede ser alto.

Este fenómeno también puede explicarse a través de **la teoría de la identidad social,** que sugiere que las personas tienden a definirse a través de sus interacciones sociales y la manera en que son percibidas por los demás. Si deseas ser visto de una manera que no eres, comienzas a perder tu sentido de identidad. Esto no solo afecta a tu vida profesional, sino que también impacta sobre tus relaciones personales. Al actuar de esta manera puedes experimentar sentimientos de aislamiento y soledad.

Por ejemplo, si siempre has amado la música clásica, pero sientes que no puedes expresar tu pasión porque tus amigos prefieren otros géneros, es posible que empieces a hablar sobre bandas que realmente no te interesan solo para encajar. Con el tiempo, este comportamiento te llevará a experimentar una profunda insatisfacción, sintiéndote atrapado en una versión de ti que no es real.

EL SÍ AUTOMÁTICO

En nuestra vida cotidiana hay situaciones donde, casi de manera automática, decimos sí a las peticiones de otros. Este fenómeno, que podría parecer inofensivo, tiene raíces profundas en nuestra psicología social y puede influir considerablemente en nuestras decisiones y nuestro bienestar emocional. Un marco conceptual clave para entender este comportamiento es el famoso **experimento de conformidad de Solomon Asch,** realizado en la década de 1950.

El experimento de Asch fue diseñado para investigar hasta qué punto la presión social podía influir en la conformidad del individuo. En una serie de pruebas, un grupo de participantes (en realidad, la mayoría eran cómplices del experimentador) debían responder a preguntas sobre la longitud de líneas. Cada participante, al ser interrogado, debía decir en voz alta cuál de las tres líneas presentadas era igual a una línea de referencia. La clave del experimento radicaba en que los cómplices, antes de que el verdadero participante respondiera, deliberadamente daban respuestas incorrectas. Lo que Asch quería observar era si el verdadero participante, sabiendo que la respuesta correcta era diferente, se alinearía con la mayoría, a pesar de la evidencia contraria.

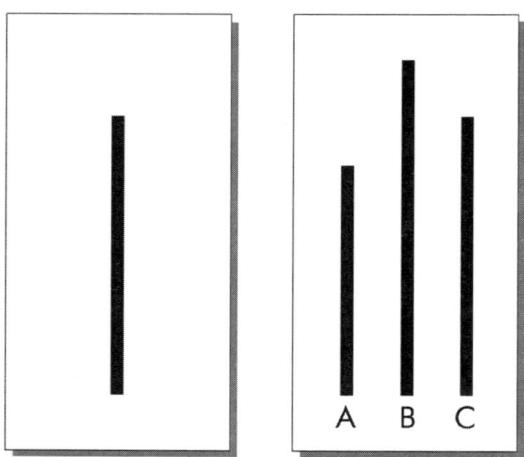

Los resultados fueron sorprendentes: aproximadamente un 75 % de los participantes se conformaron al menos una vez, **eligiendo la respuesta incorrecta por presión social.** Esto mostró que el deseo de encajar y ser aceptado por el grupo podía superar el juicio personal. Este experimento resalta la fuerza de la presión social en la toma de decisiones y sugiere que nuestro cerebro está programado, en cierta medida, para buscar la aprobación de los demás. Este fenómeno puede ser un doble filo. Por un lado, el **deseo de pertenencia** es fundamental para la cohesión social y el bienestar; por otro, puede llevarnos a sacrificar nuestros deseos, límites y necesidades personales en favor de lo que se espera de nosotros.

Cuando decimos sí de manera automática, estamos actuando bajo la influencia de este deseo de conformidad. Puede ser en un entorno laboral donde accedemos a realizar tareas adicionales, o en situaciones sociales donde aceptamos invitaciones que realmente no deseamos. Este comportamiento puede generar sentimientos de resentimiento, agotamiento emocional y una desconexión con nuestras necesidades auténticas:

- **El resentimiento**
  Surge cuando accedemos repetidamente a las demandas de los demás a expensas de nuestros propios deseos o límites. Cada vez que decimos sí sin quererlo realmente, dejamos de lado algo importante para nosotros: puede ser nuestro tiempo, energía o incluso nuestras emociones. Con el tiempo, esto genera una **sensación de injusticia interna,** una percepción de que nuestros esfuerzos no son valorados o que los demás se aprovechan de nuestra disposición. Este resentimiento, aunque muchas veces es sosegado, empieza a acumularse y se manifiesta en forma de malestar, irritabilidad o tensión en las relaciones. Nos sentimos usados o subestimados, y, sin darnos cuenta, empezamos a crear una **barrera emocional** hacia quienes nos rodean, especialmente si notamos que no muestran el mismo nivel de consideración hacia nuestras necesidades.

- **El agotamiento emocional**
  Es otra consecuencia común de este comportamiento. Decir sí constantemente puede parecer inofensivo e incluso positivo en el corto plazo, pero, a largo plazo, empieza a drenar nuestra energía. Cada compromiso que asumimos sin pensarlo demasiado consume recursos internos: tiempo, atención, esfuerzo. Y cuando estos recursos se distribuyen de manera desmedida en satisfacer las necesidades de otros, dejamos de reservar un espacio necesario para nosotros mismos. Esta constante dedicación hacia el exterior, sin equilibrarla con el cuidado personal, nos lleva a una **sensación de fatiga emocional,** en la que el simple hecho de afrontar el día a día se convierte en una carga. Es aquí cuando empezamos a agobiarnos, y vivimos como si estuviéramos en piloto automático, perdiendo la capacidad de disfrutar y de conectar con lo que verdaderamente nos llena.

• La desconexión con nuestras necesidades

Surge como una consecuencia de estos dos fenómenos. Al priorizar las demandas externas, comenzamos a perder de vista lo que realmente necesitamos para nuestro bienestar. Es fácil caer en la trampa de creer que ser siempre complacientes es sinónimo de ser buenos amigos, compañeros o empleados, pero, al hacerlo, nos alejamos de nuestro propio autoconocimiento. Nos desconectamos de nuestros deseos, de aquello que nos proporciona satisfacción o equilibrio. Poco a poco, **nuestra brújula interna se desajusta,** y puede que, en algún punto, nos resulte difícil identificar qué es lo que realmente queremos o necesitamos. Nos volvemos extraños para nosotros mismos, ya que nuestra vida parece estar diseñada en función de las expectativas ajenas, más que de nuestras propias aspiraciones.

Este ciclo es peligroso porque puede llevarnos a un punto en el que ya no sabemos cómo decir no. Y esto, a largo plazo, tiene un impacto negativo sobre nuestra salud mental.

NUNCA SE PUEDE AGRADAR A TODOS

¿Conoces la **teoría de las máscaras sociales?** Esta teoría plantea que, para encajar y ser aceptados, desarrollamos diferentes versiones de nosotros mismos según el entorno en el que nos movemos. Es decir, ajustamos nuestra manera de ser, comportarnos y reaccionar para agradar a quienes nos rodean. Si estamos en el trabajo, por ejemplo, quizás adoptamos una máscara de profesionalismo, mientras que con amigos mostramos una versión más relajada y amigable. Estas máscaras no son intrínsecamente malas; de hecho, son una **estrategia adaptativa** que nos permite interactuar eficazmente en diferentes contextos sociales. Sin embargo, el problema surge cuando estas máscaras se convierten en una constante, una forma automática de actuar para satisfacer a los demás sin tener en cuenta nuestras propias necesidades o deseos.

Este deseo de agradar a todos y evitar el conflicto nos lleva a decir sí sin pensarlo. Nos ponemos la máscara que creemos que será más aceptada en ese momento, porque el temor a desagradar o ser rechazados pesa mucho. Al hacerlo, sacrificamos nuestro yo auténtico. Cada vez que decimos sí por inercia, en lugar de escucharnos, estamos postergando nuestras verdaderas necesidades para cumplir con las expectativas externas. Es como si el **miedo al rechazo** nos empujara a actuar desde un lugar en el que no somos realmente nosotros mismos, sino una versión moldeada por lo que creemos que los demás quieren ver.

No importa cuántas versiones de nosotros mismos creemos o cuántos síes automáticos ofrezcamos, siempre habrá alguien que no estará satisfecho. Y ahí está el verdadero dilema: en el intento de ser todo para todos, nos desdibujamos. Cuanto más tratamos de encajar en todas partes, menos conectados estamos con nuestra esencia. **Nos fragmentamos en versiones** de lo que creemos que otros esperan, perdiendo la coherencia con nuestras propias creencias, deseos y límites.

Cuando tratamos de agradar a todos, terminamos atrapados en un ciclo de agotamiento emocional. Nos sentimos presionados a cumplir con cada demanda o expectativa, por pequeña que sea. Poco a poco, nos desgastamos, tratando de ser la persona ideal para cada situación, sin darnos cuenta de que este esfuerzo por complacer a todos es insostenible y nos lleva a un vacío emocional.

Además, cuando intentamos agradar a todo el mundo, corremos el riesgo de perder de vista lo que verdaderamente queremos y necesitamos. Nos desconectamos de nuestras prioridades personales y, en su lugar, basamos nuestras decisiones en lo que pensamos que será mejor recibido por los demás. Con el tiempo, este patrón nos deja sin una brújula interna clara. Nos volvemos inseguros, dependientes de la validación externa, siempre preocupados por la opinión ajena. Esta dependencia puede llegar a afectarnos tanto que comenzamos a sentir que nuestras relaciones son superficiales, porque no nos atrevemos a mostrarnos tal como somos por miedo a desagradar.

Y lo más paradójico de todo es que, en ese esfuerzo por agradar a todos, terminamos agradando a muy pocos, o incluso a nadie. Las personas, aunque no lo digan, perciben cuando alguien está actuando desde un lugar de complacencia en lugar de desde su verdadera esencia. Es difícil mantener relaciones de verdad cuando uno siempre está intentando adaptarse a lo que el otro espera, porque eso crea una **barrera invisible** que impide la verdadera conexión.

Agradar a todos, además de imposible, no es bueno. Nos lleva a una vida en la que nuestras decisiones se basan en las expectativas de los demás y no en lo que realmente queremos para nosotros. Este tipo de comportamiento nos lleva al agotamiento y al resentimiento, porque llega un punto en el que ya no podemos más: sentimos que hemos dado demasiado de nosotros sin recibir lo suficiente a cambio, porque no hemos sido fieles a nuestras propias necesidades.

Es importante reconocer que no siempre debemos decir sí por miedo a perder la aceptación de los demás. En lugar de usar constantemente máscaras para agradar, debemos aprender a ser sinceros con nosotros mismos y con quienes nos rodean. Eso implica aceptar que no podemos complacer a todos y que está bien **priorizar nuestras necesidades,** aunque eso signifique que algunos se sentirán descontentos por establecer y defender nuestros límites.

PRIORIZA TUS NECESIDADES

Las prioridades, en su esencia, son decisiones conscientes sobre qué aspectos de nuestra vida merecen más atención y esfuerzo que otros. Como señala su origen etimológico en el latín, *prior* hace referencia a aquello que tiene un lugar anterior o primario en relación con otras cosas. En la vida cotidiana, estas prioridades son subjetivas y dependen de las circunstancias personales, los valores y los objetivos de cada individuo. Ahora bien, ¿cómo establecemos prioridades de manera efectiva? Y más importante aún, ¿qué ocurre cuando no lo hacemos?

Uno de los enfoques psicológicos que aborda cómo las personas jerarquizan sus necesidades y deseos es la **teoría de la motivación humana de Abraham Maslow.** Según Maslow, los seres humanos tenemos una serie de necesidades que se organizan en una jerarquía. Estas necesidades, desde las más básicas hasta las más elevadas, incluyen la fisiología (alimentos, agua), la seguridad (refugio, protección), las relaciones sociales (afecto, pertenencia), el reconocimiento (logro, autoestima) y, finalmente, la autorrealización (desarrollo personal, crecimiento). Esta pirámide de necesidades puede entenderse como una forma de establecer prioridades innatas: lo más urgente y esencial para nuestra supervivencia se coloca primero, seguido por otras metas más abstractas y espirituales.

Necesidades de auto-realización
Crecimiento personal

Necesidades de estima
Logro, estatus, fama, responsabilidad, reputación

Necesidades sociales de amor y pertenencia
Familia, afecto, relaciones, trabajo en grupo

Necesidades de seguridad
Protección, seguridad, orden, ley, límites, estabilidad

Necesidades fisiológicas
Necesidades básicas de la vida: aire, comida, bebida, refugio, calor, sexo, sueño

La importancia de establecer prioridades radica en que nos permite dirigir nuestra energía y tiempo hacia lo que realmente nos importa, y así evitar lo que podría llamarse **«el síndrome del bombero»:** estar constantemente apagando incendios sin detenernos a pensar si estamos enfocándonos en los problemas correctos. Cuando no establecemos prioridades, podemos terminar ocupados con tareas o compromisos que en realidad no nos acercan a nuestros objetivos más importantes. Este desorden no solo nos agota, sino que también nos aleja de nuestras metas personales y, en última instancia, de una vida satisfactoria.

Desde esta perspectiva, una persona que carece de claridad en sus prioridades podría caer en un **ciclo de desgaste emocional y procrastinación,** porque, al no saber qué es lo más importante, termina atendiendo todo al mismo tiempo o, peor aún, postergando lo realmente relevante. La consecuencia de este comportamiento es el malestar, la frustración y, a menudo, la sensación de estar estancado. En cambio, cuando tenemos claras nuestras prioridades, cada acción tiene un propósito definido, lo que nos da una sensación de control y dirección en nuestras vidas.

Es aquí donde la teoría de Maslow nos ayuda a entender el concepto de priorización no solo desde el ámbito de las necesidades físicas o básicas, sino también desde un plano emocional y personal. A medida que cubrimos nuestras necesidades más básicas, tendemos a buscar satisfacción en áreas más profundas, como el sentido de pertenencia, el reconocimiento social o el crecimiento personal. Cada persona, según su contexto, sus valores y su situación, establecerá una jerarquía diferente para estas necesidades. Alguien puede priorizar el trabajo porque busca reconocimiento y éxito profesional, mientras que otra persona priorizará las relaciones familiares o el tiempo de ocio, ya que eso le aporta estabilidad emocional.

Al final del día, nuestras prioridades nos definen. No podemos pretender estar en todas partes ni ser todo para todos. Aceptar que **es imposible complacer a todos** y, en cambio, centrarnos en lo que realmente importa para nosotros es esencial para construir una vida equilibrada y satisfactoria.

ESTABLECE Y DEFIENDE LÍMITES SALUDABLES
Como psicólogo, he visto una y otra vez cómo la falta de límites claros afecta a la vida de las personas, llevándolas a una espiral de agotamiento, frustración y pérdida de identidad. Y, sin embargo, poner límites no es solo una forma de proteger nuestro bienestar; es una manera de afirmarnos, de decir «esto es lo que soy y esto es lo que necesito».

Los límites no son más que las **fronteras psicológicas, emocionales y físicas** que definimos para protegernos. Son una herramienta esencial para cuidar de nuestro equilibrio emocional, marcar hasta dónde estamos dispuestos a llegar y, sobre todo, preservar nuestra energía y nuestros recursos internos. Definir estas líneas es una forma de respeto hacia nosotros mismos y hacia los demás, ya que permite que las relaciones se basen en la claridad y el entendimiento mutuo. Cuando no ponemos límites, estamos permitiendo que otros traspasen nuestro **espacio personal,** lo que nos lleva a la frustración y, eventualmente, a una desconexión con nuestras necesidades reales.

Piensa en los carriles por los que circula un coche. Estos carriles aseguran que cada vehículo siga su propio camino, evitando choques o desvíos que podrían causar problemas. De la misma manera, los límites psicológicos y emocionales que establecemos en nuestras vidas permiten que nuestras relaciones funcionen de manera ordenada y respetuosa. Cuando los carriles están bien marcados, todo fluye de manera segura. Pero si estos carriles desaparecen, los vehículos se cruzan, creando caos y colisiones, tal como sucede cuando no establecemos límites claros en nuestras interacciones personales. Sin límites, los demás pueden invadir nuestro espacio, desorganizando nuestro bienestar y causando conflicto interno.

¿Por qué es tan importante establecer límites? Porque son la única manera de asegurar que nuestras prioridades y deseos no se pierdan en el ruido de las expectativas de los demás. Sin límites, corremos el riesgo de invertir tiempo y energía en relaciones o responsabilidades que no nos llenan, que no nos benefician, y que, al final, nos drenan. Decir no es a menudo visto como algo negativo, pero, en realidad, **es un acto de afirmación personal.** Al decir no a lo que no es prioritario o saludable, estamos diciendo sí a lo que realmente importa.

Aprender a defender esos límites es igualmente importante. Muchas veces establecemos un límite en nuestra mente, pero cuando llega el momento de comunicarlo, retrocedemos por miedo a incomodar al otro. Este tipo de comportamiento, aunque comprensible, solo refuerza la idea de que nuestras necesidades son secundarias. Defender un límite no tiene por qué ser una confrontación, ni algo agresivo. Se trata, más bien, de ser **claros, asertivos y consistentes.**

Muchas personas no ven clara la idea de establecer límites por miedo a ser percibidas como egoístas o desconsideradas. Sin embargo, es importante comprender que establecer límites no es un acto de egoísmo, sino de **autorespeto.** Los límites claros permiten que nuestras relaciones sean más equilibradas, ya que no estamos constantemente sacrificando nuestras necesidades por las de los demás. Al final, el verdadero problema no es aprender a decir no, sino aprender a hacerlo **sin culpa,** con la certeza de que cuidar de uno mismo es una necesidad, no un lujo.

Para establecer y defender límites saludables, el primer paso es la **autorreflexión.** Pregúntate: ¿qué necesito? ¿Qué me hace sentir bien? ¿Qué situaciones me generan incomodidad o estrés? Con estas respuestas en mente, puedes empezar a construir tus límites de manera consciente, sabiendo que cada línea que dibujas es un acto de **amor propio.** El segundo paso es comunicar esos límites con claridad y consistencia. Usa un lenguaje asertivo y directo, pero siempre desde un lugar de respeto, tanto hacia ti mismo como hacia los demás. Y, por último, no temas defender esos límites cuando sea necesario. A veces, las personas reaccionarán con sorpresa o incomodidad, pero con el tiempo aprenderán a respetar el espacio que has creado para ti.

AH, LA OBEDIENCIA

¿Hasta dónde llegarías si alguien con autoridad te pide algo? **Stanley Milgram,** un psicólogo estadounidense, tuvo la misma inquietud a principios de los años 60. Con el eco de los juicios de Núremberg aún resonando, quiso entender cómo personas aparentemente «normales» podían convertirse en cómplices de actos atroces. ¿Es la obediencia a la autoridad un motor tan poderoso como para anular nuestra moral?

El experimento de Milgram fue sencillo en apariencia, pero desolador en sus implicaciones. Reclutó a un grupo de voluntarios diciéndoles que participarían en un estudio sobre la memoria. La tarea parecía inocente: ayudar a otra persona, situada en una sala contigua, a recordar asociaciones de palabras. Si la persona fallaba, el voluntario debía administrar una descarga eléctrica, empezando con un nivel bajo e indoloro. Lo que no sabían era que en realidad no había nadie al otro lado, solo una grabación con quejidos, gritos y súplicas pregrabados. Y aquí viene lo escalofriante: a medida que aumentaban los fallos, también lo hacían los voltios, hasta llegar a niveles mortales.

Aunque muchos decían antes del experimento que jamás harían daño a otro ser humano, casi dos tercios de los participantes continuaron administrando descargas hasta el final, incluso cuando creían que la persona en la otra habitación podía haber muerto. ¿Por qué? Milgram llegó a una conclusión demoledora: cuando reconocemos a alguien como **figura de autoridad,** tendemos a delegar en ellos nuestra **responsabilidad moral.** Es como si nuestro cerebro se desconectara y nos limitáramos a «cumplir órdenes».

Ahora bien, esto no es solo una curiosidad histórica, sino que las implicaciones del experimento son tan actuales que dan miedo. Piensa en un entorno laboral, por ejemplo. ¿Cuántas veces has aceptado tareas o decisiones con las que no estabas de acuerdo solo porque venían directamente de tu jefe? Quizá no se trataba de algo tan extremo como infligir daño físico, pero las dinámicas son similares: la obediencia ciega puede ser cómoda porque nos libera del peso de la responsabilidad.

O consideremos las redes sociales, ese vasto experimento de psicología humana al que todos nos hemos suscrito voluntariamente. Aquí, la autoridad no siempre tiene rostro; a veces se presenta en forma de **tendencias virales, influencers** o normas implícitas del grupo. ¿Cuántas veces has dado «me gusta» a algo porque parecía lo correcto, aunque no estuvieras completamente de acuerdo? O peor aún, ¿has sido testigo de una cacería virtual y preferiste callar por miedo a ser el siguiente en la lista?

Y ni hablar de los adolescentes, para quienes el grupo de amigos puede convertirse en una «autoridad». Las presiones para encajar, las bromas que cruzan límites éticos, o las decisiones impulsadas por el «todos lo hacen» son ejemplos perfectos de cómo la dinámica de Milgram se filtra en el día a día.

Ahora bien, ¿estamos condenados a repetir el experimento una y otra vez? No necesariamente. **Hay soluciones,** pequeños pasos que podemos dar para resistir la tentación de ceder nuestra responsabilidad moral:

- **Desarrolla pensamiento crítico**
  La reflexión fue la clave que llevó a algunos participantes del experimento a detenerse. Cuestionar no es un acto de rebeldía, sino un hábito que debemos cultivar. Antes de aceptar una orden o seguir una tendencia, pregúntate: «¿esto tiene sentido?», «¿Estoy cómodo con las posibles consecuencias?».

- **Reconoce la influencia de la autoridad**
  La sola conciencia de cómo opera este mecanismo puede ser suficiente para frenarlo. Saber que estamos predispuestos a obedecer a figuras de autoridad nos permite detenernos a pensar antes de actuar.

- **Busca aliados**

  La presión de grupo es más fácil de resistir cuando no estás solo. Hablar con otros, compartir tus inquietudes y encontrar personas que valoren la ética puede darte la fuerza que necesitas para actuar según tus valores.

- **Fomenta entornos donde se permita cuestionar**

  Esto aplica especialmente en contextos laborales o educativos. Líderes y profesores pueden hacer un esfuerzo consciente por crear espacios donde se valore la opinión crítica y se incentive el diálogo.

- **Aprende a decir no**

  Parece bastante fácil, pero no lo es. Muchas veces obedecemos por miedo a las represalias o al rechazo. Practicar decir no, con firmeza, pero de forma respetuosa, puede ayudarte a mantener tus principios intactos incluso en situaciones de presión.

Milgram fue criticado por la dureza de su método, pero muchos de sus participantes dijeron haber aprendido algo que los cambió para siempre: nunca más dejarían su responsabilidad moral en manos de otro. Tal vez, esa sea la verdadera enseñanza. Porque, al final del día, **la conciencia** no tiene interruptores, y la responsabilidad siempre será nuestra, incluso si tratamos de delegarla.

¿Y tú? ¿Estás listo para tomar las riendas, o seguirás obedeciendo sin preguntar? Ahora que conoces las herramientas, el siguiente paso depende solo de ti.

LA ASERTIVIDAD

La asertividad es una habilidad comunicativa clave que nos permite expresar nuestras ideas, emociones y necesidades **de forma clara y respetuosa.** Uno de los contextos donde más se pone a prueba esta capacidad es al establecer límites y aprender a decir no. Decir que no es, en esencia, un acto asertivo: nos permite cuidar de nosotros mismos, mantener nuestra integridad y respetar nuestras propias prioridades. A lo largo de varias teorías psicológicas, este aspecto de la asertividad ha sido explorado y desarrollado como un elemento esencial para el equilibrio emocional y la salud mental.

Uno de los enfoques más influyentes en el estudio de la asertividad proviene de la **terapia conductual** de los años 50 y 60. **Joseph Wolpe,** uno de los pioneros en esta área, sostenía que las conductas asertivas eran incompatibles con la ansiedad. En situaciones donde nos sentimos presionados a decir que sí, aunque realmente quisiéramos decir que no, la ansiedad puede tomar el control y llevarnos a ceder ante las expectativas de los demás. Wolpe utilizaba el **entrenamiento en asertividad** como una técnica para ayudar a las personas a enfrentarse a esas situaciones, enseñándoles a establecer límites y decir que no de manera calmada y respetuosa, reduciendo así la ansiedad.

Decir no puede parecer difícil porque, como sostenía **Albert Ellis** en su **Terapia Racional Emotiva Conductual (TREC),** muchas veces estamos atrapados por creencias irracionales. Estas creencias incluyen pensamientos como «si digo que no, me rechazarán» o «si no hago lo que los demás esperan, me considerarán egoísta». Según Ellis, estas ideas nos impiden ser asertivos, y al no poder decir no, nos sobrecargamos con responsabilidades y expectativas ajenas. En la TREC, el trabajo consiste en reestructurar esos pensamientos irracionales, permitiendo que la persona se sienta libre para establecer límites sin culpa ni temor al rechazo.

Manuel J. Smith, autor del libro *Cuando digo no, me siento culpable*, también exploró ampliamente el tema de la asertividad en el contexto de decir no. En su obra, Smith formuló los **«derechos asertivos»,** entre los cuales destaca el derecho a decir no sin tener que justificarlo o sentirnos culpables. Este derecho es crucial cuando hablamos de establecer límites, ya que muchas veces sentimos que necesitamos justificar nuestras decisiones o tememos las reacciones negativas de los demás. En cambio, según Smith, la asertividad implica entender que decir no es simplemente una manera de respetarnos a nosotros mismos y mantener un equilibrio saludable entre lo que estamos dispuestos a hacer y lo que no.

Desde la **perspectiva cognitivo-conductual,** la capacidad de decir que no está profundamente ligada al *modelo ABC* de **Ellis,** donde las creencias irracionales (B) pueden llevar a consecuencias emocionales y conductuales negativas (C), como la sensación de culpa o la evitación de situaciones incómodas. La clave aquí es desafiar esos pensamientos disfuncionales y aprender que decir no es no solo válido, sino necesario para nuestro bienestar. Esto se conecta directamente con el establecimiento de límites: cuanto más claro tengamos lo que estamos dispuestos a aceptar y lo que no, más fácil nos será negarnos a hacer algo sin remordimientos.

Otra perspectiva útil en este contexto proviene de la teoría de **Daniel Goleman** sobre la **inteligencia emocional.** Según Goleman, ser asertivo no solo implica expresar nuestras necesidades, sino también hacerlo de manera empática y respetuosa, teniendo en cuenta las emociones de los demás. Decir que no, cuando es necesario, puede mejorar la calidad de nuestras relaciones interpersonales, dado que ayuda a establecer límites claros y a reducir la posibilidad de resentimientos o malentendidos. Ser emocionalmente inteligente en este contexto significa aprender a decir no de manera equilibrada: defendemos nuestros propios límites sin herir innecesariamente a los demás.

En definitiva, la asertividad es una herramienta esencial para aprender a decir que no, y este proceso está profundamente enraizado en todas estas teorías psicológicas, las cuales coinciden en la importancia de establecer límites claros. Además, esta forma de comunicarnos debe convivir con la agresividad y la pasividad.

LOS DERECHOS ASERTIVOS

La asertividad parece muy sencilla en teoría, pero en la práctica es difícil de aplicar. Es un equilibrio: ni pasarse de la raya (agresividad) ni quedarse corto (pasividad). Siendo honestos, ¿cuántas veces hemos evitado decir lo que realmente pensamos por no incomodar? ¿O, al revés, hemos hablado de manera tan agresiva que la gente se ha «cerrado más»? Aquí es donde los derechos asertivos entran en escena.

Estos derechos se entienden como una guía, una **lista de principios** que nos recuerdan que no solo tenemos derecho a expresar cómo nos sentimos y lo que necesitamos, sino también a hacerlo sin miedo ni culpa. El concepto de derechos asertivos no es algo que esté de moda ni es un invento reciente; es una idea que cobró vida en los años 70, cuando **Manuel J. Smith** escribió *When I Say No, I Feel Guilty*. Con este libro, Smith ayudó a muchas personas a darse permiso para decir no sin cargar con la culpa. Desde entonces, se han añadido más derechos, cada uno con su toque de sabiduría cotidiana. Algunos más destacables son los siguientes:

- **Derecho a decir no sin sentirse culpable**
  ¿Te imaginas cuántas veces habrías querido decir que no y acabaste diciendo que sí por compromiso? No es egoísta decir que no; en realidad es un acto de respeto hacia ti y tus propios límites. Imagina, por ejemplo, que te piden trabajar en tu día libre y, aunque sabes que podrías, simplemente prefieres descansar. Decir que no puede ser incómodo al principio, pero en el fondo te da la libertad que mereces. Prueba hacerlo con firmeza, pero sin miedo.

- **Derecho a expresar nuestras emociones y sentimientos**
Tal vez te hayas acostumbrado a guardarte lo que sientes por temor a que alguien se moleste, pero expresar cómo te sientes es esencial. Por ejemplo, si te molesta una broma o un comentario, tienes derecho a decir «esto me incomoda» o «prefiero que no me hables así». Hacer esto no solo evita malentendidos, sino que también te ayuda a construir relaciones más honestas.

- **Derecho a pedir lo que necesitamos**
Todos tenemos necesidades, y pedir lo que ne-cesitamos es nuestra responsabilidad, aunque no siempre nos asegure que los demás lo cumplan. ¿Te ha pasado que necesitas ayuda en casa o apoyo en el trabajo y no lo pides, esperando que los demás lo «adivinen»? Este derecho nos recuer-da que expresar nuestras necesidades no es una exigencia, pero sí es un paso hacia nuestro pro-pio bienestar.

- **Derecho a cometer errores**
La próxima vez que te equivoques, recuerda que errar es parte de ser humano. Uno de los grandes beneficios de este derecho es que, al recono-cernos imperfectos, somos más amables con nosotros mismos. Esto no solo libera tensiones, sino que también nos permite ver los errores como un paso necesario en el aprendizaje. Imagina que cometes un error en el trabajo; aceptarlo sin autocastigarte te da el espacio para crecer y mejorar.

- **Derecho a cambiar de opinión**
Cambiar de opinión no significa falta de compromiso ni debilidad. Signi-fica que estamos creciendo y tenemos derecho a ver las cosas desde otro ángulo. Todos hemos tenido una opinión de la que luego nos arrepentimos o, simplemente, evolucionamos. Permítete el cambio, sin miedo a que te juzguen.

- **Derecho a ser tratado con respeto**
Todos merecemos respeto, tanto de los demás como de nosotros mismos. Este derecho implica que, si en algún momento alguien no te trata como mereces, tienes el derecho a pedir un cambio en esa relación. Ser tratado con respeto también significa que nosotros mismos debemos tratarnos con dignidad, sin autoexigencias innecesarias ni juicios.

- **Derecho a no anticiparse a las necesidades de los demás**
  A menudo creemos que debemos complacer a los demás o anticipar lo que necesitan, y eso es agotador. Este derecho nos da permiso para vivir nuestras propias vidas sin sentirnos responsables de cada expectativa de los demás. Es como soltar la mochila llena de piedras y caminar más ligeros.

- **Derecho a tomar decisiones que nos beneficien**
  No siempre es fácil priorizarnos, y en nuestra cultura puede parecer egoísta. Pero este derecho nos recuerda que merecemos poner nuestro bienestar en primer lugar, sin sentir que le debemos una explicación a cada persona en nuestra vida. De esta forma, tomamos mejores decisiones y podemos dar lo mejor de nosotros mismos.

Estos derechos asertivos son más que conceptos; son herramientas prácticas que nos invitan a vivir con más libertad y respeto hacia nosotros mismos. Si sientes que a veces te falta fuerza para decir exactamente lo que piensas o que te quedas con sentimiento de culpa tras una decisión, intenta aplicar alguno de estos derechos. Son pasos, pequeños y grandes, hacia una vida donde puedas ser tú mismo sin pedir permiso.

ASERTIVIDAD VERSUS AGRESIVIDAD

La forma en que comunicamos el no puede variar significativamente entre la asertividad y la agresividad. Cuando decimos no de manera asertiva, estamos reconociendo nuestras propias necesidades y deseos y comunicándolos de forma clara y respetuosa. Este enfoque nos permite **establecer límites claros** y preservar nuestra salud emocional, ya que al ser honestos en nuestras intenciones evitamos el agotamiento y el resentimiento que pueden surgir al aceptar compromisos que no deseamos.

En contraste, la agresividad se manifiesta como una respuesta emocional desbordante que busca **imponer nuestras necesidades** sobre las de los demás. Un no agresivo puede incluir críticas o descalificaciones que llevan a malentendidos y conflictos innecesarios. La agresividad no solo daña las interacciones, sino que también acarrea consecuencias emocionales negativas, como sentimientos de culpa y ansiedad. Por lo tanto, aprender a comunicar nuestras necesidades de manera asertiva no solo protege nuestro bienestar emocional, sino que también promueve interacciones más satisfactorias, ya que ser asertivo implica expresar nuestros deseos sin desmerecer a los demás, lo cual es crucial para construir relaciones sanas.

Aspecto	Asertividad al decir no	Agresividad al decir no
Comunicación	Comunicación clara y respetuosa, reconociendo nuestras necesidades.	Respuesta emocional desbordante que busca imponer nuestras necesidades.
Claridad en la Comunicación	Establece una línea clara entre lo que estamos dispuestos a hacer y lo que no.	Puede generar confusión y malentendidos debido a críticas o descalificaciones.
Respeto	Valora nuestras propias necesidades sin devaluar las del otro.	Puede descalificar o menospreciar al otro, creando un ambiente hostil.
Salud emocional	Previene el agotamiento emocional y el resentimiento al establecer límites claros.	Genera consecuencias emocionales negativas, como culpa y ansiedad, a largo plazo.
Relaciones	Fomenta interacciones saludables basadas en la confianza y la comprensión.	Puede dañar la confianza y el respeto, llevando a la evitación o ruptura de la relación.

EVITA OFENDER A LOS DEMÁS

Decir no sin ofender a los demás es un arte que se puede aprender y mejorar con el tiempo. Aunque negarse a algo puede generar incomodidad, es posible hacerlo de una manera que minimice el impacto negativo en la otra persona. La clave está en la forma en que comunicas tu respuesta, para que la otra persona no se sienta rechazada o menospreciada.

El primer paso es empezar con un simple «no, lo siento», ya que marca una postura clara y honesta. Luego, es importante **prestar atención a los motivos** de la otra persona: ¿por qué te está pidiendo algo? Hazle saber que entiendes sus razones, ya que esto ayuda a crear una sensación de empatía. Por ejemplo, si alguien te pide el coche para ir a un concierto, podrías decir: «entiendo que necesitas el coche para ir al estadio, pero lo necesito para hacer la compra». Así, no solo dices que no, sino que demuestras que has considerado su situación.

Después de expresar que entiendes sus motivos, es importante exponer los tuyos. **Explicar tus razones** con honestidad ayuda a que la otra persona vea que no se trata de una negativa sin fundamento, sino de una cuestión circunstancial. Si, por ejemplo, ya le habías dicho a alguien que necesitas el coche, puedes reafirmar tu postura de manera firme pero respetuosa: «No, lo siento. Ya te dije que necesito el coche para hacer unas compras, así que no puedo prestártelo ahora». Este tipo de explicaciones, aunque breves, son útiles para que la otra persona entienda mejor tu negativa.

Otro punto importante es **no ceder bajo presión.** A veces, la otra persona puede insistir, pero si ya has dado una explicación clara y firme, no es necesario seguir justificándote. Repetir el mismo argumento con serenidad es suficiente para evitar caer en discusiones interminables. Por ejemplo: «En otra ocasión podría dejarte el coche, pero hoy no puedo. Lo siento».

DI NO CON GRACIA

Muchas veces, la clave está en cómo dices no. No se trata solo de rechazar, sino de **comunicarlo de una forma amigable,** mostrando aprecio, pero manteniendo firmeza.

Por ejemplo, cuando alguien te pide ayuda en el trabajo y tú ya tienes demasiadas tareas, podrías evitar una respuesta directa como: «No puedo, estoy muy ocupado». En lugar de eso, una opción más amable y efectiva sería decir algo como: «entiendo que necesitas apoyo en esa tarea y me encantaría ayudarte. Sin embargo, mi agenda está completamente llena en este momento. Si más adelante tengo un espacio, te aviso. Espero que puedas acabarlo a tiempo». Este tipo de respuesta transmite que valoras la petición, pero que también respetas tus propios límites. Otra forma de suavizar un no es **ofrecer alternativas.** Si alguien te pide que interrumpas tu trabajo para ayudar en algo, pero no puedes en ese momento, podrías responder: «Con gusto te ayudo. Hoy tengo otros compromisos, pero mañana puedo echarte una mano. ¿Te parece bien o buscamos otro momento?». Esta respuesta no solo es amigable, sino que muestra disposición para ayudar sin sacrificar tus propias responsabilidades.

A veces decir no puede generar culpa, sobre todo cuando se trata de personas cercanas. Es importante recordar que priorizar tus propias necesidades no significa ser egoísta. Si, por ejemplo, un amigo te invita a salir, pero prefieres quedarte en casa para descansar, puedes decirle: «Me encanta pasar tiempo contigo, pero hoy quiero quedarme en casa. ¿Qué te parece si nos vemos mañana y hacemos algo que nos guste a los dos?». De esta manera demuestras que valoras la relación, pero también que respetas tus necesidades personales.

Si no te sientes seguro de cómo rechazar una petición en el momento, o no estás preparado para dar una respuesta inmediata, una buena opción es usar lo que llamamos el **aplazamiento asertivo.** Puedes decir algo como: «Me encantaría ayudarte, pero no estoy seguro de tener tiempo. Déjame revisar mi agenda y te doy una respuesta luego». Esto te da espacio para pensar y decidir con más calma, sin tener que decir un no rotundo de inmediato.

Al decir no con cortesía, firmeza y proponiendo alternativas, es posible comunicar tus límites de una manera que respete tanto tus necesidades como las de los demás. De esta forma, no solo te cuidas a ti mismo, sino que también mantienes relaciones más honestas.

ASERTIVIDAD VERSUS PASIVIDAD

En este caso, la pasividad se caracteriza por la tendencia a evitar expresar nuestros deseos y necesidades. Al ser pasivos, a menudo sentimos que debemos aceptar todo lo que nos piden, incluso si van en contra de nuestro bienestar. Si, por ejemplo, decides aceptar la invitación a la fiesta a pesar de no querer ir, es probable que luego te sientas abrumado o resentido.

La pasividad está vinculada a problemas como la **baja autoestima** y la **ansiedad.** Cuando no establecemos límites claros, corremos el riesgo de quedarnos atrapados en relaciones desequilibradas donde nuestras necesidades son sistemáticamente ignoradas. Este comportamiento puede generar una **disonancia cognitiva,** un malestar interno que surge cuando nuestras acciones no se alinean con nuestros deseos.

Aspecto	Pasividad al decir no	Asertividad al decir no
Comunicación	Comunicación evasiva o poco clara, evitando el conflicto.	Comunicación clara y respetuosa, reconociendo nuestras necesidades.
Claridad en la Comunicación	Puede resultar en confusión, ya que no se establecen límites claros.	Establece una línea clara entre lo que estamos dispuestos a hacer y lo que no.
Respeto	Tiende a devaluar nuestras propias necesidades, priorizando las de otros.	Valora nuestras propias necesidades sin menospreciar las del otro.
Salud emocional	Genera ansiedad, culpa y resentimiento por no defender nuestros límites.	Previene el agotamiento emocional al establecer límites claros.
Relaciones	Puede llevar a relaciones desiguales y poco satisfactorias.	Fomenta interacciones saludables basadas en la confianza y la comprensión.

LA ASERTIVIDAD ES ALGO MÁS QUE DECIR NO

Cuando hablamos de asertividad, entendemos que es aprender a decir no sin sentirnos culpables. Pero la verdad es que la asertividad es mucho más que una simple negativa. Es una habilidad para comunicar lo que sentimos, necesitamos y pensamos de una forma respetuosa, tanto para nosotros mismos como para los demás. Y claro, ser asertivo no es algo que uno desarrolla de la noche a la mañana. Desde pequeños, cada uno de nosotros ha ido aprendiendo, a su modo, a **manejar la incomodidad** que a veces implica expresarse con esa autenticidad.

Piensa en esa época cuando eras pequeño. ¿Te acuerdas de cómo tus padres te insistían para que compartieras tus juguetes con otros niños en el parque, aunque no quisieras? Tal vez en ese momento te decían que no hacerlo te hacía ser egoísta, y aceptabas compartir, aunque a veces te incomodara. Nos enseñan de aquella manera a ser generosos y a compartir, claro, pero rara vez nos explican que también es válido querer tener algo solo para nosotros, o que es posible decir que no sin hacer daño a nadie. Esa presión por agradar, por ser «buenos» en todo momento, se graba en nosotros y luego, ya siendo adultos, cuesta mucho deshacerse de esa idea de que, si no cedemos siempre, estamos fallando a alguien.

Ahora, piensa en las situaciones a las que te enfrentas como adulto. ¿Cuántas veces dices sí solo para evitar que otro se sienta mal? Quizás te has encontrado aceptando **favores o compromisos que realmente no te apetecen** solo por no tener que afrontar una conversación incómoda. Y es que ser asertivo va más allá de un no ocasional; implica saber pedir lo que realmente necesitas y **expresar tus deseos sin miedo.** Reconocer que tienes derecho a cuidarte a ti mismo, a veces, tanto como cuidas de los demás.

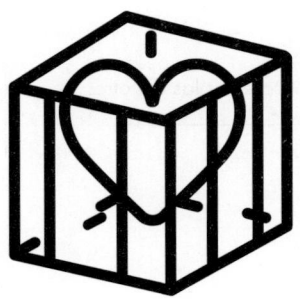

La asertividad, en el fondo, es una herramienta para construir relaciones basadas en el respeto. Significa que puedes ser sincero con tus límites, sin necesidad de justificarte o sentirte culpable. Esto no siempre es fácil, porque, seamos honestos, muchos de nosotros crecemos creyendo que para ser queridos debemos ser siempre amables, complacientes y «fáciles de tratar». Pero este **deseo de ser aceptados** puede llevarnos a sacrificar partes importantes de nosotros mismos.

La clave está en encontrar ese equilibrio entre lo que tú necesitas y lo que puedes ofrecer a los demás. Si siempre dices que sí, corres el riesgo de que otros comiencen a ver tu ayuda como algo obvio, como si fuera parte de tus obligaciones. ¿Te ha pasado? Que alguien ya ni siquiera te agradezca por ese favor extra que haces casi siempre... Es porque, cuando nos volvemos complacientes por costumbre, las personas dejan de ver nuestros gestos como actos de generosidad y comienzan a darlos por hecho. Lo cierto es que esto tiene una explicación biológica: cuando ocurre esto, el cerebro de quienes nos rodean adapta su respuesta emocional para ahorrar energía.

Si te sientes identificado, piensa que **la asertividad no es egoísmo,** sino una forma de preservar el respeto mutuo. Al expresar tus límites con claridad, ayudas a otros a entenderte y, al mismo tiempo, te liberas de la carga de tener que estar constantemente disponible para todo y para todos. Y sí, esto también aplica cuando eras niño. Seguramente hubo momentos en los que deseaste quedarte con tus juguetes, pero el «deber» de complacer a los demás se antepuso a tus propios deseos. Ahora, como adulto, quizás te encuentres repitiendo ese patrón, cediendo a las demandas de otros sin cuestionar si eso es realmente lo que quieres.

Además, ¿recuerdas cómo a veces tus padres o profesores te decían qué hacer o cómo actuar «porque sí»? Esa falta de explicación nos enseñó que a veces las decisiones de los demás están por encima de las nuestras. Y entonces, al crecer, se vuelve fácil seguir diciendo sí a todo, pensando que eso hará que nos quieran más.

La asertividad también nos ayuda a romper con eso. Cuando de niños nos insistían en que «portarse bien» implicaba compartir y ceder siempre, quizás no se daban cuenta de que a veces nos hacían ver nuestras propias necesidades como algo egoísta. Crecer con esa idea nos lleva a buscar la aprobación de los demás, a hacer cosas que no siempre nos hacen felices, con tal de mantener la armonía o de evitar el rechazo. Hoy, como adultos, tenemos la oportunidad de **revisar esas creencias** y decidir si realmente queremos seguir llevándolas.

Por lo tanto, ser asertivo no es solo una forma de expresarte mejor; es un paso hacia la libertad emocional. La verdadera asertividad no es solo saber decir no a otros, sino aprender a decirte sí a ti mismo.

APRENDER A PEDIR

¿Cuánto tiempo llevas sin pedir algo? Y no hablo de decirle a un amigo que te preste una chaqueta porque tienes frío. No, no. Hablo de pedir de verdad, de aceptar que necesitas ayuda o un favor en algo que quizás, si te empeñaras, podrías hacer tú solo, pero que sería más fácil —y más humano— si alguien te echara una mano. Y —seamos sinceros— pedir no es fácil. Imagina que estás montando un mueble, y piensas que puedes hacerlo todo tú solo, pero las piezas no encajan bien y te frustra. Podrías seguir intentándolo y perder horas, o pedirle a un amigo que te eche una mano. Al final, el mueble está listo mucho más rápido, y no solo eso: esa ayuda **refuerza la relación** y demuestra que pedir no es un signo de debilidad, sino de sabiduría.

En una cultura donde nos enseñan a ser independientes y casi autosuficientes desde que aprendemos de pequeños a atarnos los zapatos, pedir se percibe como una especie de «fallo técnico», ¿verdad? Crecemos creyendo que, si pedimos algo, automáticamente nos ponemos en una **posición de debilidad** o, peor, de deuda. Es como si, en cuanto pides ayuda, estuvieras entregando algo de ti, quedando en desventaja. «Ahora te debo un favor», pensamos. Y eso es algo que nos incomoda.

Pero pedir es mucho más que eso. Pedir significa decirle a alguien: «Oye, tengo una necesidad que tú puedes cubrir». Sí, hay vulnerabilidad, claro. Y se necesita **valentía,** porque pedir nos expone. Nos obliga a ser honestos con nosotros mismos. Y esa honestidad también nos permite crear mejores relaciones. Las mejores relaciones son las que tienen esa reciprocidad en la que ambos se sienten libres para dar y recibir.

Porque, al final, saber pedir no es solo importante para construir relaciones saludables, sino que, igual que debemos aprender a decir no, también necesitamos aprender a pedir. Ambos son actos de valentía, ¿no? Decir no porque nos respetamos y queremos poner límites, y pedir porque también sabemos reconocer nuestras necesidades. Y esa es una de las claves para sentirnos más conectados, más humanos.

Saber pedir no es una debilidad. No significa que no puedas solo. Significa que eres lo bastante honesto y, sí, valiente, como para reconocer que hay momentos en los que compartir la carga es la mejor opción.

Te vuelvo a preguntar: ¿cuándo fue la última vez que pediste algo? ¿Y cómo te sentiste al hacerlo? Quizás te animes a reflexionar y a pensar si estás dispuesto a aprender a pedir sin sentir que eso te hace menos fuerte. Porque, en realidad, saber pedir es un acto de fortaleza y de amor propio.

ENFRENTARTE A LOS QUE SE APROVECHAN DE TI

A veces parece que la vida te pone un cartel luminoso en la frente que dice: «Disponible 24 horas para resolver tus problemas». Y ahí vas tú, siempre diciendo sí, aunque eso signifique quedarte sin tiempo, sin energía o, peor aún, sin ganas de seguir ayudando. Esa extraña mezcla de **agotamiento y resentimiento** que te queda después es la factura que pagas por evitar un conflicto, por mantener las aguas en calma o simplemente porque te da pena decir no. Si esto te resulta familiar, bienvenido al club de los que confunden empatía con autoabandono.

La empatía, ese rasgo que nos hace más humanos, a veces se convierte en nuestro talón de Aquiles. Nos han enseñado que ser empáticos es lo mejor que podemos ser, y no se equivocan, hasta cierto punto. Conectar con las emociones ajenas, tender una mano, estar presente, son actos nobles. Pero ¿qué pasa cuando ese sí continuo se convierte en una obligación no escrita? ¿Qué pasa cuando la empatía deja de ser un puente para conectar con los demás y se convierte en una puerta abierta por donde cualquiera puede entrar y abusar de tu tiempo, o tu buena voluntad?

Imagina esta escena: es un día complicado, tu lista de «cosas pendientes» parece una película de terror y, de pronto, alguien te pide un favor. Tal vez sea un compañero de trabajo que quiere que revises un informe que le toca entregar a él. O ese amigo que necesita que lo acompañes a hacer un trámite porque no quiere ir solo. ¿Tu reacción? Suspiras por dentro, pero dices que sí, porque te cuesta horrores decir que no. Después, cuando estás hasta el cuello intentando resolver lo tuyo y lo ajeno, te preguntas: «¿Por qué lo he hecho otra vez?».

La respuesta está en esa relación complicada que muchos tenemos con el no. Nos han enseñado que es una palabra dura, egoísta, casi cruel. Decir no implica arriesgarte a que alguien se moleste contigo, que te consideren frío o desconsiderado. Pero ¿es realmente egoísta cuidar de tus propios límites? Piénsalo un momento: si **siempre priorizas a los demás** y nunca te guardas nada para ti, ¿quién se ocupa de protegerte?

Aquí es donde entra el engaño del exceso de empatía. Alguien con malas intenciones puede ver en ti una oportunidad perfecta. Estas personas no tienen reparos en pedirte ayuda constantemente, apelar a tu compasión o incluso manipularte con frases del tipo: «Es que solo tú puedes ayudarme», «No tengo a nadie más», «¡Eres mi última esperanza!». Y tú, queriendo evitar conflictos, cedes una y otra vez. Pero si prestas atención, notarás que esas mismas personas rara vez están disponibles cuando eres tú quien necesita algo.

Decir no en absoluto es fácil, pero es necesario. No tiene que ser algo agresivo o grosero; puede ser **directo, claro e incluso amable.** Esto no te hace insensible; te hace humano. Porque, aunque tu empatía sea grande, tu tiempo y tu energía no son ilimitados.

Ahora bien, hay que hablar del elefante en la habitación: el miedo a que te llamen egoísta. Es un término que nos han metido en la cabeza como si fuera lo peor que podríamos ser. Pero aquí hay una diferencia crucial. Ser egoísta en el sentido de priorizar tus necesidades no es malo. De hecho, es un **acto de justicia personal.** Si alguien se molesta porque no estás dispuesto a resolver todos sus problemas, eso dice más de ellos que de ti. Y si alguna vez te enfrentas a esta situación, recuerda: no estás aquí para complacer a todo el mundo. Estás aquí para cuidar de ti mismo tanto como cuidas de los demás.

Un consejo práctico que puede ayudarte mucho es prestar atención a tu lenguaje no verbal. A veces, lo que dices importa menos que cómo lo dices. Si tu cuerpo comunica duda o inseguridad, es más probable que la otra persona intente insistir o presionarte. Por eso, mantén una postura firme, haz contacto visual y evita justificaciones innecesarias. No necesitas dar largas explicaciones de por qué no puedes ayudar; tu no debería ser suficiente.

Esto no significa que debas dejar de lado tu empatía o convertirte en alguien frío y distante. Se trata de equilibrarla. Porque, aunque ser empático es maravilloso, no puedes salvar a todos ni resolver los problemas del mundo. Hay una frase que dice: «No puedes llenar la taza de alguien más si tu jarra está vacía». Así que la próxima vez que alguien intente cruzar tus límites, pregúntate: «¿Estoy ayudando porque realmente quiero, o porque me siento obligado?». Esa simple pregunta puede ser la clave para **tomar decisiones más conscientes** y cuidar de tu bienestar emocional.

Aprender a decir no para nada te convierte en una mala persona; te convierte en alguien que se respeta y sabe valorar su tiempo y su energía. Y cuando lo piensas, ¿acaso no es eso lo mínimo que te debes a ti mismo?

PARTE 3

EL SER INDEPENDIENTE

EL RETO DE SER TÚ MISMO EN EL SIGLO XXI

En una sociedad que te bombardea con ideales de éxito y felicidad, la independencia emocional es saber qué te hace feliz a ti, no al resto del mundo.

La alarma suena, y lo primero que haces, como cada mañana, es estirar el brazo y deslizar el dedo sobre la pantalla del teléfono, casi sin pensar. Antes de abrir bien los ojos, ya estás mirando la pantalla. Notificaciones de mensajes, correos de trabajo y, cómo no, las redes sociales.

Te sientas en el borde de la cama, pero en lugar de estirarte o simplemente respirar, sigues en piloto automático. Entras en tu red social para ver cómo los demás ya han comenzado su día. Alguien que sigues está en el gimnasio, fresco y motivado; otro comparte una foto de un desayuno saludable perfectamente presentado; y luego está esa persona que siempre parece estar en un avión, rumbo a algún lugar. «¿Por qué yo no puedo ser así?».

Te levantas, pero hay algo en tu cuerpo que ya pesa. No es físico, es ese agotamiento emocional, esa sensación de **tener que cumplir con todo,** de no poder quedarte atrás. El día apenas ha empezado, pero ya te sientes en deuda, como si estuvieras corriendo una carrera y nunca lograras alcanzar a los demás. Te preparas rápido y sales hacia el trabajo, sumido en una **rutina** que te resulta casi automática. En el transporte público, vuelves a revisar las redes, casi por inercia. Ves cómo otros parecen estar viviendo vidas más emocionantes que la tuya.

Cuando llegas a la oficina, el estrés ya está ahí, esperándote. Correo tras correo, tareas acumuladas, reuniones programadas. Todo avanza tan rápido que apenas tienes tiempo para detenerte un momento y respirar. A media mañana, te das cuenta de que has visitado la red social varias veces más, buscando algo que ni siquiera sabes qué es. Quizás una distracción, quizás un escape. Pero lo que encuentras es siempre lo mismo: **una ventana al mundo de los otros,** donde la comparación es inevitable, donde siempre te sientes un paso atrás.

El almuerzo llega, pero no es un respiro. Comes rápido, frente a la pantalla, intentando ponerte al día con más correos. No puedes perder ni un minuto, piensas. Si paras, el mundo sigue avanzando sin ti. Esa **presión constante** te sigue pesando, y aunque terminas la comida, el cansancio no desaparece. De hecho, sientes que crece, que te envuelve más a medida que la tarde avanza.

Ya casi al final del día, te sientes agotado, pero sigues moviéndote por inercia. El trabajo no para, la ansiedad tampoco. Te preguntas si realmente serías más feliz si pudieras cumplir con todo lo que te exigen, si lograras alcanzar las metas que otros parecen alcanzar con tanta facilidad. Pero en el fondo de tu mente, una pequeña voz te susurra algo distinto: te estás desconectando de ti mismo.

Finalmente llegas a casa, pero, en lugar de relajarte, esa **necesidad de seguir siendo productivo** te persigue. Piensas en empezar un curso *online*, en hacer algo que «te sirva», algo que te haga sentir que estás avanzando, que no te estás quedando atrás. Te tumbas en el sofá, pero las redes sociales vuelven a tentarte. Ves a la gente que parece no parar nunca: nuevos logros, nuevos proyectos, nuevas metas cumplidas. La culpa te golpea de nuevo. ¿Por qué no puedes ser así de constante, de exitoso?

Ya en la cama, el día parece haberse desvanecido en un abrir y cerrar de ojos, pero, al mismo tiempo, te parece que ha durado una eternidad. Te preguntas cuándo fue la última vez que te detuviste a pensar realmente en lo que querías, en lo que necesitabas. Te das cuenta de que hace mucho tiempo. Te prometes que mañana será distinto. Que no revisarás el teléfono nada más despertar, que te tomarás un momento para respirar, para estar en silencio, para ser tú mismo, aunque sea solo un rato. Pero, mientras te lo dices, una parte de ti duda. El ritmo del mundo es demasiado rápido, demasiado exigente. Si no te mantienes al día, ¿quedarás atrás?

En el vertiginoso ritmo de vida del siglo XXI, encontrarte y ser tú mismo se ha convertido en un desafío cada vez más complejo. Vivimos en una época donde la **sobreestimulación** es la norma, y los estímulos no solo son frecuentes, sino también intensos y persistentes. Desde el momento en que despertamos, estamos inmersos en un flujo continuo de información que nos bombardea a través de múltiples canales: redes sociales, medios de comunicación, correos electrónicos del trabajo, expectativas familiares, y hasta las comparaciones constantes que nos imponemos a nosotros mismos. Este entorno de estimulación excesiva, combinado con las exigencias del día a día, ha erosionado nuestra capacidad para conectar con lo que realmente somos y lo que necesitamos.

SOBREESTIMULACIÓN

En nuestra vida cotidiana estamos expuestos a numerosos estímulos que, aunque pueden parecer inofensivos, contribuyen a una sobreestimulación sensorial. Desde el constante uso de pantallas de teléfonos móviles con sus interminables notificaciones de redes sociales, hasta el ruido del tráfico o la música que escuchamos mientras trabajamos o estudiamos, vivimos en un entorno donde la **información sensorial** no cesa. Este exceso de estímulos puede afectar a nuestra capacidad de concentración, nuestra habilidad para relajarnos y, en general, nuestro bienestar emocional.

La sobreestimulación ocurre cuando nuestro entorno nos bombardea con más información de la que podemos procesar. Los ruidos fuertes, las luces brillantes y la interacción constante con dispositivos como móviles, tabletas, ordenadores y televisores saturan nuestra mente. En situaciones como estas, es común experimentar inquietud, irritabilidad o incluso una sensación de **confusión mental.** Hoy en día, el silencio y la calma parecen raros, reemplazados por la urgencia de estar siempre conectados y atentos a lo que ocurre a nuestro alrededor.

Este fenómeno se propaga principalmente a través de los medios de comunicación y las redes sociales. El acto de pasar de un contenido a otro sin detenernos a procesarlo es un claro ejemplo de cómo se fomenta la sobreestimulación. Existe una presión constante por mantenernos conectados y recibir notificaciones, lo que contribuye a una creciente contaminación visual y sensorial. El concepto de viralidad en las redes sociales, además, impulsa mucho este fenómeno, en el que nosotros mismos nos convertimos por tanto en cómplices de nuestra propia sobreestimulación.

De este modo, muchas personas somos atraídas hacia la sobreestimulación de manera activa, es decir, nos vemos empujadas a buscar más estímulos por el entorno en el que vivimos. A esto se le llama **transmisión activa.** Por otro lado, también existe una **transmisión pasiva,** que es más sutil. En este caso, no necesariamente buscamos de forma activa más estímulos, pero seguimos las tendencias o modas para no sentirnos fuera de lugar o excluidos de lo que los demás están haciendo.

EFECTOS DE LA SOBREESTIMULACIÓN

La sobreestimulación tiene efecto en dos áreas principales: la parte cognitiva y la parte volitiva. En el ámbito **cognitivo,** afecta a cómo conocemos, aprendemos y pensamos. Las personas que están sobreexpuestas a estímulos tienden a desarrollar su imaginación y emociones de manera intensa, pero esto puede llevar a la pérdida de habilidades cruciales como el análisis crítico y deductivo. A medida que la capacidad para argumentar, razonar y analizar lógicamente se debilita, las relaciones interpersonales también sufren.

Por ejemplo, pasar horas consumiendo contenido en redes sociales o viendo videos en plataformas de *streaming*, aunque pueda parecer que estimula nuestra imaginación o nos entretiene, en realidad disminuye nuestra capacidad para concentrarnos en la lectura comprensiva o analizar problemas complejos. Esto se refleja en la vida diaria y en nuestras relaciones con los demás, ya que el consumo constante de este tipo de contenido puede dificultar nuestra habilidad para escuchar, razonar y argumentar con claridad, lo que impide mantener diálogos coherentes.

Por otro lado, en el aspecto **volitivo,** la sobreestimulación reduce nuestra capacidad para controlar deseos y tomar decisiones de forma consciente. Un ejemplo común es cuando alguien se siente impulsado a realizar compras innecesarias o a cambiar constantemente de actividad en busca de algo nuevo que lo satisfaga. La abundancia de estímulos —como publicidad o constantes notificaciones en el móvil— genera una necesidad de gratificación inmediata. Esto produce frustración cuando los deseos no se satisfacen completamente, lo que lleva a una continua insatisfacción y a la búsqueda constante de nuevas experiencias. Este ciclo refuerza la tendencia a priorizar lo superficial y lo efímero.

Es importante distinguir entre la estimulación, que es necesaria para el crecimiento saludable, y la sobreestimulación, que podríamos representarla como una sobrecarga similar al exceso de sal en la comida. Este fenómeno no solo altera nuestra capacidad de pensamiento crítico, sino también nuestra habilidad para encontrar satisfacción en nuestras decisiones y experiencias.

Para contrarrestar estos efectos, muchos especialistas recomiendan evitar el uso de redes sociales al menos dos horas antes de dormir, lo que ayuda a reducir los estímulos y favorece un descanso adecuado. Fomentar hábitos como la lectura también es clave, ya que nos sirve como una pausa para la mente y nos permite reflexionar. Además, caminar o escuchar un pódcast que nos interese son opciones saludables para mantener la mente activa sin sobrecargarla.

GENERACIÓN N. JÓVENES SOBREESTIMULADOS

Quizás, como yo, hayas nacido antes, pero desde 1990 hemos sido testigos de un cambio radical en la forma en que interactuamos con el mundo. La sobreestimulación comienza desde que somos pequeños, especialmente en la generación actual, a la que se denomina **«nativos digitales».** Estos niños y adolescentes, nacidos desde 1990, han crecido en un entorno tecnológico, rodeados de *smartphones*, tabletas y ordenadores que forman parte integral de su vida cotidiana. Desde una edad temprana, han tenido y tienen acceso a estos dispositivos, lo que, si bien les permite asimilar rápidamente el uso de nuevas tecnologías, también conlleva riesgos importantes. A menudo, en lugar de interactuar con su entorno físico o social, los niños son sobreestimulados con imágenes y sonidos con este tipo de aparatos, y ha impactado negativamente en su desarrollo cognitivo y emocional.

A lo largo de las distintas etapas de la vida, esta sobreestimulación persiste. En la adolescencia, por ejemplo, es común ver a jóvenes con los auriculares puestos todo el rato, inmersos en sus teléfonos como si todo lo interesante ocurriera allí dentro. Este aislamiento contribuye a una desconexión social y a un **creciente individualismo,** donde las relaciones interpersonales se limitan a aquellos que comparten intereses o gustos similares. La sobreestimulación en esta etapa, alimentada por la necesidad de estar siempre conectados y al tanto de las últimas tendencias, puede dificultar la formación de vínculos profundos.

Este fenómeno continúa en la adultez, manifestándose en el ámbito laboral. Las personas, expuestas a la **cultura de la inmediatez** y el hedonismo, están en constante búsqueda de nuevas experiencias, lo que perpetúa un ciclo de sobreestimulación que, aunque a menudo es silencioso, puede ser muy negativo en el bienestar mental y emocional. Esta búsqueda constante de estímulos refuerza una cultura individualista y materialista, en la que se valoran más las experiencias inmediatas que la conexión personal y el desarrollo de relaciones personales.

A pesar de estos riesgos, no debemos caer en la tentación de demonizar por completo la tecnología. Al contrario, el uso adecuado de las nuevas tecnologías puede ofrecer múltiples ventajas. Los juegos y aplicaciones, por ejemplo, **pueden ser herramientas útiles** para fomentar el aprendizaje de habilidades básicas como la lectura, la escritura y el cálculo. Además, estas plataformas ayudan a los jóvenes a integrarse en el mundo digital y a desarrollar capacidades como la creatividad, el razonamiento y la comunicación.

Lo fundamental es que la exposición a la tecnología sea equilibrada. No se trata de prohibir su uso, sino de establecer límites saludables que fomenten un uso responsable. Esto implica fijar horarios, controlar los contenidos a los que acceden los pequeños y acompañarlos en su proceso de aprendizaje. Con un enfoque activo por parte de los adultos, las nuevas tecnologías pueden convertirse en aliados en lugar de una fuente de sobrecarga sensorial.

PROCRASTINAR

¿Te ha pasado que, justo cuando necesitas ponerte a trabajar en una cosa muy importante, decides que es el momento perfecto para regar las plantas, limpiar la nevera o buscar el regalo ideal para el cumpleaños de tu prima, que es dentro de seis meses? O tal vez te has sentado frente al ordenador con toda la intención de empezar, pero antes de abrir el archivo terminas viendo un tutorial de cómo doblar camisetas como los dependientes profesionales. Y ahí estás, atrapado en ese ciclo frustrante de **«voy a empezar ya»**… pero no empiezas.

Es como si hubiera un mecanismo interno que se activa justo cuando tienes que hacer algo importante, desviándote hacia tareas que, de repente, parecen urgentes. Organizar tus fotos del móvil o descubrir que puedes aprender a tejer en dos semanas suena mucho más atractivo que enfrentar esa tarea que llevas días (o semanas) arrastrando. Pero hay algo más profundo en este comportamiento: **la hiperestimulación.**

Vivimos en un mundo diseñado para **secuestrar nuestra atención.** Las notificaciones del móvil, las redes sociales, el correo electrónico y hasta esa lista infinita de series y películas por ver compiten constantemente por nuestro tiempo. Estamos expuestos a una avalancha de estímulos que nunca termina. Esto genera un efecto paradójico: tenemos tanto a nuestro alcance que no sabemos por dónde empezar. Nuestro cerebro, buscando alivio, se refugia en lo que ofrece gratificación inmediata, como ver memes o responder mensajes triviales.

La procrastinación en un contexto de hiperestimulación es como intentar concentrarse en leer un libro mientras alguien en la habitación está tocando la guitarra eléctrica, la batería y el bajo a la vez. Por mucho que quieras enfocarte, tu cerebro está programado para reaccionar a los estímulos más inmediatos y llamativos, no al capítulo que tienes frente a ti.

Ahora piensa por un momento que tienes enfrente un elefante gigantesco que necesitas comerte. Suena ridículo y agotador, ¿verdad? Pero ¿qué tal si alguien te dice que no tienes que comértelo entero de una vez? Que puedes empezar con pequeños mordiscos. Esa es la clave: **dividir las tareas** inmensas en partes más pequeñas y manejables. Pero aquí es donde las cosas se complican: aunque sepamos esto, seguimos sin empezar. Porque no es solo cuestión de logística; también están nuestras emociones en juego.

Muchos procrastinamos porque enfrentarnos a ciertas tareas nos expone. ¿Qué pasa si no lo hago bien? ¿Qué pasa si fracaso? Es más cómodo posponerlo y quedarnos en el limbo de «todavía no lo he intentado» que lidiar con la posibilidad de no cumplir nuestras propias expectativas. Y en un entorno de hiperestimulación, nuestro cerebro nos «recompensa» por evitar el estrés, ofreciéndonos pequeñas dosis de dopamina cada vez que navegamos sin rumbo por internet o revisamos una notificación.

Un amigo me contó que llevaba semanas evitando hacer una llamada importante en el trabajo. Cada vez que pensaba en ello, sentía que necesitaba prepararse más esa llamada. Terminó perdiendo cientos de horas en hacerse un guion detallado, buscando información adicional que probablemente nunca iba a usar y, al final, no hacía la llamada. ¿Por qué? Porque **el miedo a equivocarse** lo paralizaba. Cuando finalmente se armó de valor, descubrió que todo lo que había anticipado como un problema no existía: la llamada fue rápida y sin complicaciones.

Otro ejemplo. Una vez conocí a una escritora que me dijo que no podía avanzar en su novela porque estaba esperando el «momento ideal» para escribir: ese día en el que las ideas fluyen, el ambiente es perfecto y el café sabe justo como te gusta. La realidad, como ella misma descubrió, es que ese momento casi nunca llega. Lo que finalmente hizo fue **imponerse un horario** y empezar, aunque las primeras frases fueran horribles. *«Al menos escribí algo para corregir después»*, me dijo.

Este comportamiento no es solo cuestión de distracción; también tiene raíces en cómo nos relacionamos con nuestras emociones y en el ambiente hiperestimulado en el que vivimos. La procrastinación, en su núcleo, es ceder el control a esas emociones incómodas. Es nuestro cerebro diciéndonos: *«Evitemos esta incomodidad un ratito más»*. Pero aquí entra un concepto importante que estamos trabajando en este libro: la independencia emocional.

La independencia emocional no significa no sentir miedo, frustración o duda, sino aprender a convivir con esas emociones sin dejar que nos bloqueen. Significa reconocer que sí, hay partes de esa tarea que pueden ser incómodas o difíciles, pero que no por eso debemos quedarnos paralizados. También implica **saber desconectar** del ruido externo. Puede parecer paradójico, pero aprender a aburrirnos —a vivir sin estímulos constantes— es clave para recuperar nuestra capacidad de enfocarnos.

Entonces, ¿cómo nos enfrentamos a este ciclo de procrastinación y al ruido constante de la hiperestimulación? Primero, **identifica** qué es lo que realmente estás evitando. No se trata solo de hacer la tarea; se trata de lo que representa para ti. ¿Miedo al fracaso? ¿Perfeccionismo? ¿Cansancio? Reconocerlo es el primer paso. Segundo, empieza con un pequeño mordisco del elefante. No intentes resolverlo todo de una vez: escribe una página, envía un *e-mail*, **da un paso.** Tercero, **regula tu entorno.** Apaga notificaciones, desconecta del móvil o crea un espacio libre de distracciones. A veces, algo tan simple como trabajar en bloques de 25 minutos puede ser un cambio positivo.

Al final del día, procrastinar no te hace menos capaz ni menos responsable. Nos pasa a todos. Pero cuando dejamos de luchar contra nuestras emociones y aprendemos a escucharlas sin que nos dominen, podemos avanzar. Y quién sabe, tal vez el próximo elefante que te mire de reojo no parezca tan intimidante.

LA HIPERPRODUCTIVIDAD

Vivimos en una sociedad saturada de estímulos que no solo nos sobrecarga; nos forma, nos moldea. Y, al acostumbrarnos a este ritmo vertiginoso, vamos perdiendo la capacidad de simplemente ser, de desconectar. Lo que parecía ser una forma de estar informados y conectados, se convierte en una presión constante que nos arrastra a un estado de hiperactividad.

La hiperproductividad se ha instalado en nuestra vida cotidiana como una necesidad constante de hacer, hacer y hacer. Nos han enseñado que el valor de nuestra existencia depende de lo que somos capaces de lograr, de los **objetivos** que alcanzamos, de la **lista de tareas** que vamos completando. La satisfacción siempre parece estar en el próximo paso, en la próxima meta, en el siguiente logro. Y, cuando finalmente alcanzamos algo, en lugar de celebrarlo, nos sentimos vacíos porque la presión de **seguir avanzando** nos empuja a la siguiente tarea. Es como si no pudiéramos detenernos, como si no estuviera permitido simplemente ser. El descanso parece un lujo, una indulgencia que no merece la pena. Nos hemos convertido en adictos al «hacer», y la pausa, el simple hecho de no estar ocupados, se convierte en un momento de culpa. ¿No deberíamos estar ocupados, avanzando? ¿No es eso lo que todos esperan de nosotros?

Es entonces cuando nos enfrentamos a un miedo profundo, el miedo al *stand by*, ese modo en el que nuestras vidas parecen detenerse, aunque solo sea por un momento. Es como si nuestra existencia fuera un aparato que debe estar siempre encendido, funcionando, en movimiento. **La pausa se convierte en un enemigo,** uno que nos asusta, que nos hace sentir que estamos perdiendo el control. Nos ha pasado a todos en algún momento: cuando no estamos haciendo algo, no sabemos qué hacer con nosotros mismos. Ese espacio vacío, esa quietud, nos provoca ansiedad. Nos sentimos perdidos, como si estuviéramos dando vueltas en un mar abierto sin dirección. Y ahí es donde evocamos la imagen de Dory en *Buscando a Nemo*, cantando «*sigue nadando, sigue nadando...*». ¿Te acuerdas de ella? Nadando sin descanso, con la sensación de que siempre tenemos que seguir adelante, sin importar qué. Cuando paramos, ¿nos hundimos? Cuando no estamos en movimiento, ¿significa eso que hemos fracasado?

La culpa por no hacer nada se convierte en una fuerza paralizante. Sabemos que necesitamos descansar, pero no podemos permitírnoslo. ¿Qué pasa si todo se viene abajo mientras descansamos? ¿Qué pasa si no seguimos siendo responsables, productivos, si nos detenemos por un segundo? Nos sentimos como si estuviéramos abandonando el barco, como si descansar fuera rendirnos. La culpa, entonces, no solo se centra en no cumplir con los demás, sino no cumplir con nuestras propias expectativas. Nos hemos acostumbrado tanto a este ritmo frenético que, cuando finalmente intentamos desconectar, nuestro cerebro sigue funcionando en piloto automático. Podemos estar en una playa tomando el sol, pero nuestra mente sigue preocupada por las tareas no hechas, las metas no alcanzadas. Es como si estuviéramos ocupados descansando, pero sin realmente descansar. Porque el cerebro no sabe apagar el interruptor. Estamos **en constante alerta,** como si estar quietos fuera sinónimo de peligro.

El descanso, que debería ser reparador, se convierte en una nueva forma de productividad. Pero no se trata de cómo descansan los demás, no se trata de seguir las fórmulas que vemos en las redes sociales o en revistas sobre bienestar. Cada uno tiene su manera de desconectar, su propio hedonismo, y esos momentos de relajación deben ser cultivados. Tal vez para ti descansar no sea leer un libro o hacer yoga, sino salir a correr, escribir, escuchar música, o simplemente sentarte a contemplar el paisaje. Lo que sea que te permita **sentirte presente sin tener que hacer nada más.** Lo importante es aprender a reconocer esos momentos y no dejarlos de lado. Pero cuando estamos atrapados en la rueda de la **hiper-responsabilidad,** esos momentos se desvanecen, se olvidan. El valor de lo que es improductivo desde el punto de vista de la meta a largo plazo se pierde. ¿Realmente importa cuántos minutos has dedicado a hacer algo que no te acerca a un objetivo, pero que te hace sentirte bien?

La realidad es que esta presión externa que muchas veces tenemos de nuestras experiencias de infancia, de las expectativas familiares, sociales y laborales, nos ha llevado a creer que somos responsables de todo. «Debemos hacerlo todo bien», «debemos ser responsables», «debemos ser productivos». Pero ¿cuándo dejamos de preguntarnos qué queremos hacer realmente por nosotros mismos y comenzamos a hacerlo solo para cumplir con lo que otros esperan? **La verdadera libertad** está en poder decir «no puedo más», en poder hacer una pausa sin sentir que estamos fallando. Está en aceptar que no siempre podemos hacer todo y que eso está bien. No se trata de conformarse, sino de encontrar un equilibrio. Un equilibrio que no se mide en logros, sino en bienestar. El verdadero descanso es ese en el que podemos dejar de hacer, aunque solo sea por un rato, sin que nuestra mente nos castigue con pensamientos de culpa.

Es posible que aún no estemos dispuestos a aceptar que nunca podremos llegar a todo, pero es hora de enfrentarnos a la realidad. No podemos cumplir con todas las expectativas, no podemos estar siempre en movimiento, no podemos estar en «acción» todo el tiempo. La vida es mucho más que completar tareas. **La verdadera paz** llega cuando entendemos que el descanso es tan importante como la productividad, y que, como les sucedía a Dory y a Nemo, es posible encontrar un camino, incluso si no sabemos cuál es, y aprender a vivir sin el miedo constante de no estar haciendo lo suficiente. Al final, la clave está en aprender a fluir, a navegar entre los momentos de acción y los momentos de pausa, sin miedo a quedarnos en *stand by.*

LA SALUD MENTAL

Si miramos alrededor, parece que todo el mundo está corriendo una maratón, pero sin la meta a la vista. La presión por ser productivos, felices y siempre estar al cien por cien está a la orden del día. Y claro, en medio de todo eso, la independencia emocional se convierte en un lujo, casi un mito. Hace unos años, comenzó a hablarse de una **«crisis de salud mental»,** especialmente en países del Norte Global, y aunque podría parecer algo alarmista, la realidad es que estamos viendo cifras preocupantes: **ansiedad, estrés, depresión...** y lo peor, una sensación generalizada de estar emocionalmente perdidos.

¿Te has dado cuenta **de lo rápido que cambiamos de tarea** en nuestro día a día? Pasamos de revisar nuestro correo, a atender una llamada, y a hacer un informe en menos de cinco minutos, todo mientras estamos pendientes de las redes sociales. Este caos, unido a la presión constante de cumplir con las expectativas ajenas, nos tiene en un estado de alerta constante. En lugar de sentirnos realizados por nuestros logros, terminamos sintiendo que nunca es suficiente, que siempre hay algo más por hacer, algo más por ser. Esto nos lleva a asumir responsabilidades que ni siquiera nos corresponden, solo para evitar la terrible sensación de no estar a la altura. El famoso «temor a decepcionar» se ha convertido en nuestro compañero constante.

¿Y qué pasa cuando esto afecta nuestra salud mental? Lo que antes era un simple episodio de tristeza por un mal día, ahora se puede **etiquetar como un trastorno** que necesita medicación. Pero espera, no es todo tan blanco y negro. Pensemos en esa persona que atraviesa una ruptura. En otro tiempo, esta tristeza sería vista como una parte natural del duelo, algo que iría pasando con el tiempo. Ahora, es posible que esa persona termine buscando un diagnóstico de depresión, solo porque nuestra sociedad ha aprendido a ver las emociones humanas como algo que hay que etiquetar, clasificar y, si es necesario, tratar.

No me malinterpretes: en algunos casos, un diagnóstico médico es absolutamente necesario, pero ¿cuántas veces realmente necesitamos que nuestra tristeza sea vista como una enfermedad? ¿Acaso no es eso parte de ser humano? La verdad es que en lugar de **aceptar nuestras emociones** como algo natural, buscamos respuestas rápidas y soluciones en forma de diagnósticos, como si eso nos sacara de la rueda emocional en la que estamos atrapados.

En contraste, podemos mirar a culturas que han aprendido a vivir con menos presión externa. ¿Sabías que, en lugares como Japón, donde el concepto de *mindfulness* está profundamente arraigado, la idea de estar en paz con uno mismo se valora tanto como el trabajo duro? En esos contextos, las personas no están tan obsesionadas con el «qué dirán» o con «si lo logran todo». Más bien, se enfocan en cómo se sienten consigo mismos y encuentran momentos de calma, incluso en medio de la locura cotidiana.

El estrés, la ansiedad, la depresión… todo esto forma parte de lo que nos empuja a perder esa independencia emocional que tanto necesitamos. Y cuando nos desconectamos de lo que realmente importa, como **el autocuidado y la validación interna,** la búsqueda de la aprobación externa se vuelve inevitable. Nos olvidamos de lo básico: sentirnos bien con lo que somos sin necesitar la aprobación del resto del mundo.

Entonces, la pregunta es: ¿cómo podemos encontrar ese equilibrio? ¿Cómo podemos devolverles el poder a nuestras emociones, sin permitir que la cultura moderna nos haga sentir que estamos rotos solo porque sentimos tristeza o ansiedad? La clave está en aprender a aceptar nuestras emociones, no como algo que debe ser curado o etiquetado, sino como algo que forma parte de lo que somos.

LA ANSIEDAD GENERALIZADA

Imagina que cada día te despiertas con esa sensación de que algo no va bien. No sabes exactamente qué es, pero sientes que hay algo en el aire. Es como si tu cerebro estuviera preparando todo un ejército para enfrentarse a una batalla que no sabes si va a ocurrir o no. ¿Te suena? Eso es ansiedad generalizada. Esa compañera incómoda que no te avisa cuando llega, pero te hace sentir como si estuvieras viviendo en un **estado de alerta constante.**

Y no es solo una sensación mental. La ansiedad generalizada tiene un impacto físico bastante tangible. El corazón te late más rápido, como si estuvieras corriendo una carrera popular a la que no te has apuntado. La respiración se acelera, a veces hasta se entrecorta, y esa sensación de opresión en el pecho aparece sin previo aviso. Es como si tu cuerpo se hubiera puesto en modo «emergencia», pero no sabes a qué te enfrentas. Lo más irónico es que, cuando miras alrededor, no hay ningún peligro real. No hay monstruos ni amenazas inminentes. Solo es tu mente jugándote una mala pasada, haciendo que todo parezca más grande, más urgente, más aterrador de lo que realmente es.

¿Alguna vez te has sentido atrapado en un ciclo de preocupaciones que no puedes romper? Te preocupas por algo, lo dejas ir un momento, y luego, sin saber cómo, vuelves a tener la misma preocupación. Así es como la ansiedad generalizada se apodera de tu vida. Es un **ciclo continuo,** donde cada pensamiento negativo genera más pensamientos negativos. Es como tener un montón de ventanas abiertas en tu cerebro, todas con notificaciones que no sabes si quieres mirar, pero terminas mirando todas a la vez. En el fondo, sabes que no es lógico, que no deberías estar tan preocupado, pero la ansiedad no entiende de lógica. No hay espacio para la razón cuando la mente está atrapada en el miedo.

Y lo peor de todo es que, aunque sabes que lo que estás pensando no es real, el miedo sigue estando ahí, tan fuerte y palpable como el aire que respiras. La ansiedad no necesita razones concretas para existir. Basta con un pequeño pensamiento, una imagen de algo que podría suceder, y todo tu cuerpo entra en pánico. Tu mente se convierte en una especie de película de terror, pero en lugar de monstruos, los villanos son tus propios miedos, que crecen a medida que más te preocupas por ellos. Así, **el miedo y la preocupación** se hacen más grandes, incluso cuando no hay evidencia de que algo malo vaya a suceder.

Esto lleva a lo que podríamos llamar una alerta constante. Como si estuvieras esperando que algo malo suceda en cualquier momento, sin saber qué, ni cuándo, ni por qué. Esta sensación te sigue durante todo el día, como un zumbido en el fondo de tu mente, que no te permite concentrarte en lo que estás haciendo. Te hace vivir como en una película de suspense… solo que no hay trama ni final, únicamente la sensación de que algo está por ocurrir.

Y si te identificas con esto, no estás solo. Aunque parece ser un tema que se ha popularizado últimamente, más del 20 % de las personas han experimentado alguna vez esa sensación de que el mundo está en su contra, aunque no puedas señalar un motivo claro. Así que no, no estás solo en esta experiencia. Es algo más común de lo que parece, incluso si a veces te da la impresión de que eres el único que lo vive.

Te preguntas a menudo: «¿debería estar preocupándome tanto por esto? ¿Qué pasa si todo está bien y yo me estoy haciendo un lío de la nada?». Bueno, si alguna vez te has hecho esas preguntas, es probable que la ansiedad esté tomando el control. Lo curioso es que la ansiedad no te avisa, simplemente se infiltra en tu mente, diciéndote que algo va a ir mal, incluso si no tienes ni idea de qué es. Y lo peor es que el cuerpo lo cree. El corazón late con fuerza, los músculos se tensan, y te sientes agotado, aunque no hayas hecho nada físicamente exigente. Todo esto, solo por un pensamiento.

A lo largo del tiempo, esa sensación de estar siempre «en modo espera» puede desgastarte. El agotamiento se acumula, y no solo en lo físico, sino también en lo emocional. A veces, ni siquiera sabes si estás agotado por el trabajo, por la vida diaria, o por estar tan pendiente de lo que podría suceder. Estás tan cansado de la constante ansiedad que te preguntas si alguna vez podrás dejar de estar en alerta roja. Y la respuesta es que, aunque la ansiedad nunca desaparezca por completo, hay formas de reducir su poder sobre ti:

- **Reconocimiento**
  Lo primero es empezar a identificar que eso que sientes no es un enemigo externo, sino una respuesta interna que se ha descontrolado. Reconocer que tus miedos no son necesariamente racionales es un primer paso importante. Sí, es difícil cuando la ansiedad te tiene atrapado, pero la toma de conciencia es importante. De lo que se trata no es de eliminar la ansiedad de un solo golpe, sino de aprender a convivir con ella de una manera más saludable. Aprender a reconocer cuándo la mente está anticipando problemas que no existen y poner un freno a ese pensamiento es el primer paso para dejar de estar atrapado en el ciclo.

- **Respiración**
  La respiración es una de las herramientas más sencillas y efectivas. En cuanto sientas que la ansiedad empieza a apoderarse de ti, trata de hacer respiraciones profundas y lentas. No se trata de calmar la mente inmediatamente, pero sí de calmar el cuerpo, que es el primer lugar donde la ansiedad se manifiesta. Recuerda que el cuerpo y la mente están profundamente conectados, y al calmar uno, el otro tiende a seguir el ejemplo. Cuando la ansiedad aparece, también es el momento de darte cuenta de que no necesitas tener todas las respuestas. En realidad, no hay respuestas definitivas para todo, y eso está bien.

- **Abrazos**
  Y aquí viene un aliado inesperado: los abrazos. Quizás te sorprenda, pero un abrazo puede ser una gran medicina para la ansiedad. Al abrazar o ser abrazado, tu cuerpo libera oxitocina, la llamada hormona de la felicidad, que reduce el estrés y te ayuda a sentirte más conectado con el momento presente. No se trata de solucionar todo con un simple abrazo, pero ese acto de cercanía física tiene un efecto reconfortante que calma tanto el cuerpo como la mente. Es un recordatorio de que no estamos solos, de que incluso en los días más oscuros hay un refugio en el calor de alguien que se preocupa por nosotros.

- **Humor**

Y lo más importante: la risa. A veces, lo mejor que puedes hacer es reírte de ti mismo. Reírte de lo absurdo que a veces se vuelve la preocupación. Porque, aunque la ansiedad es real, sus miedos son solo sombras que no tienen fuerza cuando les quitas el poder de la seriedad.

La ansiedad puede parecer un monstruo gigantesco, pero cuando aprendes a mirarla con distancia, te das cuenta de que no es más que una sombra que se disuelve con la luz del presente. No es fácil, no sucede de la noche a la mañana, pero poco a poco puedes **recuperar el control,** entender tus miedos y, lo más importante, vivir sin dejar que ellos te controlen.

Todos tenemos días en los que los miedos nos acosan, pero lo importante es seguir adelante, paso a paso, respiración a respiración. Porque la ansiedad no tiene por qué dictar cómo vives tu vida. Y aunque algunos días sientas que es más fuerte que tú, no te olvides de lo más importante: todo esto es solo una parte de ti, no tu todo.

EL ESTRÉS

¿Alguna vez te has sentido como el titán Atlas que soportaba el peso del mundo sobre los hombros?, no eres el único. El estrés es como ese invitado inesperado que aparece justo cuando tu casa está patas arriba: inoportuno, agobiante y, para colmo, se niega a marcharse. Y aunque todos lo hemos vivido en mayor o menor medida, entenderlo puede ser la clave para evitar que termine ocupando el sofá de tu mente de manera indefinida.

Hablemos claro: el estrés no es malo en esencia. De hecho, es una herramienta de supervivencia brillante. **Hans Selye,** pionero en su estudio, describió el estrés como un proceso natural del organismo que nos prepara para la acción. Cuando detectamos una amenaza –ya sea un examen, una fecha límite o un león real (¡sí, leones!)–, nuestro cuerpo entra en modo «alerta máxima». El corazón late más rápido, los músculos se tensan, y de repente tienes la energía de un atleta olímpico. En palabras del neurobiólogo **Robert Sapolsky,** autor de *¿Por qué las cebras no tienen úlceras?,* este sistema fue diseñado para resolver problemas puntuales, como huir de un depredador: *«Si eres una cebra, el estrés dura el tiempo que tardas en escapar o… ser atrapada. En cualquier caso, termina rápido».*

Ahora, ¿qué pasa con nosotros, los humanos modernos? Aquí es donde las cosas se complican. Mientras las cebras se enfrentan a leones una vez al mes, nosotros nos enfrentamos a «leones» todo el tiempo: correos electrónicos, notificaciones y expectativas laborales, familiares y sociales. Nuestro cerebro, que todavía funciona con la lógica de la sabana, no distingue entre una verdadera emergencia y un problema del wifi. Y ahí está el problema: vivimos en un estado de alerta permanente que nuestro cuerpo simplemente no fue diseñado para soportar.

El estrés prolongado se convierte en un monstruo diferente: **el distrés.** Este término describe la sensación de estar desbordado, de que todo escapa de nuestras manos. Puede manifestarse de formas tan variadas como la vida misma. Algunos comen más de la cuenta; otros pierden el apetito. Puede que te encuentres despierto a las tres de la mañana o, por el contrario, que no puedas salir de la cama. Incluso tu cuerpo puede alzar la voz: dolores de estómago, arritmias, o esa sensación de que el corazón está corriendo una maratón, aunque tú estés sentado en tu escritorio.

Y aquí viene lo interesante: no todo estrés es malo. Existe algo llamado **eustrés,** el primo positivo del estrés. Es esa presión que nos motiva a dar lo mejor de nosotros, como cuando tienes un trabajo emocionante o estás aprendiendo algo nuevo. La diferencia está en cómo percibimos la situación: si creemos que podemos manejarla, el estrés se vuelve una herramienta poderosa. Pero cuando sentimos que nos supera, es ahí donde se vuelve destructivo. Entonces, ¿qué hacemos con este inquilino incómodo?

- **Reconocerlo**
  Puede sonar simple, pero muchas veces vivimos tan rápido que no notamos los síntomas hasta que estamos al borde del colapso. Escucha tu cuerpo. Si notas cambios en tus hábitos o en tu estado emocional, es momento de parar y reflexionar. También es útil tener un «termómetro personal» del estrés, algo tan sencillo como preguntarte: «*¿Esto es normal para mí?*». Y si no lo es, es hora de actuar.

- **Recuperar el control interno**
  Uno de los mayores desencadenantes del estrés es la sensación de indefensión, esa idea de que no importa lo que hagas, las cosas seguirán saliéndose de control. Debes enfocar tu energía en lo que sí puedes cambiar. No puedes evitar que llueva, pero puedes llevar un paraguas.

- **Desconecta**
  Vivimos en la era de la multitarea, donde todo exige nuestra atención al mismo tiempo. Pero tu cerebro no está hecho para procesar diez cosas a la

vez sin resentirse. Dedica momentos específicos a revisar correos, atender llamadas o resolver problemas. Y, sobre todo, haz espacio para actividades que realmente disfrutes.

- **Recuerda que no estás solo**
  La cultura del individualismo nos ha hecho creer que pedir ayuda es un signo de debilidad, pero en realidad es una de las formas más valientes de cuidar de uno mismo. Hablar con amigos, familia o un profesional es la diferencia entre sentirte atrapado y encontrar una salida.

El estrés es un maestro implacable, pero también puede enseñarnos a ser más fuertes, más resilientes y más conscientes de nosotros mismos. No se trata de eliminarlo por completo (porque eso, según los psicólogos, solo les pasa a los psicópatas), sino de aprender a vivir con él sin que nos robe la paz. Y eso, créeme, es posible.

LA ANHEDONIA

La anhedonia, esa sensación de no poder disfrutar de lo que antes nos hacía sentir vivos, ha ido tomando fuerza en el siglo XXI. Es curioso, porque vivimos en una época donde todo parece estar al alcance de un clic: podemos comprar lo que queramos, conocer nuevas personas en segundos, viajar a donde sea sin mover un dedo. Pero, a pesar de esta **sobrecarga de opciones,** hay algo que parece haberse  quedado atrás: disfrutar de verdad. ¿No es irónico? Vivimos rodeados de un sinfín de estímulos y posibilidades, pero a menudo nos encontramos navegando por la vida con la sensación de que no estamos realmente conectados con nada. Las redes sociales se han convertido en un escaparate de vidas filtradas, donde todos parecen estar constantemente viviendo su mejor versión. Vacaciones exóticas, cenas perfectas, éxitos profesionales. Y ahí estamos nosotros, mirando desde la ventana digital, preguntándonos: ¿por qué mi vida no se parece a la de ellos? El contraste entre lo que vemos en nuestras pantallas y lo que sentimos en nuestro interior es desmesurado, y en algún punto nos hace cuestionarnos si algo está mal con nosotros.

La anhedonia, lejos de ser una tristeza abrumadora, se manifiesta como un **vacío sutil,** como si todo hubiera perdido su sabor original. Las actividades que antes disfrutábamos se convierten en meras rutinas vacías. Es como si estuviéramos en modo piloto automático, navegando por un mundo que ya no nos sorprende ni nos emociona. Incluso las cosas que antes nos daban pequeños momentos de alegría se sienten lejanas, inalcanzables.

Vivimos en una cultura que nos dice constantemente que la felicidad está a nuestro alcance, si solo alcanzamos el siguiente objetivo, si logramos ser más productivos, si mostramos al mundo nuestra mejor cara, esa que aparece cuidadosamente recortada y filtrada en las redes. ¿Qué pasa cuando no nos sentimos felices bajo esos parámetros? Nos exigimos a nosotros mismos sentir algo, aunque a veces simplemente no podamos. Nos sentimos fallidos porque en un mundo que premia la **productividad** y la felicidad constante, no hay lugar para la vulnerabilidad, para el descanso.

La verdad es que vivimos en una sociedad que nos empuja a buscar más: más experiencias, más validación, más logros. Ahora bien, ¿qué pasa cuando todo ese «más» se convierte en un vacío existencial? La búsqueda constante de gratificación externa, como si nunca fuera suficiente, nos desvía de lo que realmente importa. Como dice el filósofo **Albert Kriekemans,** hemos caído en un **«culto al tener»,** en la idea de que acumular experiencias o logros nos llenará, cuando, en realidad, solo nos deja más vacíos.

Tal vez la respuesta esté en un cambio de mentalidad. En lugar de luchar contra la anhedonia como si fuera algo que debemos erradicar a toda costa, ¿y si la aceptáramos como parte natural de la vida? ¿Y si, en vez de buscar constantemente nuevas emociones o experiencias, nos permitimos simplemente ser? Quizás se trata de darnos el permiso de no estar siempre al cien por cien. Tal vez se trata de abrazar esos momentos de quietud, de reconocer que el no sentirse bien también es válido. La sociedad moderna nos ha enseñado a estar siempre en acción, siempre en movimiento, siempre felices. Pero ¿qué pasaría si dejamos de perseguir la felicidad como un objetivo constante y, en cambio, nos permitimos sentir lo que sentimos, sin presiones?

Puede que, en ese espacio de vulnerabilidad, donde dejamos de luchar contra la anhedonia, redescubramos la alegría. Y tal vez, al hacerlo, volvamos a encontrar placer en las pequeñas cosas, esas que una vez nos hicieron sentir verdaderamente vivos.

LA DEPRESIÓN

Dicen que la tristeza es como una nube pasajera, pero la depresión... la depresión es un cielo plomizo que no se despeja. Y si alguna vez has sentido que hasta levantarte de la cama requiere gran esfuerzo, puede que sepas de lo que hablo. Porque no, no es simplemente estar triste. Es algo más profundo, más complicado y, a veces, más incomprendido.

La depresión, como problema afectivo, puede aparecer sigilosamente o con el estruendo de una tormenta, y lo que la distingue no es solo la intensidad, sino la permanencia. No se trata de un mal día, ni siquiera de una mala semana: hablamos de meses. Meses en los que **la tristeza se instala en ti,** junto con sus inseparables amigos: la desmotivación y esa incapacidad cruel de disfrutar las cosas que antes te hacían feliz. Tolstói lo describió mejor que nadie: «Mi vida se paralizó. Podía comer, beber, dormir, pero esas cosas no se parecían nada a la vida. ¿Puedes imaginarte vivir así?».

¿Sabes cómo es disfrutar de un café caliente por la mañana o perderte en una buena película? Bueno, la depresión hace que esas cosas pierdan su sabor, como si el mundo estuviera en modo gris. Por si fuera poco, también conlleva un **cansancio** que no se cura durmiendo, una sensación de estar agotado incluso antes de empezar.

Y claro, si hablamos de sueño y comida, aquí tampoco se anda con sutilezas. Puede que seas incapaz de dormir o, por el contrario, tengas ganas de hibernar como un oso. Con la comida pasa lo mismo: o comes hasta que la nevera parece haberse mudado a tu estómago, o te das cuenta de que has olvidado comer... otra vez.

Pero quizá lo peor sea ese golpe bajo a la autoestima. De repente, te sientes culpable por todo: por lo que hiciste, por lo que no hiciste, y hasta por lo que ni siquiera dependía de ti. Es como tener un **juez interno** que nunca te da tregua y siempre dicta la misma sentencia: «Todo es culpa tuya».

Cuando esto pasa, es fácil caer en lo que los psicólogos llaman la **tríada cognitiva.** Primero, te convence de que tú eres el problema: *«Eres un desastre, siempre lo has sido y siempre lo serás».* Luego, le toca al mundo que te rodea: *«Todo está mal, y no hay nada que puedas hacer para cambiarlo».* Finalmente, el golpe de gracia*: «El futuro es un abismo; ni lo intentes».* Es como mirar la vida a través de un filtro tan oscuro que nada se ve con claridad. Y lo peor es que, en esos momentos, lo crees.

Y aquí viene lo interesante: aunque parece que no hay salida, la hay. Se cura. Esto no es una frase motivacional vacía; es un hecho respaldado por años de experiencia. Aunque en el momento sea difícil de creer (porque la depresión es experta en hacerte pensar que siempre será así), hay maneras de salir de este túnel.

La depresión puede ser **exógena,** cuando es una respuesta a algo que sucede en tu entorno: perder un trabajo, una ruptura, el duelo por un ser querido. O puede ser **endógena,** cuando viene desde dentro, fruto de desequilibrios bioquímicos que no avisan antes de instalarse. Ambas son igual de válidas, igual de reales y, lo más importante, igual de tratables.

Lo importante de cuando padeces depresión es entender que **pedir ayuda** no es una debilidad; es el primer paso hacia la recuperación. Psicoterapia, medicación, o una combinación de ambas: hay herramientas que funcionan. Y aunque el camino no siempre es recto ni rápido, cada pequeño avance cuenta.

Así que, si alguna vez sientes que todo pesa más de la cuenta, recuerda esto: no estás roto, solo necesitas un poco de ayuda para reparar las piezas. Y sí, aunque el cielo parezca plomizo, las nubes no duran para siempre.

LA DEPRESIÓN SONRIENTE

¿Te has fijado alguna vez en esas personas que siempre parecen tenerlo todo bajo control? Las que te reciben con una sonrisa impecable, cumplen sus responsabilidades y hasta tienen tiempo de compartir memes graciosos. Desde fuera, podrían parecer el modelo perfecto de personas con independencia emocional. Pero ¿y si detrás de esa fachada hubiera un abismo? No un abismo metafórico, sino uno tan real que se siente en cada «rincón» del cuerpo.

La depresión sonriente es como un actor en el **teatro de la vida.** Está ahí, en escena, cumpliendo su papel con precisión milimétrica. Sonríe, asiente, y responde *«¡Todo bien!»* con tanta convicción que hasta tú terminas creyéndolo. Pero cuando se baja el telón, queda el silencio, y con él, un vacío que duele. El cantante Robbie Williams habló de ello recientemente en una entrevista, refiriéndose a un concierto que dio en el emblemático Royal Albert Hall: *«Fue una de las mejores actuaciones de mi vida, pero, cuando me fui a casa, no sentía más que tristeza».* ¿Puedes imaginarte vivir así?

Estas personas no encajan en el estereotipo de alguien deprimido. No se aíslan, no lloran en cada esquina, y hasta pueden ser el alma de la fiesta. Pero hay algo que traiciona esa máscara: una **desconexión interna** brutal. Como si todo lo que hacen fuera un acto automático. Entonces surge la pregunta: ¿lo que haces lo haces porque lo disfrutas, o porque toca hacerlo?

Hay algo profundamente irónico en esta situación. La depresión sonriente no roba la energía como otras formas de depresión; la conserva. Esa energía puede usarse para mantener la ilusión de normalidad, pero también puede volverse peligrosa. Porque sin un «para qué» que le dé sentido, esa vitalidad puede transformarse en un motor para hacerse daño a sí mismo.

Piensa en esas personas que siempre parecen estar «a tope». Puede que conozcas a alguien así. O, tal vez, ese alguien seas tú. Si notas que detrás de la sonrisa hay una sensación de vacío, o que hablar de ello te parece imposible, ahí hay un indicio. No un diagnóstico, ojo, pero sí un motivo para explorar lo que pasa por dentro.

LA REPRESIÓN EMOCIONAL POR TABÚES CULTURALES

¿Alguna vez has sentido ese nudo en la garganta porque «no era el momento» de llorar? O tal vez te has mordido la lengua porque no querías parecer «dramático». Es curioso cómo estas **pequeñas batallas internas,** que parecen tan personales, tienen raíces culturales. Desde pequeños nos enseñan que hay emociones aceptables y otras que es mejor esconder bajo la alfombra, como si fueran polvo que nadie notará. Pero ¿qué pasa cuando esa alfombra empieza a acumular tanto que ya no puedes caminar sobre ella sin tropezarte?

Culturalmente, hemos convertido ciertas emociones en tabúes. La tristeza está mal vista porque «hay que ser fuerte». La ira, ni se diga, porque «no queremos conflictos». Incluso la alegría tiene límites, porque «nadie soporta a un exagerado». Lo irónico es que las emociones no desaparecen solo porque las intentemos ocultar. Simplemente se acumulan, se deforman, y terminan explotando cuando menos lo esperamos, como ese globo que insistes en inflar, aunque ya está al borde de estallar.

Esta represión no es solo una cuestión de hábitos personales; está profundamente arraigada en las normas sociales. La presión por ajustarnos a expectativas externas actúa como un **bozal emocional.** A las mujeres, por ejemplo, se las alienta a ser comprensivas, a guardar su enfado detrás de una sonrisa, mientras que a los hombres se les presiona para mantener su vulnerabilidad bajo llave, como si llorar fuera un crimen de la masculinidad. ¿El resultado? Hombres que no lloran y mujeres que sonríen mientras sienten que se rompen por dentro. Pero esto no es solo una cuestión de género; afecta a cualquiera que esté atrapado entre lo que siente y lo que cree que debería sentir.

Un ejemplo muy contemporáneo de estos tabúes lo encontramos en la percepción de la terapia psicológica. Aunque cada vez está más normalizada, aún hay quienes sienten que admitir que necesitan apoyo es una debilidad. Esa vocecita interior que pregunta **«¿Qué pensarán de mí?»** sigue deteniendo a muchos, incluso cuando tienen el número del terapeuta guardado en su móvil, listo para marcar.

La represión emocional, además de incómoda, tiene un costo altísimo. No estamos diseñados para cargar con nuestras emociones sin procesarlas. ¿Te suena ese cansancio inexplicable después de un día «normal»? Muchas veces, ese agotamiento no es físico, sino el precio de haber guardado silencio cuando querías hablar, de haber dicho sí cuando querías gritar un rotundo no. Y lo peor es que, cuando las emociones no encuentran una salida saludable, terminan escapando de maneras dañinas: en explosiones de ira, conflictos innecesarios o, peor aún, en esa peligrosa indiferencia hacia ti mismo y hacia los demás.

Entonces, ¿cómo empezamos a liberarnos de este peso invisible? El primer paso, aunque suene simple, es aprender a **identificar lo que sentimos.** Darles un nombre a nuestras emociones es darles un lugar; no las elimina, pero las hace más manejables. Un buen truco para comenzar es llevar un diario emocional. Sí, parece algo básico, casi cliché, pero funciona. Anotar cómo te sientes, sin juzgarte, puede ser el primer paso para entenderte mejor.

El segundo paso a seguir es **cuestionar esas normas sociales** que llevamos tatuadas en la mente. **¿De verdad está mal llorar en público?** ¿O solo te han repetido tantas veces que «llorar es de débiles» que terminaste creyéndotelo? Empieza poco a poco: prueba siendo honesto en un entorno seguro, en pareja, en familia, entre amigos. La próxima vez  que alguien te pregunte cómo estás, no te refugies en el automático «bien». Tal vez puedes decir algo como: «Hoy ha sido un día complicado». Esas pequeñas rupturas con lo esperado pueden ser muy liberadoras.

Y aunque no lo parezca, hay ejemplos de ello a nuestro alrededor. Actrices como Jennifer Lawrence han hablado abiertamente sobre su ansiedad, normalizando la idea de que ser vulnerable no nos hace menos fuertes. En las redes sociales, cada vez más personas comparten sus experiencias con la terapia, mostrando que pedir ayuda no es un signo de debilidad, sino un acto de valentía.

Las emociones no son nuestras enemigas; son señales de que estamos vivos. Reprimirlas nos desconecta de nosotros mismos y de quienes nos rodean. Así pues, la próxima vez que sientas ganas de llorar, gritar, o incluso reír a carcajadas en el momento menos oportuno, recuerda que estás desafiando siglos de tabúes culturales. Y aunque parezca un gesto pequeño, dejar que tus emociones salgan a la luz es, sin duda, **un acto revolucionario.**

ROMPE CON LOS MITOS DE IR A TERAPIA

¿Cuántas veces has escuchado que ir al psicólogo es para quienes están locos? Es curioso cómo nos resulta normal visitar al médico cuando nos duele la garganta, pero si se trata de nuestra mente, todo cambia. «Yo no estoy tan mal, con hablar con un amigo basta», decimos, como si un café y una charla pudieran curar años de estrés, ansiedad o heridas emocionales. Pero ¿y si resulta que no estamos «tan bien» como creemos?

Carl Jung, figura clave en los inicios del psicoanálisis, decía que «a lo que niegas, te somete; lo que aceptas, te transforma». Y en el fondo, la terapia es eso: aceptar que necesitamos ayuda y buscar soluciones más allá de los remedios caseros que nunca terminan de funcionar. Hablar con un amigo es reconfortante, claro, pero un terapeuta no está ahí para darte la razón o consolarte; su papel es desafiar tus patrones, enseñarte nuevas formas de pensar y, sí, a veces incomodarte un poco. ¿De qué sirve alguien que solo escucha sin empujarte al cambio?

Hay otro mito que hace mucho daño: el de la «receta mágica». Muchos llegan esperando resultados inmediatos, como si en una sesión todo fuera a resolverse. Pero el cambio requiere tiempo y trabajo. Como bien decía **Freud,** «antes de curar la mente, primero hay que entender el alma». La terapia no es cuestión de milagros ni de soluciones rápidas, sino de construir, paso a paso, una versión más fuerte de ti mismo.

Y luego está el clásico *«¿para qué necesito un terapeuta si puedo arreglarlo solo?».* Esa idea de que pedir ayuda es sinónimo de fracaso. Qué paradójico, ¿no? Si se nos inunda la casa, llamamos a un fontanero. Si nuestro coche falla, buscamos un mecánico. Pero cuando nuestra mente se llena de dudas, tristeza o ansiedad, nos decimos que tenemos que solucionarlo sin ayuda. ¿Por qué? Como diría **Viktor Frankl,** «cuando no podemos cambiar una situación, tenemos el desafío de cambiarnos a nosotros mismos». Y a veces, eso requiere alguien que te guíe.

Otro temor frecuente es el de volverse «dependiente» del terapeuta. ¿Cuántas veces hemos escuchado a alguien decir: «No quiero ir, no vaya a ser que me que-

de enganchado hablando de mis problemas toda la vida»? Una imagen alimentada por películas donde el paciente pasa años en el diván, pagando fortunas por
sesiones eternas. La realidad no podría estar más lejos. El objetivo de la terapia
es todo lo contrario: ayudarte a **desarrollar herramientas** para enfrentar la vida
por tu cuenta. Es un proceso con principio, medio y final, donde el protagonista
siempre eres tú.

Claro que hay más excusas. «La terapia es cara», dicen. Y sí, puede ser una
inversión importante, pero ¿acaso no gastamos dinero en todo tipo de cosas para
nuestro bienestar físico o incluso en lujos que no necesitamos? Una mente en equilibrio vale mucho más que el último *gadget* de moda o unas vacaciones que solo
postergan el enfrentarnos a lo que realmente necesitamos resolver.

Y no, ir al psicólogo no es rendirse ni admitir que eres débil. Es, en todo caso,
un **acto de valentía.** Porque sentarte frente a alguien, abrir tu mundo y enfrentarte
a lo que más te duele requiere más fuerza que seguir aguantando en silencio.
Entonces, ¿por qué seguir creyendo que pedir ayuda es algo de lo que avergon-
zarse?

La terapia es como aprender un idioma nuevo: al principio, te sientes torpe, inseguro, incluso frustrado. Pero con paciencia y práctica, empiezas a comprender.
Descubres palabras que describen tus emociones, estructuras que organizan tus
pensamientos y, finalmente, logras comunicarte contigo mismo de maneras que
antes parecían imposibles.

Por tanto, tenemos que evitar la idea preconcebida de que ir al terapeuta es
cosa de locos. Es cosa de personas reales que han decidido que no quieren seguir
cargando solas con el peso de todo. Como decía Sócrates, «una vida sin examen
no merece la pena ser vivida». Entonces, ¿no merece nuestra salud mental el mismo
cuidado que damos al resto de nuestras vidas? Tal vez es hora de derribar esos
mitos de negación, mirarnos al espejo y decir: «Sí, puedo necesitar ayuda, y eso
está bien».

Romper con estos mitos no es solo un favor que nos hacemos a nosotros mismos; es una responsabilidad con nuestra generación y las que vienen. **La salud
mental** se ha convertido en uno de los mayores retos del siglo XXI, y perpetuar
estas ideas solo agrava el problema. Hablar de terapia sin tabúes, normalizar
el cuidado emocional y ver la ayuda profesional como algo natural son pasos
fundamentales para combatir una crisis que afecta a millones de personas en
silencio.

LA CULTURA DE LA COMPARACIÓN

La comparación es un proceso natural que utilizamos para entender el mundo que nos rodea y evaluar nuestra propia posición en él. A menudo, buscamos validación social, anhelando la aceptación de los demás en nuestras acciones, logros y elecciones. Al compararnos, sentimos que formamos parte de algo más grande, que nuestras experiencias son válidas y que nuestros logros tienen un lugar en la narrativa colectiva. También, al medirnos con otros, evaluamos nuestro propio progreso y habilidades, lo que puede ser útil en áreas donde queremos mejorar. Sin embargo, esta búsqueda de comparación puede llevarnos a un **ciclo de competitividad insana** y envidia, donde la presión por destacar y superar a los demás se convierte en un motor de insatisfacción.

Según la **teoría de la comparación social** desarrollada por el psicólogo **Leon Festinger** en la década de 1950, este proceso puede ser hacia arriba, cuando nos comparamos con aquellos que consideramos superiores, o hacia abajo, al hacerlo con quienes percibimos como inferiores. Ambas formas de comparación pueden tener diferente efecto en nuestro autoconcepto y autoestima.

La **edad** en esto juega un papel importante: los adolescentes, por ejemplo, suelen compararse con sus compañeros para definir su identidad, mientras que los adultos mayores pueden hacerlo en relación con su salud o estatus social. También el **género** influye en esta dinámica; hay estudios donde se puede ver que las mujeres tienden a compararse más en términos de apariencia física, mientras que los hombres suelen enfocarse en el éxito profesional y el estatus social. Además, la **cultura** afecta a cómo utilizamos la comparación social: en algunas culturas orientales se promueve la modestia y la comparación hacia abajo, mientras que en culturas occidentales se enfatiza la competencia y la comparación hacia arriba. Las características individuales, como la autoestima y el narcisismo, también juegan un papel relevante; las personas con baja autoestima pueden compararse más con los demás para validar su valor, mientras que quienes presentan alto narcisismo pueden buscar reafirmar su superioridad.

Los efectos de la comparación social en nuestro bienestar son complejos y variados. En términos de autoestima, compararse hacia arriba puede disminuirla, mientras que compararse hacia abajo puede aumentarla temporalmente, aunque esta última puede dar lugar a una **sensación de superioridad** poco saludable. Además, la presión por alcanzar los estándares de otros nos genera **ansiedad y estrés,** ya que ver a alguien con una vida aparentemente perfecta nos da la sensación de ser insuficientes y estar descontentos con nuestra propia vida. Entrar en esta dinámica contribuye a la **depresión;** sentirse constantemente inferior a los demás puede desencadenar sentimientos de tristeza y desesperanza. Asimismo, la comparación social puede fomentar una **actitud competitiva** poco saludable, donde el enfoque se centra más en superar a los demás que en el desarrollo personal.

Estar todo el rato comparándonos también afecta a las dinámicas familiares. Los padres pueden comparar a sus hijos con otros niños, lo que puede generar **sentimientos de inferioridad y rivalidades.** Por otro lado, los padres que se comparan con otros experimentan **frustración** y ansiedad, afectando a su bienestar y su capacidad para ser modelos positivos.

ESTA MANERA DE COMPARARNOS VIENE DE LEJOS

Desde que somos pequeños, la comparación es una constante en nuestras vidas, ya sea en casa, en el colegio o, incluso, en el parque. Aunque nuestros padres siempre lo han hecho y lo hacen con la mejor de las intenciones, las consecuencias de estas comparaciones han podido ser profundamente dañinas para nuestro desarrollo emocional y psicológico. Frases como «mira cómo se porta tu hermano» o «¿por qué no puedes ser más como tu amigo que saca mejores notas?» seguramente fueran muy comunes cuando éramos niños, pero ignoraban **la individualidad** de cada persona. Esto no solo generaba presión, sino que también sembraba sentimientos de inseguridad, celos y baja autoestima.

Cuando un niño es asiduamente comparado con su hermano o con sus compañeros, empieza a interiorizar la idea de que no es suficiente. El **efecto Pigmalión,** una teoría psicológica que sugiere que las expectativas ajenas pueden influir en nuestro comportamiento, cobra relevancia aquí. Si siempre te dicen que no eres capaz o no tienes tanto talento como otros, es fácil empezar a creerlo y actuar en consecuencia. Así, muchos niños comienzan a sentirse atrapados en una lucha interna para alcanzar un ideal que no refleja quiénes son realmente.

Un ejemplo muy común es el que se da cuando un padre, buscando motivar a su hijo, le dice: «Tu hermano siempre saca sobresalientes y tú apenas llegas al aprobado». Lo que pretende ser un impulso puede convertirse en una fuente de frustración y resentimiento. El niño puede empezar a pensar que, haga lo que haga, nunca será suficiente. Esta comparación, lejos de generar un cambio positivo, a menudo lleva a una **desmotivación** y una **sensación de incapacidad,** ya que el niño siente que sus esfuerzos no se valoran.

La comparación no solo ocurre en casa, también está presente en el ámbito escolar. «Los mejores de la clase siempre son los mismos, el resto no llegan a su nivel» es una frase que escuchan muchos niños de algunos de sus profesores. Esto no solo afecta al niño que siente que no puede estar a la altura, sino también a aquellos que son puestos como ejemplo. Los niños que siempre son considerados los «mejores» pueden sentirse presionados a mantener ese nivel, lo que también genera **estrés y ansiedad.**

Con la llegada de la **era digital y las redes sociales,** la comparación ha adquirido una nueva dimensión. Ahora, no solo nos comparamos con nuestros hermanos o compañeros de clase, sino con personas de todo el mundo. Los niños y adolescentes están constantemente expuestos a imágenes de vidas perfectas y logros extraordinarios, lo que amplifica esa sensación de no ser suficiente. «¿Por qué no puedo tener la vida que tienen ellos?» es una pregunta que muchos jóvenes se hacen mientras navegan por Instagram o TikTok, lo que los lleva hacia una **baja autoestima** y a la pérdida de autenticidad, intentando cumplir con estándares irreales.

Los adultos, ya seamos padres, profesores o cuidadores, debemos ser conscientes de cómo nuestras palabras y actitudes pueden influir en los niños, al igual que influyeron en nosotros cuando éramos pequeños. La comparación constante nos encamina hacia consecuencias devastadoras: frustración, desmotivación, tristeza y una autopercepción distorsionada.

Al final, la verdadera competencia debería ser con uno mismo, buscando mejorar cada día sin la necesidad de medirnos con los logros o fracasos de los demás.

Ahora, párate a pensar y recuerda: ¿cómo fue tu infancia? ¿Contigo también usaban la comparación?

SIENTO QUE COMPITEN CONTRA MÍ

¿Alguna vez has tenido la sensación de que alguien está empeñado en ganarte en todo? Como si llevaran la cuenta de tus logros para intentar hacerlos mejor y más rápido. No solo tú tienes esa percepción; la mayoría lo hemos sentido en algún momento. Pero antes de pensar que el mundo conspira contra ti, hay algo que necesitamos entender: la competitividad es parte del ser humano, está en nuestro ADN.

Nos medimos, casi sin darnos cuenta, desde que somos niños. Algunos lo hacen mirando hacia dentro, comparándose con quienes fueron ayer. Otros prefieren mirar hacia los lados, buscando referencias externas. Es una especie de brújula social. ¿Y sabes qué? Ninguna de estas formas es necesariamente mejor o peor. Lo curioso es que, muchas veces, quienes solo se comparan consigo mismos no logran entender a los que miran hacia los demás, y viceversa.

Es como si existieran dos tipos de personas: las que corren su propia carrera y las que necesitan saber cómo van en comparación con otros corredores. Los primeros tienden a **enfocarse en su propio crecimiento,** buscando ser mejores de lo que fueron el día anterior. Los segundos encuentran su motivación en ese pequeño empujón que da la competencia externa, como si una chispa encendiera sus ganas de avanzar. Pero esta diferencia no está exenta de problemas. Mientras que compararte contigo mismo puede llevarte al **perfeccionismo** –ese engaño en el que nada parece suficiente– medirte contra los demás puede hacerte caer en una constante búsqueda de **validación externa.**

Aquí es donde las cosas se ponen interesantes, porque la competitividad no es inherentemente buena ni mala. Es como un cuchillo: puedes usarlo para cortar un pastel o para hacerte daño. Todo depende de cómo decidas manejarla. Si compites para alimentar tu ego, para sentirte superior o para demostrar algo, te arriesgas a entrar en un ciclo tóxico. Pero si logras transformarla en una herramienta para mejorar, para aprender y para conectarte con otros, entonces puede ser muy valiosa.

El problema surge cuando la competencia empieza a sentirse como una amenaza. Esa vocecita interna que dice: «Siempre hacen lo mismo que hago yo, siempre quieren lo que tengo». Pero ¿y si no es eso? ¿Y si en lugar de querer superarte, simplemente quieren acompañarte? Quizá esa persona que parece imitarte está buscando inspiración o una manera de conectar contigo. Tal vez no sea rivalidad, sino admiración disfrazada.

Imagina que te encanta jugar al tenis y decides apuntarte a un club. Después de unas semanas, tu amigo también se une, y de repente parece que quiere superarte en cada saque. ¿Cómo lo interpretas? Podrías frustrarte y pensar que está compitiendo contigo, o podrías verlo como una oportunidad: ahora tienes con quién entrenar y mejorar. Es cuestión de perspectiva.

Lo cierto es que la competitividad no va a desaparecer nunca. Está en el trabajo, en las redes sociales, incluso en nuestras relaciones más cercanas. Por eso, el secreto no está en evitarla, sino en **aprender a vivir con ella** sin que te consuma.

Piensa en esto: cuando ves que alguien destaca en algo, ¿te sientes feliz por esa persona o te incomoda? Si es lo segundo, tal vez sea momento de preguntarte por qué. La envidia puede ser una señal de que estás demasiado enfocado en lo que te falta en lugar de valorar lo que ya tienes.

La clave está en **desdramatizar.** No todo es una batalla épica. No siempre se trata de ganar o perder. A veces, la comparación puede ser una forma de inspirarte, de crecer, de descubrir lo que eres capaz de hacer. Pero solo si logras manejarla sin convertirla en una fuente constante de estrés. Si aprendes a reírte un poco de ella, a quitarle peso, verás que todo se hace más llevadero.

Al final del día, la verdadera competición no es contra los demás. Es contigo mismo. Es ser un poco mejor que ayer, no para demostrar algo, sino porque quieres. Porque puedes. Porque lo disfrutas.

EL POSTUREO. QUERER APARENTAR

¿Te has parado a pensar cuántas veces al día tomas decisiones basándote en lo que, simplemente, «quedaría bien»? Quizás esa foto del *brunch* del domingo que has subido a Instagram no era tanto por el aguacate perfectamente cortado, sino porque sabías que tus seguidores lo verían. No te preocupes, no eres el único. De hecho, podríamos decir que hoy en día vivimos en una especie de *reality show* constante, con cada uno de nosotros como protagonistas, directores y editores de nuestras vidas.

El psicólogo social **Mark Snyder** definió a los **automonitoreadores** como aquellas personas que están constantemente evaluando su comportamiento y su imagen, como si estuvieran frente a un espejo imaginario. Estas personas analizan cada movimiento, cada palabra, preguntándose cómo se verá desde fuera. Y aunque todos lo hacemos en mayor o menor medida, el problema empieza cuando esa preocupación por cómo nos perciben los demás se convierte en el centro de nuestras vidas.

Las redes sociales son el caldo de cultivo perfecto para esta dinámica. Al fin y al cabo, ¿quién no quiere un par de *likes* extra, un comentario halagador o un corazoncito rojo que valide nuestra existencia? Pero ¿qué pasa cuando esos pequeños gestos virtuales empiezan a definir nuestra autoestima? Imagina a un adolescente cuya personalidad aún está en construcción: cada *like* que recibe es un ladrillo en la casa de su identidad, pero ¿qué ocurre si esa casa se construye en un terreno tan inestable como la aprobación de los demás?

Esto no es algo exclusivo de los más jóvenes. Muchos adultos han caído en esta trampa de aparentar. Publicamos la imagen de una felicidad inmaculada, pero a menudo detrás de esa sonrisa perfecta hay insatisfacción, estrés o incluso tristeza. ¿Por qué lo hacemos? Quizás porque es más fácil proyectar una vida ideal que enfrentarnos a nuestras inseguridades.

El postureo no es solo un hábito; es una actitud mental que, si no se controla, puede generar **un desequilibrio emocional** importante. Vivir para la cámara, literal o metafóricamente, nos desconecta de nuestras emociones reales. En lugar de disfrutar del momento, estamos pensando en cómo se verá desde fuera. Nos enfocamos más en proyectar felicidad que en sentirla.

Las redes sociales no son las culpables, pero sí amplifican este fenómeno. Nos han vendido la idea de que todos podemos ser *best-sellers* de nuestras propias vidas, y muchos han comprado el paquete completo. Pero, como decía **John F. Kennedy,** hagas lo que hagas, el 20 % de la gente estará en desacuerdo contigo. Así que… ¿de verdad vale la pena intentar gustarle a todo el mundo?

Entonces, ¿qué podemos hacer para bajarnos de este escenario y empezar a vivir de verdad? Aquí van algunos consejos, porque el postureo, como cualquier hábito, se puede desaprender:

- **Sé consciente de tus motivaciones**
  Antes de publicar algo, pregúntate: ¿lo hago porque me hace feliz o porque quiero impresionar? Es una pregunta incómoda, pero necesaria.

- **Juega con las redes sociales, pero no dejes que jueguen contigo**
  Si las ves como un entretenimiento y no como una medida de tu valor personal, empezarás a disfrutar más y a compararte menos.

- **Acostúmbrate al «no me gusta»**
  Si alguien no aprueba lo que haces, ¿qué importa? Lo que otros piensan de ti es problema suyo, no tuyo.

- **Escucha las críticas de quienes te quieren**
  Son las únicas que importan. Lo demás es ruido de fondo.

- **No creas todo lo que ves**
  Recuerda que, al igual que tú, muchos también están mostrando solo su mejor cara.

El postureo, en dosis pequeñas, no es dañino; todos queremos sentirnos aceptados de vez en cuando. El problema es cuando ese deseo se convierte en una necesidad. Así que la próxima vez que te encuentres retocando una foto durante 20 minutos para subirla a tus historias, tal vez sea momento de preguntarte: ¿esto lo hago por mí o por los demás? Y si la respuesta no te convence, siempre puedes guardar el móvil y disfrutar del momento. A fin de cuentas, la felicidad no necesita filtros.

ME PREOCUPO DEMASIADO POR LA IMAGEN QUE PROYECTO

¿Has pensado alguna vez cuánto tiempo invertimos en diseñar una vida que parezca perfecta a los ojos de los demás? Desde la sonrisa «casual» en un selfi hasta ese paseo al atardecer que, en lugar de disfrutar, se convierte en una sesión fotográfica interminable para capturar la toma perfecta. Bienvenido **al efecto escaparate,** ese engaño psicológico que nos hace priorizar las apariencias sobre la verdadera esencia de nuestras emociones y experiencias.

El efecto escaparate es como intentar disfrutar de un atardecer en la playa mientras un dron zumbando te persigue. Piénsalo: llegas a ese rincón paradisíaco buscando paz, pero en lugar de disfrutar y ensimismarte de los colores del cielo o en el sonido de las olas, estás pendiente de inmortalizar el momento perfecto. Cada foto que tomas, cada filtro que eliges, te aleja un poco más de lo que realmente importa. Tus recuerdos no están llenos de la brisa marina ni del murmullo del agua; están saturados de la tensión por conseguir *likes* y de las vibraciones del móvil que nunca dejas de mirar.

Aunque parezca un fenómeno exclusivo del siglo XXI, estos comportamientos vienen de mucho antes. **George Orwell** ya lo anticipó en su novela *1984*. En su mundo, **el Gran Hermano** vigilaba cada movimiento, exigiendo una **fachada impecable** de lealtad y conformidad. ¿Es tan diferente de lo que vivimos hoy? En lugar de cámaras estatales, nos sometemos al escrutinio constante de nuestras redes sociales. Hemos internalizado al Gran Hermano, y ahora es nuestro teléfono el que se ha convertido en su ojo omnipresente. Cada publicación es un acto de autovigilancia, y cada «me gusta» refuerza nuestra necesidad de mantener la pose.

Pero esto no comenzó con las redes sociales. Calderón de la Barca ya reflexionaba sobre nuestra existencia como un teatro en *La vida es sueño*. En el Siglo de

Oro, los nobles y poetas se esmeraban en representar su papel ante el público, ya fuera a través de sonetos o trajes bordados. La diferencia es que entonces el público era limitado, mientras que ahora nos dirigimos a una audiencia global. Las métricas han cambiado: de los aplausos pasamos a los *likes*, pero la **necesidad de validación** permanece intacta.

Lo interesante del efecto escaparate es su relación directa con nuestras emociones más primitivas. **Somos seres sociales,** programados para buscar la aprobación del grupo. En épocas prehistóricas, ser rechazado significaba quedarse solo frente a los depredadores. Hoy, el aislamiento no implica un león acechando, pero sí una profunda soledad que puede ser igual de devastadora. La oxitocina, esa hormona que nos conecta con los demás, es también la responsable de hacernos vulnerables a este juego de apariencias.

Y aquí es donde las **redes sociales** han perfeccionado la fórmula. No solo explotan nuestra necesidad de conexión, sino que la maximizan hasta el punto de la adicción. **Cada *like* es una dosis de dopamina,** un refuerzo positivo que nos dice: «Bien hecho, sigue así». Pero nunca es suficiente. Como en el mundo de Orwell, el sistema está diseñado para mantenernos en estado de alerta, siempre esforzándonos por más, siempre temiendo el rechazo.

El efecto escaparate también tiene un impacto político y social profundo. Pensemos en los **populismos** actuales. En lugar de unirnos en torno a ideales, nos congregan en torno a enemigos comunes. Es mucho más fácil manipular a las masas si compartimos un «algo» o «alguien» al que odiar. Orwell lo llamó el «odio diario», ese **ritual de aversión colectiva** que une a las personas en un sentimiento compartido, aunque sea negativo. Cambiemos las pantallas gigantes de su distopía por los *timelines*, y el paralelismo es escalofriante.

Sin embargo, la pregunta sigue siendo: ¿qué coste pagamos por este espectáculo? La respuesta es una **pérdida de identidad.** Cuanto más nos adaptamos al papel que creemos que los demás esperan de nosotros, más nos alejamos de quienes realmente somos. El resultado es una insatisfacción constante, esa sensación de vacío que surge cuando dejamos de vivir para nosotros mismos.

¿Hay una salida? Quizá la clave esté en reconocer el poder de las relaciones reales, esas que no necesitan filtros ni postureo. Aquí es donde entran en juego los amigos de toda la vida, los que no «compran» tu fachada. Son esos que, en lugar de aplaudir tu «vida perfecta», te recuerdan quién eres realmente. Los que te hacen reír de tus propios intentos de postureo porque ya te vieron en tus momentos menos glamurosos. En un mundo donde todos parecen actores, ellos son el público que te permite bajar el telón y respirar.

También está la importancia de «salirse del rebaño». **Ir a contracorriente** puede ser aterrador porque significa enfrentarte a la posibilidad de rechazo. Pero también es profundamente liberador. Cuando te atreves a dejar de lado el escaparate, descubres que las cosas que realmente importan no necesitan ser fotografiadas ni compartidas.

Un ejemplo claro es la creciente tendencia entre algunos *influencers* que están rechazando el postureo. Mostrarse vulnerables, reales y lejos de la perfección se ha convertido en su manera de conectar con un público cansado del brillo falso. Aunque este fenómeno podría convertirse en un nuevo escaparate, al menos señala un cambio de paradigma en el mensaje: tal vez ya no queremos una vida perfecta, sino una vida vivida de verdad.

HABLEMOS DE LA ENVIDIA

Empecemos por una pregunta incómoda: ¿preferirías ganar 1500 € al mes en un trabajo donde tus compañeros ganan 3000 €, o ganar 1200 € en un lugar donde todos ganan 800 €? Suena loco, pero el 80 % de la gente elegiría la segunda opción. ¿Por qué? Porque *comparamos* todo. Salarios, casas, parejas, incluso quién tiene la piscina más azul en las redes. Es natural... hasta que se nos va de las manos y aparece la envidia.

Y sí, hablemos de ella sin rodeos. Esa sensación que aparece cuando ves que alguien más tiene algo que tú también deseas, pero no tienes –o sientes que nunca tendrás–. Puede ser el ascenso de tu compañero, la relación sentimental de tu amigo, el cuerpo tonificado de alguien que parece vivir en el gimnasio, o incluso los seguidores en redes sociales de ese conocido que solo sube fotos de desayunos. La envidia tiene un menú variado, pero los ingredientes suelen ser los mismos: dinero, amor, éxito, físico y popularidad.

En las relaciones sociales, **la envidia se disfraza de muchas formas.** ¿No te ha pasado que te alegras mucho por un amigo, pero, al mismo tiempo, te surge ese pensamiento traicionero? «Qué suerte tiene, ojalá me pasara a mí». Ese amigo que encuentra pareja cuando tú llevas meses teniendo citas desastrosas o ese otro que acaba de comprar un piso mientras tú sigues haciendo cuentas para llegar a fin de mes. No es que no te alegres, pero tampoco puedes evitar sentirte un poco como el último en la fila del reparto de buena suerte.

En el trabajo, las cosas no son mejores. El compañero que asciende mientras tú sigues estancado, o el que siempre parece tener las mejores ideas en las reuniones. Incluso cuando sabes que has trabajado duro, es difícil no pensar: *«¿Qué tiene él que no tenga yo?»*. Pero aquí hay una trampa: mientras te consumes mirando lo que hacen los demás, **puedes perder de vista tus propios logros.**

Y luego están las redes sociales, el parque temático de la comparación moderna. Todo parece un desfile de vidas perfectas: viajes, cuerpos esculpidos, relaciones románticas de película. Es el caldo de cultivo ideal para la envidia, porque no solo nos comparamos con la gente que conocemos, sino también con desconocidos que, por alguna razón, decidimos que están ganando en la vida. Pero ¿de verdad sabemos lo que hay detrás de esas fotos? Quizás ese *influencer* con la sonrisa perfecta está tan cansado como tú de los lunes.

La envidia, al final, no es el problema. El problema es qué hacemos con ella. Porque sí, todos sentimos envidia, pero no todos dejamos que nos controle. La buena noticia es que **podemos transformarla en algo útil.** Primero, hay que reconocerla. Negarla solo la hace más fuerte. Admitir que envidias a alguien no te hace una mala persona; te hace humano.

Después, pregúntate qué es lo que realmente deseas. Si envidias el éxito profesional de alguien, ¿es porque tú también quieres avanzar en tu carrera? Si envidias la relación de un amigo, ¿es porque anhelas una conexión más de tú a tú con alguien? Usar la envidia **como una brújula** puede ayudarte a identificar lo que realmente importa en tu vida.

También es útil cambiar la perspectiva. En lugar de envidiar, ¿por qué no intentar admirar? Si alguien tiene algo que deseas, míralo como una **fuente de inspiración,** no como una amenaza. Piensa en figuras como Steve Jobs y Bill Gates, que se empujaron mutuamente a ser mejores en lugar de quedarse atrapados en la competencia tóxica.

Y no olvidemos lo liberador que puede ser verbalizarlo. Decirle a tu amigo: «Qué envidia me das, pero me alegro por ti» desarma al sentimiento y, de paso, fortalece la relación. Porque, en el fondo, la envidia no tiene que ser un bicho malo. Puede ser el motor que te impulse a trabajar en tus propios sueños, siempre y cuando no permitas que te consuma.

Dicen que incluso los animales sienten envidia. En un famoso experimento, un mono rechazó una recompensa porque su compañero recibió una mejor. Si un mono puede reconocer la injusticia y seguir adelante, ¿por qué no nosotros? La próxima vez que la envidia toque a tu puerta, respira hondo, ríete un poco de ti mismo y pregúntate: «*¿Qué puedo hacer yo para llegar ahí?*». Quizás no sea fácil, pero nadie dijo que crecer lo fuera.

EXPECTATIVAS SOCIALES Y NORMAS

La sociedad moderna está llena de reglas no escritas que influyen en casi todos los aspectos de nuestra vida. Desde cómo debemos vivir, trabajar y vestirnos, hasta qué ideas debemos apoyar o rechazar, estas expectativas sociales nos guían de manera silenciosa pero poderosa. Aunque estas normas nos proporcionan una estructura que facilita la convivencia, también pueden ejercer presión sobre nuestra autenticidad, empujándonos a **moldearnos para encajar** y ser aceptados.

Desde pequeños, aprendemos que para ser «buenos» miembros de la sociedad debemos seguir ciertos comportamientos y estándares. En el colegio se espera que saquemos buenas notas; en el trabajo, que seamos productivos y ambiciosos; en nuestras relaciones, que seamos cariñosos, pero no dependientes. Incluso en cómo nos vestimos o cómo nos comportamos en redes sociales, hay expectativas implícitas que nos dictan qué es lo aceptable. Estas normas no siempre se expresan de manera explícita, pero su violación puede llevarnos a sentir rechazo, juicio o exclusión.

El deseo de encajar es una necesidad humana muy arraigada. Las personas tendemos a ajustar nuestro comportamiento para evitar el rechazo y ganar aceptación de los demás. Este impulso es tan fuerte que, muchas veces, sacrificamos nuestra autenticidad para cumplir con las expectativas ajenas. Cambiamos nuestra manera de vestirnos para adaptarnos a lo que es **socialmente aceptado,** evitamos expresar opiniones impopulares por miedo al conflicto, o incluso escondemos partes de nuestra personalidad que creemos que no serán bien vistas.

En redes sociales, esto se traduce en la constante búsqueda de validación mediante «me gusta» y comentarios positivos, lo que nos lleva a presentar a los demás **versiones «con filtro»** de nuestra vida, que a menudo están lejos de la realidad. El coste de esta búsqueda de aceptación es alto, ya que terminamos perdiendo contacto con quiénes somos realmente, desconectándonos de nuestras propias necesidades y deseos.

Este conflicto entre nuestra autenticidad y las normas sociales también genera una tensión interna, conocida como **disonancia cognitiva** (teorizada por **Leon Fes-**

tinger). Este fenómeno ocurre cuando nos encontramos viviendo de una manera que no va en la línea de nuestras creencias o deseos reales. Por ejemplo, alguien que es creativo y espontáneo puede sentirse incómodo si trabaja en un ambiente corporativo rígido que exige conformidad y reglas estrictas. Esta disonancia no solo genera estrés emocional, sino que, a largo plazo, tendrá un impacto negativo en la salud mental.

Además, esas reglas no escritas de la sociedad no son universales ni justas para todos. A menudo, las expectativas son más rígidas para ciertos grupos, como las mujeres, las minorías o las personas de diferentes culturas. Las mujeres, por ejemplo, suelen enfrentarse a expectativas contradictorias: deben tener éxito en sus carreras, pero también cumplir con las normas tradicionales de belleza y maternidad. Para las minorías, encajar puede significar renunciar a aspectos de su identidad cultural o soportar la presión de cumplir con **estereotipos impuestos.** Esto genera aún más sacrificios de autenticidad y mayor disonancia entre lo que la persona es y lo que siente que debería ser.

Sin embargo, romper con estas expectativas no es tarea fácil. Desafiar las normas sociales puede llevar a la reactancia, una respuesta psicológica cuando sentimos que nuestra libertad está amenazada, como sugiere la **teoría de la reactancia psicológica de Jack Brehm.** Cuando nos enfrentamos a la presión social para comportarnos de una manera determinada, podemos llegar a desarrollar una fuerte necesidad de rebelarnos. Esta rebelión es una búsqueda de autenticidad, de vivir en consonancia con nuestros valores y deseos, aunque implique enfrentarnos al rechazo o la incomprensión social.

Ser fieles a nosotros mismos implica a veces que desafiemos las expectativas, aceptar que no siempre seremos comprendidos y, más importante aún, darnos permiso para ser quienes realmente somos. Aunque la sociedad dicta muchas reglas, nuestra felicidad radica en encontrar un equilibrio entre lo que el mundo espera de nosotros y lo que nosotros esperamos de nosotros mismos.

EL EQUILIBRIO ENTRE INDIVIDUALIDAD Y PERTENENCIA

Encontrar el equilibrio entre el ser uno mismo y la necesidad de «pertenecer» es la esencia de lo que significa ser humano. Nos movemos entre el deseo de ser auténticos, de ser verdaderamente quienes somos, y la necesidad de conectar y formar parte de algo más grande que nosotros. No es un dilema moderno; filósofos como **Jean-Paul Sartre** ya advertían que la identidad es algo que se va construyendo y definiendo en función de cómo nos ven los demás y de cómo nos vemos a nosotros mismos a través de esas interacciones. Nuestra percepción de quiénes somos es, en gran medida, una mezcla de la influencia de los demás y cómo nos definimos a nosotros mismos.

La **teoría de la individuación de Carl Jung,** por ejemplo, explora esta necesidad de desarrollar una identidad auténtica, lo que él llamó el «sí mismo» o «*self*». Según Jung, todos tenemos una tendencia natural a diferenciarnos y a encontrar quiénes somos realmente. Esta búsqueda de uno mismo, sin embargo, no significa vivir aislados o ignorar a los demás; consiste en comprender que cada persona es única, pero que esa individualidad cobra sentido y se enriquece en comunidad con otros. Desde esta perspectiva, alcanzar un equilibrio entre la individuación y la pertenencia es una forma de madurez emocional.

Ahora bien, ¿cómo podemos lograrlo en la vida cotidiana? Para responder esta pregunta me apoyaré en la **teoría de la autodeterminación** de los psicólogos **Edward Deci y Richard Ryan,** quienes afirman que los seres humanos tenemos tres necesidades psicológicas fundamentales: **autonomía, competencia y relación.** La autonomía es nuestra necesidad de actuar en coherencia con nuestros valores y deseos, mientras que la relación se refiere a sentirnos conectados y aceptados por los demás. Estas dos necesidades, aunque parezcan opuestas, no lo son. Es posible actuar siendo auténtico y al mismo tiempo relacionarnos con los demás, siempre y cuando estas conexiones respeten y validen nuestra esencia.

Cuando intentamos integrar ambas dimensiones, nos enfrentamos a dilemas, a veces sutiles y a veces muy claros. Por ejemplo, te piden organizar un evento en el trabajo. Te entusiasma la idea porque crees que puedes hacerlo bien y es una buena oportunidad para «ganar puntos» (competencia). Pero, al mismo tiempo, sabes que va a requerir mucho esfuerzo y ya tenías planes para esos días (autonomía), además de compromisos con amigos y familia (relación).

Conforme vas organizando el evento, empiezas a ver que va a ser difícil equilibrar todo. Quieres cumplir con el trabajo y demostrar tu capacidad, pero también le das muchas importancia a pasar tiempo con tus seres queridos y no quieres dejar de lado tus «cosas». Al final, decides hablar con tus compañeros de equipo para repartir algunas tareas y no llevar toda la carga tú solo. Así, puedes involucrarte en la preparación del evento y dar lo mejor de ti, sin renunciar a tus planes ni descuidar a las personas importantes en tu vida.

En este caso, logras cuidar tu autonomía, mantener tu sentido de competencia y también valorar tus relaciones.

Por otro lado, **Maslow** planteaba en su famosa **jerarquía de necesidades** que, una vez que nuestras necesidades básicas están satisfechas, buscamos pertenecer a algo y sentirnos aceptados. Este impulso nos lleva a adaptarnos, a veces a expensas de ser nosotros mismos. Aquí es donde el equilibrio se vuelve fundamental: no se trata de abandonar nuestros valores para encajar, sino de encontrar formas de conectar con los demás sin perder nuestra identidad en el proceso.

El equilibrio entre ser uno mismo y pertenecer a algo no es fijo, sino un proceso dinámico, una especie de baile entre quiénes somos y quiénes queremos ser en comunidad. Aceptar que este «balanceo» es parte de nuestro crecimiento y que puede fluctuar es el primer paso para vivirlo con menos conflicto. Así, la vida se convierte en una búsqueda consciente de nuestro auténtico yo, mientras tejemos lazos que nos permitan sentirnos parte de algo más grande. La clave está en respetarnos tanto a nosotros mismos como a los demás, entendiendo que ambos aspectos no solo son posibles, sino que se fortalecen el uno al otro cuando se cuidan.

LA HISTERIA COLECTIVA. HISTORIAS INCREÍBLES

Durante la pandemia de COVID-19, fuimos testigos de algo tan curioso como inesperado: el pánico por el papel higiénico. Todo comenzó con algunas personas que, temiendo un futuro desabastecimiento, decidieron llenar sus carritos de la compra con enormes cantidades de rollos de papel. La imagen en los telediarios de estanterías vacías y carros rebosantes de estos rollos se viralizó rápidamente, y muchas personas sintieron la necesidad de hacer lo mismo. De pronto, parecía que el papel higiénico era el bien más preciado del mundo, llevando a una escasez temporal en supermercados de muchos países.

Este fenómeno es un claro ejemplo de lo que los psicólogos llamamos histeria colectiva. Ante la incertidumbre y el miedo, el **impulso de seguir a los demás** –a veces sin cuestionarnos por qué– puede volverse casi irresistible. Ver a otros actuar de una forma tan extrema activa en nosotros la sensación de pertenencia al grupo o «rebaño»; si todos lo están haciendo, debe haber una razón de peso detrás, ¿no? Pero ¿hasta qué punto este comportamiento está guiado por el instinto, y hasta dónde es una respuesta irracional?

La histeria colectiva no es un fenómeno reciente; ha aparecido en diferentes épocas y culturas, dejando tras de sí eventos tan inexplicables como impactantes. Uno de los casos más conocidos es la llamada **Peste del Baile de 1518,** que ocurrió en Estrasburgo, Francia. En julio de ese año, una mujer llamada **Frau Troffea** comenzó a bailar en medio de la plaza pública, aparentemente sin poder detenerse. Lo que empezó como un acto individual se transformó rápidamente en un fenómeno masivo: decenas y luego cientos de personas se unieron, moviéndose sin descanso, día y noche, como si una fuerza invisible los impulsara a seguir. Nadie lograba detenerse, y el frenesí continuó hasta que algunos colapsaron de agotamiento.

La situación se volvió tan alarmante que las autoridades, creyendo que el baile y la música podían calmar a los afectados, decidieron construir salones y contratar músicos. Sin embargo, esta medida solo intensificó la fiebre del baile. Finalmente, en un intento desesperado por poner fin a esta extraña epidemia, prohibieron la música y el baile en toda la ciudad y trasladaron a los más afectados a un santuario cercano, esperando que el aislamiento y la oración los liberaran de esta compulsión. Según los informes, hasta cuatrocientas personas llegaron a bailar sin descanso, y muchas perdieron la vida debido al agotamiento extremo. Aunque nunca se logró determinar una causa definitiva para este fenómeno, muchos historiadores creen que fue un caso de histeria colectiva, alimentado por las duras condiciones de vida y el estrés que imperaban en la Europa medieval. Increíble, ¿verdad?

Otro ejemplo notable de histeria colectiva es la **epidemia de la risa** que ocurrió en Tanganica (actual Tanzania) en 1962. Este extraño episodio comenzó en una escuela misionera en la aldea de Kashasha, donde tres niñas comenzaron a reír sin control. En cuestión de días, la risa se extendió a otros estudiantes, y lo que inicialmente parecía una broma o una pequeña travesura se convirtió en una epidemia que afectó a unas mil personas y obligó al cierre de catorce escuelas. En algunos casos, la risa incontrolable duró semanas.

Estos episodios, aunque inusuales, nos muestran el contagio emocional en situaciones de estrés o incertidumbre, un fenómeno que sigue intrigándonos a psicólogos y sociólogos hasta el día de hoy. Aunque no siempre es lógico, el impulso de hacer lo que otros hacen nos da cierta sensación de seguridad en momentos de miedo o confusión. Nos decimos: «Si todos están actuando así, debe de ser la manera correcta de reaccionar». Es como si, al actuar en grupo, nos libráramos de la responsabilidad de tomar decisiones individuales, donde el grupo es nuestro **«escudo de seguridad»**.

Sin embargo, cuando caemos en ese pánico colectivo, perdemos algo realmente valioso: la capacidad de cuestionarnos, de decidir por nuestra cuenta. Ahí está el verdadero reto: distinguir si estamos actuando porque realmente lo sentimos o solo porque los demás lo hacen. ¿Cuántas veces, en otros aspectos de nuestra vida, reaccionamos siguiendo «lo que toca» sin detenernos a pensar si eso es lo que queremos de verdad? La locura por el papel higiénico o lo que ocurrió en las otras dos historias son solo un ejemplo extremo de cómo el deseo de pertenecer al grupo puede llevarnos a hacer cosas que, en el fondo, ni siquiera tienen sentido o no nos benefician.

La próxima vez que sientas la necesidad de seguir una tendencia solo porque todos lo hacen, pregúntate: *«¿De verdad necesito o quiero esto?»*. Hacerse este tipo de preguntas nos ayuda a tomar distancia del grupo y a conectar con lo que realmente pensamos o sentimos. En tiempos de incertidumbre o miedo, puede ser muy tentador dejarnos llevar, pero elegir nuestras respuestas conscientemente, en lugar de sucumbir al pánico general, es lo que nos permite ser nosotros mismos, incluso cuando parece que el mundo a nuestro alrededor está perdiendo la cabeza.

EL *GROUPTHINK*. TOMAR DECISIONES EN GRUPO

Imagina que estás en una sala de juntas. Alguien lanza una idea pésima. Tú lo sabes. Lo sientes en los huesos. Pero miras alrededor y, sorpresa, todos sonríen y asienten como si acabaran de escuchar la solución para la paz mundial. Felicidades, acabas de presenciar el *groupthink* en acción. Ese extraño fenómeno en el que un grupo de personas inteligentes, con todas las herramientas para tomar una buena decisión, termina decidiendo algo que roza lo absurdo. No porque sean incompetentes o les falte información, sino porque, en algún momento, **el deseo de encajar** y mantener la armonía **es más fuerte que el pensamiento crítico.**

Para entenderlo mejor, viajemos a 1961, cuando John F. Kennedy y su equipo de asesores idearon la famosa invasión de la Bahía de Cochinos. La idea era simple y, para ellos, brillante: entrenar a un pequeño grupo de exiliados cubanos y enviarlos a derrocar a Fidel Castro. El problema es que el plan era una catástrofe anunciada. Los exiliados no estaban preparados, la resistencia cubana fue mucho mayor de lo esperado y, en lugar de derrocar a Castro, Estados Unidos terminó humillado ante el mundo entero. ¿Cómo fue posible que un presidente y su equipo de mentes brillantes se equivocaran de una forma tan colosal? La respuesta está en el *groupthink*.

Irving Janis, el psicólogo que acuñó este término, explicó que el *groupthink* ocurre cuando un grupo prioriza la cohesión y la unanimidad sobre el análisis crítico. Es decir, cuando nadie se atreve a cuestionar la dirección del grupo por miedo a romper la armonía o quedar como «el aguafiestas». Y entonces, como en la Bahía de Cochinos, las dudas se silencian, las críticas se ven como traiciones y el grupo avanza directo hacia el fracaso con una confianza ciega y hasta un toque de optimismo absurdo.

Lo peor del *groupthink* es que viene acompañado de síntomas claros, pero suelen ser invisibles para quienes están atrapados en él. Por ejemplo, el grupo desarrolla una **ilusión de invulnerabilidad:** creen que lo tienen todo bajo control, que nada puede salir mal. Es un optimismo exagerado que nubla la visión de los riesgos reales. Luego está la **creencia incuestionable en la moralidad del grupo,** como si las decisiones fueran correctas por el simple hecho de que todos están de acuerdo. Nadie se detiene a pensar si lo que están haciendo está mal o si tiene sentido. Y, claro, aparece la **racionalización colectiva:** cuando todos justifican lo injustificable solo porque la mayoría piensa igual.

¿Te quiere sonar? Puede que no estés en una situación histórica, pero estas dinámicas ocurren todos los días. En reuniones de oficina, equipos deportivos, grupos familiares… de repente, una idea terrible se vuelve intocable porque nadie quiere desafiar al grupo. La crítica desaparece y a cualquier persona que se atreva a pensar diferente se la etiqueta como negativa o ignorante. Es lo que se llama **autocensura:** la duda está ahí, pero nos la tragamos para no romper la paz.

En la Bahía de Cochinos, todo esto ocurrió a la perfección. Kennedy, como líder, no fomentó un ambiente donde las críticas fueran bienvenidas. Al contrario, el grupo se alineó con su visión y los asesores más cercanos actuaron como guardianes de la mente, protegiendo las ideas del presidente de cualquier cuestionamiento incómodo. Las voces disidentes quedaron fuera, los riesgos se minimizaron y el grupo avanzó hacia el desastre con una fe casi religiosa en el éxito del plan.

Pero no todo está perdido. El *groupthink* no es inevitable, aunque evitarlo requiere valentía y una buena dosis de humildad. Primero, los líderes tienen que aprender a **adoptar una posición imparcial.** Un buen líder no busca aplausos ni un coro de «*sí, jefe*», sino un debate real y honesto. Es vital crear un espacio donde las críticas sean vistas como aportes valiosos y no como ataques personales. Y aquí entra una técnica interesante: asignar a alguien el rol de abogado del diablo. Esta persona tiene la misión de desafiar las ideas del grupo, señalar posibles errores y poner sobre la mesa todo lo que los demás prefieren ignorar. Es incómodo, sí, pero puede salvar a un grupo entero de tomar una mala decisión.

Otra estrategia es traer a alguien externo que evalúe la situación. Una persona ajena al grupo suele ver las cosas con más claridad porque no está atrapada en la dinámica de pertenencia ni siente la presión de encajar. Por último, y quizá lo más importante, hay que darle al proceso el tiempo que necesita. Las decisiones apresuradas son terreno fértil para el *groupthink* porque, cuando hay prisa, es más fácil decir sí a lo primero que parece funcionar.

Por lo tanto, la próxima vez que te encuentres en una reunión donde todos asienten con demasiada rapidez, respira hondo y atrévete a cuestionar. Puede que no sea cómodo. Puede que te miren raro. Pero, como nos enseñó la historia, las mejores decisiones no nacen del silencio, sino de la valentía de incomodar. Porque, al final del día, es mejor romper la armonía momentánea que ver cómo tu grupo se estrella contra una realidad que nadie quiso ver.

EL EFECTO ESPECTADOR

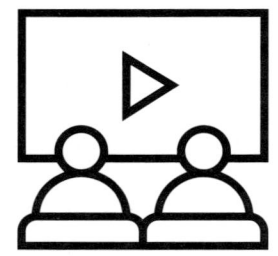

Estás caminando por una calle llena de gente, el bullicio de la ciudad te rodea. De repente, una mujer se desploma en plena acera. La escena es alarmante, pero lo más sorprendente es lo que sucede después: tres personas pasan a su lado y ni siquiera la miran. Luego, otro grupo de personas, un padre con sus hijos, sigue caminando sin inmutarse. La mujer sigue ahí, aparentemente olvidada por el mundo que la rodea. ¿Te sorprende? Lo peor es que este tipo de situaciones no son tan inusuales como nos gustaría pensar. Es un ejemplo del efecto espectador, una de esas paradojas psicológicas que nos desafían a entender cómo funciona nuestro comportamiento cuando estamos rodeados de gente. ¿Por qué nos cuesta tanto dar ese primer paso para ayudar?

Este fenómeno se hace más evidente cuando analizamos la historia de Kitty Genovese, una mujer que fue asesinada en Nueva York en 1964 mientras varias personas la observaban sin intervenir. El caso causó un gran revuelo porque las investigaciones revelaron que, a pesar de que hubo testigos del crimen, nadie intentó ayudar. ¿Por qué nadie hizo nada? La respuesta está en lo que los psicólogos llaman **difusión de la responsabilidad.** Cuantas más personas hay en una situación, más fácil se hace pensar que alguien más tomará la iniciativa. Nos decimos a nosotros mismos: «Si nadie más está haciendo nada, debe ser porque no es tan grave». Pero esta lógica nos lleva a una **parálisis colectiva.** No se trata de indiferencia, sino de miedo: miedo a equivocarnos, miedo a ser percibidos como entrometidos, miedo al juicio ajeno. Hoy en día, además de no intervenir, es probable que algunos opten por grabar la situación en lugar de ofrecer ayuda, alimentando aún más la parálisis y la desconexión emocional ante la necesidad de actuar.

Sin embargo, la difusión de la responsabilidad no es el único factor que contribuye a este fenómeno. También entra en juego lo que los psicólogos llaman **ignorancia pluralizada,** que es la tendencia a interpretar la falta de acción de los demás como una señal de que no es necesario intervenir. Si nadie más está ayudando, asumimos que no hay una verdadera necesidad o que no estamos interpretando correctamente la situación. Todos se paralizan, cada uno atrapado en una burbuja de duda, esperando a que otro dé el primer paso. La paradoja es que todos piensan lo mismo: «Si nadie más lo está haciendo, es porque no es tan urgente», y esto contribuye a que todos se queden de brazos cruzados.

Este fenómeno no se limita a momentos tan dramáticos. También se refleja en situaciones cotidianas, como cuando a alguien se le cae algo en público y, aunque todos lo ven, nadie se mueve a ayudar. O cuando una persona mayor lucha por cargar sus bolsas y nadie ofrece ayuda. Esos momentos, aparentemente triviales, siguen el mismo patrón: todos asumimos que, si otros no actúan, es porque no hay verdadera necesidad. Sin embargo, todos los observadores están en la misma burbuja de duda, y eso es lo que detiene la acción.

Pero la pregunta es: ¿qué podemos hacer para cambiar esto? Lo primero es **tomar conciencia.** Cada vez que una situación nos haga dudar, debemos darnos cuenta de que, aunque estemos rodeados de personas, la responsabilidad de actuar recae sobre nosotros. Si nadie está haciendo nada, ¿por qué no ser tú quien dé el primer paso? No podemos esperar a que otro lo haga. En la mayoría de los casos, nadie más lo hará, porque todos estamos esperando que otro se atreva. Es una trampa psicológica. Si queremos cambiar esta dinámica, lo primero es reconocer que actuar es nuestra responsabilidad. Y no pasa nada si nos equivocamos. A veces, la mejor forma de aprender es simplemente actuar.

La otra clave para romper la parálisis es **superar la duda inmediata.** Cuando algo raro sucede, la mente suele llenarse de preguntas: «*¿Realmente esto es tan grave?*» o «*¿Estoy exagerando?*». Es fácil caer en el análisis y dudar demasiado. Pero la parálisis se genera justamente en ese espacio de dudas. La clave es la decisión rápida. Si algo te parece sospechoso o preocupante, no dudes. Si ves que alguien necesita ayuda, actúa de inmediato, sin perder tiempo en pensar si es correcto o no. En muchos casos, cuando una sola persona decide intervenir, los demás se sienten más cómodos para hacerlo también. La actitud de unos puede arrastrar a los demás, y esa es una de las formas más poderosas de romper con el efecto espectador.

Y no se trata de salvar vidas en todos los casos, no siempre necesitamos intervenir en situaciones extremas. Un simple gesto, como ayudar a alguien a levantar algo que se le ha caído o preguntar a una persona si necesita ayuda, puede hacer una gran diferencia. Estos pequeños gestos de apoyo, aunque no sean heroicos, tienen su efecto. Y lo mejor de todo es que cuando alguien empieza a ayudar, los demás suelen seguir su ejemplo. **La solidaridad se contagia,** y, en un abrir y cerrar de ojos, lo que parecía un momento de parálisis se convierte en una oportunidad para hacer el bien.

La responsabilidad de actuar no está en los demás, está en nosotros. Ser emocionalmente independiente nos da la libertad para actuar de acuerdo con lo que creemos que es correcto, sin que las dudas o el miedo a lo que los demás piensen nos paralicen. Si alguna vez te encuentras en una situación donde nadie parece estar dispuesto a intervenir, da ese primer paso. No esperes a que otro lo haga. Porque si todos esperan al otro, ese «otro» eres tú.

BUSCANDO LA AUTENTICIDAD

En los últimos años, estamos siendo testigos del deseo creciente que hay en las personas por alcanzar una mayor «autenticidad» en sus vidas. Esto está relacionado con la manera tan artificial que tenemos de relacionarnos hoy en día, los unos con los otros: las redes sociales, aplicaciones para conocer gente, la manera en que hacemos las reuniones de trabajo vía videollamada, o la comunicación entre personas mediante mensajes de texto, entre otros. En respuesta a este ambiente, parece que todos anhelamos reconectar con nuestro «verdadero yo». Sin embargo, existe un problema fundamental: la idea de un **«yo verdadero» no existe.**

La **psicología del desarrollo** nos muestra que las personas cambiamos a lo largo de nuestras vidas, y aunque en la adultez los cambios suelen ser menos evidentes, seguimos en constante transformación. Así que buscar esa versión «auténtica» de nosotros mismos es como intentar bailar al ritmo de una canción que nunca deja de cambiar de compás. En realidad, **estamos evolucionando todo el tiempo,** lo cual hace inútil que busquemos un yo fijo e invariable. La vida es constante movimiento, y nuestra identidad también lo es.

Para algunas personas, aceptar que no existe un «yo verdadero» resulta un alivio. Si no tenemos que ajustarnos a una identidad fija, entonces tenemos la libertad para **explorar distintas versiones de nosotros mismos** y la flexibilidad para adaptarnos a diferentes circunstancias. En lugar de sentirnos limitados por una identidad rígida, podemos ver cada experiencia y etapa de la vida como una oportunidad para crecer, cambiar y descubrir cosas nuevas sobre nosotros mismos.

Esta manera de ver las cosas nos abre la puerta a experimentar sin miedo a contradecir lo que pensábamos que era nuestro «verdadero yo». Por ejemplo, alguien que siempre se consideró introvertido puede, en una nueva situación social, descubrir que le gusta interactuar con la gente en grupo. La idea es que cada experiencia se vuelve una posibilidad para **ampliar nuestra identidad,** sin la presión de tener que cumplir con una imagen definida de quiénes somos.

Para otros, sin embargo, esta idea puede ser inquietante. Muchas personas sienten ansiedad cuando les falta certeza y estabilidad sobre quiénes son; anhelan un sentido claro y constante de identidad que les dé seguridad.

Reconciliando estos dos puntos de vista, el psicólogo del desarrollo **Dan McAdams** sugiere que la personalidad no es algo estático, sino algo que se construye a partir de nuestras adaptaciones a la vida. Es decir, nuestras **experiencias y relaciones** nos moldean; por ejemplo, alguien que comienza siendo introvertido podría volverse más extrovertido tras rodearse de personas que le animan a socializar. Este cambio no significa que haya una versión más «auténtica» que otra, sino que ambos son aspectos reales de su identidad en diferentes momentos.

Este psicólogo plantea que todos tenemos la capacidad de construir una narrativa coherente de nuestras vidas, una historia personal que nos ayude a dar sentido a estas transformaciones. En lugar de obsesionarnos con un yo verdadero e inmutable, podemos narrar nuestra vida como el **autor de una autobiografía,** escribiendo nuestros distintos momentos y adaptaciones. Este punto de vista no solo nos permite una mayor flexibilidad en nuestra identidad, sino que también da sentido a nuestras experiencias. Ser auténtico, desde esta perspectiva, significa contar la historia de quiénes somos y quiénes hemos llegado a ser, integrando los cambios y permitiéndonos aceptar una evolución constante.

TU PROPIO CAMINO EN CONTRA DE LO ESTABLECIDO

¿Qué pasa cuando te cuestionas todo? De repente, te das cuenta de que las normas que rigen tu vida no son tan lógicas como te habían hecho creer. La presión no siempre es evidente, como en *Un mundo feliz* de Aldous Huxley, donde las personas, a pesar de vivir en una sociedad aparentemente perfecta, están profundamente condicionadas por un sistema que dicta cómo deben pensar, sentir y actuar. Pero, a diferencia de una dictadura explícita, la opresión que vivimos hoy está en los detalles más pequeños, en las decisiones cotidianas que a veces ni siquiera notamos. Nos empujan a **seguir una corriente** que, en su momento, ni siquiera cuestionamos. Y si alguna vez intentas salirte de esa línea, el sistema tiene formas de recordarte rápidamente que no estás jugando según sus reglas. «Vuelve al carril», te dicen. Como si el camino estuviera preestablecido, fijo, inamovible.

Salir del «rebaño», como nos dicen, es complicado. Nos cuesta. Cambiar en un mundo que premia la conformidad, donde la diferencia puede ser vista como una amenaza, es un reto constante. Cada vez que algo en ti quiere rebelarse, esa pequeña voz interna te dice: «No lo hagas, mejor quédate quieto, no llames la atención». Y no solo la voz interna, sino también las voces de los demás: *«¿Estás seguro de que eso es lo correcto?»*. La presión para no destacar es tan fuerte que preferimos quedarnos cómodos, callados, ignorando esa chispa interna que nos pide ser diferentes. Pero ¿por qué tememos tanto el ser distintos? **La disidencia,** esa rebelión silenciosa, tiene algo incómodo. Primero, te enfrentas al juicio. A la mirada ajena que siempre está dispuesta a etiquetar, a clasificar, a poner límites. Y, por supuesto, lo haces por ti mismo, pero la sensación de incomodidad es tan grande que es más fácil callarse y seguir el flujo.

Ahora bien, ¿te has detenido a pensar qué pasaría si decidieras dejar de escuchar esa voz? Lo que pasa cuando el cambio empieza a ser real es que el sistema tiembla. Y es que, la verdad, las **pequeñas rebeliones** son mucho más poderosas de lo que parecen. El sistema, al que todos creemos que debemos someternos, no es tan firme como lo parece. Se desmorona al mínimo indicio de disidencia. La norma que parecía incuestionable empieza a resquebrajarse, y con ella, las certezas de todos. Y lo gracioso es que todo lo que se necesita para que algo se caiga es una grieta. Una sola persona que se atreva a decir: «No estoy de acuerdo». A veces, esa rebelión comienza en los gestos más pequeños. Como el extranjero que, en la historia de Huxley, tiró las raciones de soma. Fue un acto simbólico, pero muy potente. Esa acción fue la semilla de algo mucho mayor, algo que ni siquiera él podía prever. ¿Quién sabe cuántas pequeñas «acciones de rebeldía» están ocurriendo todo el tiempo sin que nos demos cuenta? Esas **grietas en el sistema,** aunque invisibles, son las que abren la puerta al cambio.

Lo cierto es que la disidencia tiene un precio. Te van a criticar, te van a mirar raro, te van a presionar para que «te comportes». **La crítica,** esa condena que viene de los demás, a veces duele. Pero ¿quién te dice que no puedes ser tú mismo? ¿Por qué tener miedo a la mirada ajena si lo que está en juego es mucho más grande: tu autenticidad, tu capacidad de ser quien eres realmente, más allá de lo que te digan los demás? Y no, no se trata de un acto de superioridad, de creerse mejor que los demás. Eso sería el error más grande. El cambio no debe ser una competencia ni una lucha por el reconocimiento, sino un **acto de coherencia contigo mismo.** Ser fiel a lo que eres, sin miedo a las consecuencias. Eso sí que es valentía.

Te enfrentarás a la incomodidad de la mirada crítica, pero la verdadera pregunta es: ¿qué es más incómodo? ¿Mantenerte en la comodidad de la conformidad o ser fiel a lo que realmente eres, aunque eso implique cambiar tu forma de ver el mundo? Los pasos pequeños, los que parecen invisibles o insignificantes, son los que serán eficaces a largo plazo. No es necesario un gran acto de valentía, a veces solo es una decisión personal, una pequeña rebelión que se va acumulando, como una bola de nieve que crece y crece mientras rueda por el suelo. Y lo más importante: el cambio **no es un camino solitario.** Nadie puede cambiar todo por sí solo. Es una tarea colectiva. Recuerda que somos los que damos ese primer paso quienes, sin quererlo, inspiramos a otros a seguir. El cambio real no es inmediato, no es perfecto, pero es inevitable cuando suficientes personas deciden salir del camino trazado. Y sí, puede ser incómodo, pero también es liberador.

Y aunque las críticas sigan llegando, aunque a veces sientas que el peso del juicio es más grande de lo que puedes soportar, ¿acaso no es liberador poder ser tú mismo, sin tener que pedir permiso? Te sorprendería lo que pasa cuando te atreves a ser diferente. Poco a poco, lo que al principio parecía una rebeldía aislada empieza a resonar con otros. Y aunque parezca que todo está en contra, la verdad es que cada paso hacia tu autenticidad es un pequeño avance, un cambio que siempre tendrá su impacto, aunque no lo veas de inmediato. Así que sigue adelante, no porque sea fácil, sino porque, al final, solo tú puedes decidir quién eres y cómo vivir.

ERES LA RESISTENCIA. SER AUTÉNTICO, PERO NO TANTO

Ser auténtico está de moda, ¿no crees? Lo escuchamos en pódcasts, lo vemos en camisetas, y hasta parece el tema favorito de los libros de autoayuda. Pero, entre nosotros, ¿qué significa realmente? Porque si la autenticidad fuera solo «sé tú mismo», todos la dominaríamos, ¿verdad? La realidad, por desgracia, es mucho más complicada.

Estamos rodeados de mensajes que nos dicen cómo ser. Que si sonríe más, que si no te muestres vulnerable, que si comparte solo lo mejor de tu vida... **Las redes sociales** se han vuelto el espejo donde buscamos nuestra propia imagen, pero lo que vemos ahí rara vez coincide con lo que somos. Crear una identidad propia hoy en día es casi como tratar de bailar con zapatos dos tallas más pequeños: incómodo, doloroso y, francamente, agotador.

Ralph W. Emerson, filósofo del siglo XIX, decía que el mayor logro es ser uno mismo. No tenía Instagram ni *likes*, pero algo entendía. Construir una identidad auténtica no significa rebelarse contra el mundo ni desconectarse de los demás. Tampoco es sinónimo de soltar verdades a diestra y siniestra como si fuéramos jueces en un tribunal moral. Ser auténtico implica encontrar una manera de vivir que refleje nuestras elecciones, no solo lo que otros esperan.

Y aquí viene la parte difícil: nuestras palabras y acciones afectan a los demás. La psicología lo llama **autorregulación,** pero para los mortales es el dilema diario de cuánto decir, cuándo callar y cómo expresar lo que pensamos sin herir sensibilidades. Porque, seamos sinceros, ¿cuántas veces nos mordemos la lengua para no incomodar, y cuántas otras soltamos algo que luego quisiéramos retractar?

A. J. Jacobs llevó esto al extremo con **su experimento de la honestidad radical.** Suena liberador, ¿verdad? Decir todo lo que piensas, sin filtros. Pero Jacobs pronto descubrió que la verdad, cuando no va acompañada de empatía, puede ser más destructiva que constructiva. ¿Decirle a tu amigo que no te gusta su ropa? Incómodo. ¿Soltarle a tu pareja todo lo que has estado evitando? Tenso.

Lo que aprendió Jacobs es algo que todos intuimos: **la autenticidad necesita equilibrio.** Ser nosotros mismos no significa imponer nuestra verdad a los demás, sino aprender a expresarla con sensibilidad, y eso requiere cierta práctica. ¿Cómo hacerlo?

- **Preguntar antes de opinar**
  No siempre es necesario soltar lo que pensamos sin más. Un simple «¿puedo decirte lo que pienso?» puede marcar una diferencia clave, porque si la otra persona está preparada para escucharlo, el impacto será menor y la conversación mucho más fluida. También es útil usar el famoso «yo siento» en lugar de «tú haces». Es decir, no es lo mismo decir «siempre llegas tarde» que «me siento frustrado cuando no llegas a tiempo », porque este cambio de enfoque evita que el otro se ponga a la defensiva y abre la puerta a una conversación más constructiva.

- **Suavizar el golpe sin eliminarlo**

  Puede ser una buena herramienta cuando tienes algo difícil que decir. Empezar con algo positivo, como «admiro mucho cómo haces las cosas y por eso quiero ser honesto contigo sobre algo que podría ayudarte», no es una estrategia para endulzar, sino una forma de mostrar respeto antes de abordar un tema delicado. Las palabras importan muchísimo: pequeños ajustes en lo que decimos pueden cambiar el tono por completo. Decir «esto no funciona para mí» suena mucho más amable que «esto está mal», y aunque parezca un detalle mínimo, esa diferencia puede ser importantísima para mantener un diálogo abierto.

- **No siempre es necesario decirlo todo**

  Ser auténtico no implica compartir cada pensamiento que cruza por nuestra cabeza. Antes de hablar, pregúntate si es necesario, útil o el momento adecuado. Si la respuesta es no, quizás sea mejor esperar. Porque, al final, la autenticidad no se basa solo en decir la verdad, sino en construir relaciones más legítimas. No es cuestión de rebelarse contra todo ni de complacer a todos; se trata de encontrar ese camino intermedio donde ser uno mismo no implique renunciar a cuidar de los demás. Porque... ¿de qué sirve ser auténtico si nos quedamos solos en el intento?

EL *SAFETYISM*

¿Alguna vez has sentido que vivimos rodeados de una especie de burbuja emocional? Como si cada paso que damos tuviera que ser cuidadosamente calibrado para evitar cualquier malestar. Hoy en día, parece que cada vez que alguien se siente incómodo, lo primero que hacemos es ponerle una etiqueta de «peligro» y retirarnos. Esa idea de vivir en una **burbuja de seguridad,** donde todo está diseñado para que no nos lastimemos emocionalmente, está tan arraigada que ni siquiera lo cuestionamos. Y, aunque la intención detrás de esta protección es loable, hay algo un poco irónico en ello: ¿realmente nos estamos protegiendo de lo que más necesitamos para crecer?

Lo primero que viene a la mente es el fenómeno que los autores **Jonathan Haidt** y **Greg Lukianoff** llaman *safetyism*. Básicamente, es la idea de que, si algo te incomoda, es mejor evitarlo a toda costa. Es como si la incomodidad fuera un monstruo que debemos exorcizar, y lo hemos llevado tan lejos que ahora parece que cualquier cosa que nos haga sentir incómodos o nos desafíe debe ser eliminada inmediatamente. Y no hablo solo de situaciones de conflicto, sino incluso de la más mínima diferencia de opinión. Ahora, más que nunca, la corrección se ha convertido en un deporte olímpico en las redes sociales, donde el más rápido en sentirse ofendido gana la medalla de «virtuoso emocional».

Y aquí es donde surge la ironía: mientras que el objetivo es crear espacios «seguros» emocionalmente, lo que realmente estamos haciendo es inflar una burbuja tan grande que cualquier pequeño roce puede hacerla estallar. ¿Cuántas veces has visto a alguien (o incluso a ti mismo) vacilando al escribir un comentario en una publicación, temiendo que una palabra equivocada, un tono que no se perciba correctamente o una idea desafiante te convierta en el próximo objetivo de una avalancha de críticas? Es como caminar por un campo de minas emocionales, esperando el momento en que te toque el post erróneo o el comentario malinterpretado.

Este enfoque, aunque en teoría busca proteger, termina alejándonos de la vida real. La realidad, por mucho que queramos moldearla a nuestra medida, no viene con un botón de «pausa» cada vez que las cosas se ponen incómodas. La vida tiene desacuerdos, tiene discusiones, tiene **momentos difíciles** que, aunque incómodos, son absolutamente necesarios para desarrollarnos emocionalmente. Porque si todo lo que experimentamos es aprobado, validado y respaldado por un grupo que solo quiere protegernos, ¿qué aprendemos de eso? La vida real no te va a dar un «espacio seguro» cuando te caigas; la vida te va a enseñar a levantarte del suelo, aunque duela un poco.

Este fenómeno no es nuevo. Ha sido visibilizado más recientemente en las últimas décadas, sobre todo en el ámbito educativo, donde colegios y universidades comenzaron a promover ambientes de seguridad emocional. Esto se tradujo en campañas contra el acoso escolar, pero también en la creación de **«espacios seguros»** donde los jóvenes pudieran expresarse sin temor a represalias. Claro, estas iniciativas buscan proteger, y muchas veces han tenido un impacto positivo, pero también se ha abierto un debate sobre si esta protección excesiva termina debilitando nuestra **capacidad para enfrentarnos a la adversidad.** El resultado es una cultura que, por mucho que se haya esforzado por cuidar las emociones de las personas, ha olvidado enseñar a lidiar con las realidades difíciles de la vida.

La resiliencia, la capacidad de recuperarnos de las adversidades, es una de las grandes víctimas de esta burbuja emocional. La vida no nos puede envolver en un cojín de algodón para que no nos hagamos daño, y aun así, muchos de nosotros seguimos buscando refugio en este lugar seguro, donde nada puede hacernos daño. El problema es que, al buscar a toda costa evitar el dolor y la incomodidad, estamos perdiendo la habilidad para afrontarlos cuando finalmente se presentan. La resiliencia no se construye en la comodidad, se **construye en los momentos difíciles,** en las caídas que nos enseñan a levantarnos más fuertes, en las discusiones que nos permiten entender otros puntos de vista, aunque nos hagan sentir incómodos. ¿Qué pasa cuando nos enfrentamos a un desafío real, uno que no podemos evitar ni esconder? La respuesta es clara: la resiliencia se convierte en una habilidad perdida, algo que ya no sabemos cultivar.

Este *safetyism* también se refleja en la cultura más amplia, en cómo nos relacionamos con las ideas y las personas que piensan diferente. Ahora, en muchas ocasiones, cuando alguien expresa una opinión que no se alinea con la nuestra, la tendencia es a etiquetarla como insensible, y rápidamente buscamos poner tierra de por medio. Las políticas que favorecen el lenguaje inclusivo, por ejemplo, tienen buenas intenciones, pero a veces caemos en el extremo de evitar cualquier palabra que pueda ofender, incluso si esas palabras son solo un reflejo de nuestra diversidad de opiniones. **Evitar el desacuerdo no nos prepara** para lidiar con las diferencias reales y las tensiones que se presentan en la vida cotidiana.

Un ejemplo muy específico de lo que es el *safetyism* lo encontramos en la manera en que se han revisado cuentos clásicos, como los de los Hermanos Grimm, en España. Tradicionalmente, estas historias incluían elementos oscuros que enseñaban lecciones importantes sobre la vida: la obediencia, los peligros del mundo y cómo enfrentarlos. Pero hoy, muchas de esas historias se han adaptado para evitar cualquier elemento potencialmente traumático. Caperucita Roja, por ejemplo, ya no se enfrenta a un lobo que la devora, sino que, en su lugar, se presenta una versión más amable del lobo, un amigo de la niña. En algunas adaptaciones incluso se sugiere que, en lugar de enfrentarse al lobo, Caperucita le da un masaje en el lomo para calmarlo, convirtiéndolo en un ser inofensivo. Este tipo de finales felices, que buscan **eliminar la tensión y la amenaza,** no solo suavizan la historia, sino que alteran la lección fundamental: la vida no siempre es segura, y el peligro es una parte inevitable de nuestro crecimiento. Esta **visión idealizada,** aunque reconfortante, crea un falso sentido de seguridad que, al final, puede dejarnos indefensos cuando enfrentamos desafíos reales. Porque, ¿qué ocurre cuando este niño, que ha crecido con versiones idealizadas y dulces del mundo, se enfrenta a una verdadera situación difícil en la vida real? Sin herramientas para gestionar el miedo y la frustración, ¿cómo reaccionará?

Al final, lo que el *safetyism* nos está quitando es la oportunidad de desarrollar habilidades cruciales: la capacidad de ser resilientes, de aceptar la incomodidad, de **aprender de las adversidades.** Por supuesto, todos necesitamos espacios donde podamos sentirnos seguros, pero esa seguridad no puede venir de la sobreprotección. Necesitamos aprender a caminar por la vida sin que cada paso nos haga temer caer. Si no enfrentamos el miedo, la tensión, el desafío, ¿cómo vamos a aprender a superarlo?

Así que, ¿cómo podemos empezar a liberarnos de esta burbuja? La respuesta no está en rechazar todo tipo de protección, sino en **aprender a equilibrar** la seguridad con la capacidad de enfrentarnos a lo que nos hace sentir incómodos. Porque la verdadera resiliencia no viene de vivir en un mundo sin dificultades, sino de aprender a navegar a través de ellas, con la certeza de que, al final, cada desafío es una oportunidad para crecer.

SI QUIERES, PUEDES. O TAL VEZ NO

La sociedad en la que vivimos nos satura con mensajes de éxito y triunfo: «Sigue tus sueños sin importar nada»; «Si quieres, puedes». Vivimos con esta idea grabada en la cabeza, nos bombardean con el pensamiento de que todo objetivo es alcanzable si ponemos el suficiente esfuerzo y voluntad. Pero ¿qué sucede cuando, pese a todo, esos sueños no se cumplen? ¿Nos han preparado realmente para aceptar que no siempre llegaremos a donde queremos? ¿O nos han enseñado a vivir con **la angustia del fracaso,** sin permitirnos la posibilidad de aceptar los giros inesperados de la vida?

La historia, tanto en la literatura como en la vida real, nos ha mostrado personajes y personas que, en su travesía, tuvieron que reconciliarse con sueños rotos y cambios que no habían anticipado. Pensemos en Santiago, el protagonista de *El alquimista* de **Paulo Coelho,** quien, a lo largo de su viaje, descubre que lo que buscaba no era lo que en realidad necesitaba. Su tesoro, que creía ubicado en las pirámides de Egipto, resulta ser algo completamente diferente: el conocimiento de sí mismo y la comprensión de su propio destino. Al igual que Santiago, muchos de nosotros luchamos por alcanzar metas que, una vez logradas o abandonadas, nos revelan que el valor no reside solo en el resultado, sino en lo que aprendemos sobre nosotros mismos a lo largo del camino. La auténtica transformación ocurre no cuando conseguimos lo que deseábamos, sino cuando nos damos cuenta de que el viaje, con todas sus lecciones y desafíos, es lo que realmente nos moldea.

Este tipo de reflexión puede ser incómoda, especialmente en una época en la que el fracaso se mira con desprecio y el éxito se celebra de manera casi inalcanzable. Vivimos en una cultura de **«logros visi-**

bles» donde las redes sociales amplifican los triunfos y, por ende, aumentan nuestras inseguridades. En un mundo donde se nos dice constantemente que debemos ser los mejores, los más productivos, los más visibles, aprender a aceptar la decepción parece un desafío titánico. Sin embargo, aprender a aceptar el fracaso y la decepción es un proceso imprescindible, que nos libera de una visión del éxito que, en lugar de impulsarnos, nos agobia. Nos obliga a vivir en constante comparación con los demás, como si nuestras vidas y logros debieran alinearse con los estándares ajenos, aquellos que se muestran en la pantalla y que a menudo no tienen nada que ver con nuestra propia realidad.

Tomemos, por ejemplo, la figura de **Vincent Van Gogh,** uno de los artistas más emblemáticos de la historia del arte, cuyo éxito nunca llegó en vida. Van Gogh luchó toda su vida por alcanzar el reconocimiento, dedicándose a su arte con una pasión inquebrantable, pero nunca vio el fruto de su esfuerzo. Fue rechazado por la mayoría de las galerías y apenas vendió una obra. Hoy, sus pinturas son algunas de las más reconocidas y valoradas del mundo, pero su vida estuvo marcada por el fracaso, la pobreza y la soledad. Sin embargo, lo que su historia nos muestra es que, más allá del reconocimiento público, lo importante era su compromiso con su visión personal y su capacidad para crear, a pesar de los obstáculos. Al final, fue su viaje personal, su lucha por expresarse y comprender su mundo, lo que le dio un valor que trasciende la validación de los demás.

Otro ejemplo relevante en la historia es **Abraham Lincoln,** quien se enfrentó a repetidos fracasos antes de llegar a la presidencia de Estados Unidos. Perdió su primera campaña para el Senado, fue derrotado en varias elecciones y, a pesar de estos fracasos, nunca abandonó su compromiso con sus principios. Su vida es testimonio de la importancia de perseverar, de seguir luchando por lo que uno cree, incluso cuando las probabilidades parecen estar en nuestra contra. Pero Lincoln también nos enseña que el verdadero éxito no se mide únicamente por el cargo que se ostenta, sino por la integridad con la que se afrontan las adversidades.

Esta idea de no aferrarnos al **ideal de éxito** es difícil, incluso peligrosa, en una sociedad que nos exige ser siempre los mejores. Nos han enseñado a vivir bajo la constante presión de tener que cumplir con las expectativas externas. Vivir en paz en un mundo que celebra la constante competencia y el logro ininterrumpido requiere, ante todo, aprender a reconocer cuándo es necesario soltar lo que no funciona. Aprender a rendirse, a veces, a abandonar lo que no es nuestro, no es un acto de debilidad, sino de sabiduría. Es un proceso de autodescubrimiento en el que nos damos cuenta de que nuestra paz no está atada a metas ajenas, sino a la serenidad que surge al aceptar nuestras limitaciones y aprender de ellas.

Quizás la verdadera paz consiste en dejarnos ser, en atrevernos a dejar de lado lo que no funciona, lo que nos agota o lo que simplemente no está destinado a ser. Aprender a aceptar lo inalcanzable, a veces, es lo que nos permite valorar lo que sí podemos alcanzar, sin el peso de la expectativa constante. Esa valentía de aceptar lo que no podemos controlar o cambiar es, al final, lo que nos permite **encontrar una serenidad** que ninguna meta cumplida podría darnos. En lugar de seguir corriendo detrás de una visión irreal del éxito, podemos enfocarnos en lo que realmente nos da satisfacción y paz, entendiendo que nuestras vidas son valiosas no solo por los logros visibles, sino por el proceso de crecimiento, aprendizaje y aceptación que nos lleva hasta allí.

Como Santiago, tal vez descubramos que lo que buscamos no es lo que realmente necesitamos, pero lo que aprendemos en el camino —sobre nosotros mismos, nuestras capacidades y nuestra resiliencia— es lo que realmente importa.

CONCLUSIÓN

El cambio requiere valentía para decepcionar a otros, porque lo que está en juego es tu felicidad y autenticidad.

Encontrar la independencia emocional es un viaje lleno de desafíos, pero también de descubrimientos. Es mirar la vida que has llevado hasta ahora y darte cuenta de que, para sentirte realmente pleno, necesitas cambiar. No hablamos de cambios superficiales, como empezar a hacer más ejercicio o comer de forma más saludable —aunque pueden ser un punto de partida— sino de transformaciones profundas: **elegir tu bienestar por encima de la aprobación ajena,** aprender a priorizarte sin sentirte culpable y romper con patrones que ya no encajan con la persona en la que te estás convirtiendo.

Los epicúreos, una de las primeras escuelas de filosofía, tenían un consejo brillante para este proceso: «Elige la mejor forma de vivir, que la costumbre te la hará agradable». Y algo así es lo que hacemos cuando decidimos cambiar. Al principio, las nuevas decisiones pueden parecer incómodas, incluso extrañas, pero con el tiempo se vuelven parte de nosotros. Es como **aprender a caminar** por un sendero desconocido: al principio, tropiezas, dudas y te preguntas si no sería mejor dar marcha atrás, pero poco a poco tus pasos se vuelven más seguros y el camino más familiar. Así funciona el cambio: al principio cuesta, pero luego se convierte en tu nueva normalidad.

Sin embargo, hay algo que puede hacer que este proceso sea aún más complicado: la posibilidad de **decepcionar a otros.** Porque, a veces, lo que más tememos es lo que más necesitamos: el cambio. ¿Te ha pasado alguna vez que, al tomar una decisión que sabes que es buena para ti, te das cuenta de que no todo el mundo está tan feliz con ella? Es como cuando decides hacer una dieta, te compras la ropa deportiva, te entusiasmas… y, de repente, alguien te invita a una comida familiar y te ofrece tu plato favorito. ¿Cómo no decepcionarlos? Pero lo cierto es que, para dar el paso hacia lo que realmente quieres, a veces, hay que decepcionar. Y no pasa nada. En serio, no pasa nada.

Piénsalo un momento: ¿quién no ha pasado por una **etapa de no ser entendido** por los demás? Todos hemos visto esa escena clásica en las películas: el protagonista decide cambiar, se aleja del camino fácil, y de repente todo el mundo le señala como el villano. Eso le pasó a un tipo como David Bowie, que, en un punto de su carrera, con todo el mundo esperándole para que siguiera con su estilo *glam rock*, decide dar un giro radical y se lanza con su famoso *Low*. ¿Y qué pasó? Pues que muchos de sus seguidores se sintieron traicionados. Bowie dejó claro que no importaba que no gustara a todos; él seguía su camino, su transformación. Y tú, ¿estás listo para seguir el tuyo, aunque implique que algunos te miren raro?

Aceptar que vamos a decepcionar a alguien no es fácil, lo sabemos. Vivimos en una sociedad que premia la conformidad y el quedar bien con los demás. Nos enseñan a seguir el rebaño, a no ser los raros. Pero ¿sabes qué? Eso no lleva a ningún lado. Hay que domesticar esas hormonas que nos gritan que no debemos salir del camino trazado por los demás.

Por ejemplo, piensa en alguien que decide no sumarse a la tendencia política predominante entre su círculo de amigos o en redes sociales. Tal vez esta persona no comparte la manera en que se expresan las ideas o cuestiona ciertos matices de ese movimiento. De inmediato, los comentarios no tardan en llegar: «*¿Cómo no estás de acuerdo con esto?*», «*Eres parte del problema*», o incluso lo bloquean o cancelan por no alinearse con la opinión mayoritaria. En lugar de entablar **un diálogo,** se le excluye, como si la disidencia fuera un pecado imperdonable.

Algo similar ocurre con **las modas sociales.** Imagina que todo el mundo está hablando de una serie o película que «*tienes que ver sí o sí*», y tú decides que simplemente no te interesa, o incluso criticas algún aspecto de ella. De repente, se te etiqueta como «aguafiestas» o el «raro». Esa sensación de que tienes que estar al día con todo lo que se habla es agotadora, y decidir no seguirle el ritmo a lo que todos comentan a veces te deja fuera de onda, como si no encajaras del todo.

Sin embargo, estas decisiones, aunque incómodas, son **actos de valentía.** Ser fiel a tus valores, tus ideas y tus intereses personales tiene un precio, pero también una recompensa: la libertad de ser quien realmente eres.

Pero eso es lo interesante del cambio, ¿no? Sientes como si estuvieras cruzando un puente en medio de la niebla, sin saber muy bien qué hay al otro lado. Es incómodo. Es raro. Pero, al final, es necesario. Recuerda a aquellos que tienen alma de explorador: aquellos que, como Bowie, eligen no quedarse en la zona de confort, sino saltar a lo desconocido. ¿Te imaginas si nunca hubiéramos tenido esos cambios radicales que transforman la cultura? Si alguien nunca hubiera **roto con lo establecido,** seguiríamos en la misma rutina de siempre, comiendo los mismos platos y bailando las mismas canciones. La verdad es que, aunque duela, si no te cambias a ti mismo, si no te atreves a ser quien realmente eres, entonces nunca sabrás qué eres capaz de lograr.

Es como si, al cambiar, sintieras que estás traicionando a quienes conocieron la versión anterior de ti. Pero lo cierto es que, más que traición, lo que estás haciendo es ser fiel a ti mismo. Cambiar no es fácil; es mirarte al espejo y aceptar que ya no quieres seguir interpretando un papel para complacer a otros. Es elegir construir una vida que esté alineada con lo que realmente sientes, aunque implique incomodar.

Los epicúreos lo entendieron bien: ese incómodo primer paso se convierte en el camino hacia la vida que deseas. Así que no te preocupes si alguien se siente decepcionado. Lo más importante es que tú, al final, seas fiel a lo que realmente eres. **La satisfacción de vivir con autenticidad siempre superará las expectativas que los demás puedan tener de ti.**

BIBLIOGRAFÍA

• **Antonovsky, A.** (1987). *Descubriendo el misterio de la salud: Cómo las personas manejan el estrés y se mantiene sanas.* Jossey-Bass Publishers.

(Teoría de la coherencia interna y resiliencia).

• **Beck, A. T.** (1976). *Terapia cognitiva y trastornos emocionales.* Paidós (edición española).

(Bases de la terapia cognitivo-conductual).

• **Bowlby, J.** (1973). *El apego y la pérdida: El apego.* Morata (edición en español).

(Fundamentos de la teoría del apego).

• **Ellis, A.** (2005). *El mito de la autoestima: Cómo la terapia racional emotiva puede cambiar tu vida para siempre.* Ediciones Pléyades.

(Terapia racional emotiva).

• **Goleman, D.** (1996). *Inteligencia emocional: Por qué puede importar más que el cociente intelectual.* Kairós (edición en español).

(Inteligencia emocional).

• **Haidt, J., & Lukianoff, G.** (2018). *The coddling of the American mind: How good intentions and bad ideas are setting up a generation for failure.* Penguin Books.

(Concepto de *safetyism* y su impacto en la fortaleza emocional)

• **Jacobs, A. J.** (2010). *My Life as an Experiment: One Man's Humble Quest to Improve Himself by Living as a Woman, Becoming George Washington, Telling No Lies, and Other Radical Tests.* Simon & Schuster; Reimpresión, edición (13 de julio de 2010)

• **Jung, C. G.** (1953). *Aspectos psicológicos de la personalidad.* En *Obras completas de C. G. Jung, volumen 6.* Trotta (edición española).

(Teoría del ego y la autenticidad).

• **Martí, M.** (2015). *Atrévete a ser tú mismo.* La Esfera de los Libros.

• **Riso, w.** (2015). *Despegarse sin anestesia. Cómo fortalecer la independencia emocional.* Zenith.

• **Roosevelt, E.** (1960). *You learn by living: Eleven keys for a more fulfilling life.* Harper Perennial.

(Ejemplo de equilibrio entre independencia emocional y conexión humana).

• **Seligman, M. E. P.** (2002). *La auténtica felicidad: Usar la nueva psicología positiva para desarrollar tu potencial al máximo.* Ediciones B (edición española).

(Psicología positiva y su impacto en el desarrollo emocional y la resiliencia).

• **Smith, B.** (2022). *El arte de decir No.* Publicación independiente.

• **Smith, M. J.** (2010). *Cuando digo no, me siento culpable.* Debolsillo.

• **Tolle, E.** (1997). *El poder del ahora: Una guía para la iluminación espiritual.* Gaia Ediciones.

(Vivir en el presente como clave para la independencia emocional).

• **Watts, A.** (1951). *La sabiduría de la inseguridad: Un mensaje para una era de ansiedad.* Kairós (edición en español).

(Aceptación de la incertidumbre como parte de la paz interior).

• **Young, J. E., & Klosko, J. S.** (1994). *Reinventa tu vida: El programa revolucionario para acabar con los comportamientos negativos y sentirte bien de nuevo.* Grijalbo (edición española).

(Esquemas emocionales y estrategias para superar patrones negativos).